A CONCEPÇÃO SEMÂNTICA DA VERDADE

FUNDAÇÃO EDITORA DA UNESP

Presidente do Conselho Curador
Herman Jacobus Cornelis Voorwald

Diretor-Presidente
José Castilho Marques Neto

Editor-Executivo
Jézio Hernani Bomfim Gutierre

Assessor editorial
João Luís Ceccantini

Conselho Editorial Acadêmico
Alberto Tsuyoshi Ikeda
Áureo Busetto
Célia Aparecida Ferreira Tolentino
Eda Maria Góes
Elisabete Maniglia
Elisabeth Criscuolo Urbinati
Ildeberto Muniz de Almeida
Maria de Lourdes Ortiz Gandini Baldan
Nilson Ghirardello
Vicente Pleitez

Editores-Assistentes
Anderson Nobara
Fabiana Mioto
Jorge Pereira Filho

ALFRED TARSKI

A Concepção Semântica da Verdade

Textos clássicos de Tarski

Cezar Augusto Mortari
Luiz Henrique de Araújo Dutra
(Orgs.)

Tradução
Celso Reni Braida
Cezar Augusto Mortari
Jesus de Paula Assis
Luiz Henrique de Araújo Dutra

© Jan Tarski
© 2006 da tradução brasileira:
Fundação Editora da UNESP (FEU)
Praça da Sé, 108
01001-900 – São Paulo – SP
Tel.: (0xx11) 3242-7171
Fax: (0xx11) 3242-7172
www.editoraunesp.com.br
www.livrariaunesp.com.br
feu@editora.unesp.br

CIP – Brasil. Catalogação na fonte
Sindicato Nacional dos Editores de Livros, RJ

T197c
Tarski, Alfred
    A concepção semântica da verdade/Alfred Tarski; tradução de Celso Braida ... [et al.]. Mortari, C. A./Dutra, L. H. de A. (orgs.) – São Paulo: Editora UNESP, 2007.

    Tradução de: "The Semantic Conception of Truth" e outros escritos.
    Inclui bibliografia
    ISBN 978-85-7139-736-1

    1. Verdade. I. Título.

07-0259.   CDD: 121
                                                        CDU: 165.023.1

Editora afiliada:

Asociación de Editoriales Universitarias
de América Latina y el Caribe

Associação Brasileira de
Editoras Universitárias

SUMÁRIO

Introdução *(C. A. Mortari e L. H. A. Dutra)* 7

I **O Conceito de Verdade nas Linguagens Formalizadas** 19
  §1 O conceito de sentença verdadeira na linguagem cotidiana ou coloquial 22
  §2 Linguagens formalizadas, especialmente a linguagem do cálculo de classes 33
  §3 O conceito de sentença verdadeira na linguagem do cálculo de classes 54
  §4 O conceito de sentença verdadeira em linguagens de ordem finita 78
  §5 O conceito de sentença verdadeira em linguagens de ordem infinita 111
  §6 Resumo 135
  §7 Pós-escrito 138

II **O Estabelecimento da Semântica Científica** 149

III **A Concepção Semântica da Verdade e os Fundamentos da Semântica** 157

IV **Verdade e Demonstração** 203
  §1 A noção de verdade 203
  §2 A noção de demonstração 221
  §3 A relação entre verdade e demonstração 227

V **Sobre o Conceito de Consequência Lógica** 235

Bibliografia 247

INTRODUÇÃO

Alfred Tarski[*]

Ao lado de Aristóteles, Frege e Gödel, Tarski é considerado um dos quatro maiores lógicos de todos os tempos. Ele nasceu em 14 de janeiro de 1901 (ou 1902 — há indicações diferentes quanto ao ano exato) em Varsóvia, na época, parte do Império Russo, hoje, Polônia, tendo sido batizado com o nome de Alfred Taijtelbaum (ou Teitelbaum). Seu pai, Ignaz Taijtelbaum, era comerciante, e sua mãe, de quem Tarski herdou um intelecto brilhante, chamava-se Rosa Prussak.

Apesar de seu ótimo desempenho na escola secundária no que diz respeito à matemática, ao entrar para a Universidade de Varsóvia, em 1918, Tarski pensava em estudar biologia. A universidade, que acabava de ser reaberta como uma universidade polonesa, após a retirada dos russos em agosto de 1915, tornou-se logo uma instituição renomada, atraindo, na área de matemática, figuras como Leśniewski, Sierpinski, Mazurkiewicz e Łukasiewicz. Após ter frequentado um curso de lógica ministrado por Leśniewski, Tarski foi por ele persuadido a trocar de área de estudos, passando da biologia para a matemática.

Em 1923, Alfred Taijtelbaum mudou seu sobrenome para Tarski e converteu-se do judaísmo para o catolicismo. As razões são várias, entre elas, o sentimento antissemita existente na Polônia da época (o que dificultaria muito para alguém de origem judia, como Tarski, ter uma carreira universitária), bem como um forte sentimento nacionalista após a retirada russa. Aparentemente, Tarski se sentia mais polonês que judeu. Nessa época, ele estava terminando sua tese de doutorado, sob orientação de Leśniewski. Recebeu o título de doutor

---

[*] Os dados biográficos de Alfred Tarski foram obtidos da *Encyclopaedia Britannica*, 2004, e de www-gap.dcs.st-and.ac.uk/~history/Mathematicians/Tarski.html.

em 1924, ano em que publicou, com Banach, um artigo sobre o que veio a ser conhecido como o "paradoxo de Banach-Tarski" (mas que não é, de fato, um paradoxo).

Após o doutorado, Tarski obteve, em 1925, uma posição como docente de lógica e matemática na Universidade de Varsóvia, e, posteriormente, passou a ser o assistente de Leśniewski. Como essa posição na universidade não rendia um bom salário, ainda em 1925 Tarski iniciou-se na carreira de professor de matemática no Liceu Zeromski, também em Varsóvia. Em 1929, casou com Maria Witkowski, professora do mesmo Liceu, com quem teve um filho e uma filha.

Nesse meio tempo, a reputação de Tarski cresceu, inclusive internacionalmente. Por volta de 1930, ele descobriu um resultado de limitação que chegava perto do Teorema de Incompletude, demonstrado por Gödel em 1931.* O resultado de Tarski diz, em poucas palavras, que o conceito de verdade não pode ser expresso em uma linguagem aritmetizável. Em 1930, ele visitou a Universidade de Viena, onde conheceu Gödel. Tarski retornou a Viena em 1935; porém, em 1933, já havia publicado (em alemão) seu artigo mais importante, "O conceito de verdade nas linguagens formalizadas" (incluído neste volume), um dos artigos mais fundamentais já publicados em lógica. Nesse texto, Tarski expõe sua concepção semântica da verdade, apresenta definições de verdade para linguagens formalizadas, e mostra como evitar, nessas linguagens, o paradoxo do mentiroso. Sendo este artigo muito técnico, Tarski escreveu em 1944 "A concepção semântica da verdade e os fundamentos da semântica" (também neste volume), em que expôs mais uma vez sua teoria, discutindo algumas objeções filosóficas levantadas contra ela.

Em 1936, ele publicou o artigo "Sobre o conceito de consequência lógica" (também neste volume), outro texto de grande influência sobre o desenvolvimento posterior da lógica. Em certo sentido, pode-se dizer que Tarski foi o pai da teoria de modelos.

Após ter falhado em sua tentativa de obter um posto de professor na Universidade de Lvov (por razões que podem estar relacionadas

---

* A esse respeito, cf. a nota 90, do próprio Tarski, na p. 117 adiante, e as observações históricas na p.147.

com sua origem judia), em 1939, Tarski viajou para os Estados Unidos, para participar em Harvard de um Congresso para a Unidade da Ciência, na série organizada pelos positivistas lógicos. Durante sua estada, a Alemanha invadiu a Polônia e a Segunda Guerra Mundial teve início. Tarski obteve permissão para permanecer nos Estados Unidos, mas não conseguiu levar para lá sua família, que ele só foi rever em 1946. A esposa e os dois filhos de Tarski sobreviveram à guerra e à ocupação nazista, mas seus pais e seu irmão, não.

Durante a guerra, havia muitos exilados europeus nos Estados Unidos, e não era fácil obter um cargo de professor. Após uma série de empregos temporários, Tarski conseguiu finalmente um posto permanente, na Universidade da Califórnia em Berkeley, a partir de 1942. O emprego era inicialmente temporário, mas Tarski foi promovido a professor assistente em 1945, e tornou-se professor titular de Matemática em 1949. Ele permaneceu trabalhando em Berkeley pelo resto da vida. Aposentou-se em 1968, mas continuou ensinando até 1973 e orientando alunos até sua morte, ocorrida em 26 de outubro de 1983.

Além de suas contribuições para a lógica, Tarski realizou ainda importantes trabalhos nos campos de álgebra geral, algebrização da lógica e da metamatemática, axiomatização da álgebra e geometria, teoria da mensuração, teoria de conjuntos e metamatemática. Criou uma teoria da definibilidade e deu fundamento sólido à semântica.

Os textos aqui reunidos

Este volume reúne os mais importantes artigos de Tarski a respeito da semântica e de sua concepção semântica da verdade, alguns dos quais já mencionamos acima. A maioria desses textos se encontra em *Logic, Semantics, Metamathematics*, coletânea, em tradução inglesa, de artigos do autor. A tradução, publicada pela primeira vez em 1956, foi extensivamente revisada mais tarde por Tarski para uma segunda edição, publicada em 1983, logo após a sua morte. Essa segunda edição pode, assim, ser considerada o texto definitivo dos artigos.

Além dos textos tirados de *Logic, Semantics, Metamathematics*, este volume reúne "A concepção semântica da verdade e os fundamentos da semântica", publicado em *Philosophy and Phenomenological Research* (1944), bem como "Verdade e demonstração", artigo de divulgação publicado em *Scientific American* (1969).

Em todo o volume, as notas de rodapé com numerais arábicos são de autoria do próprio Tarski, e são notas da edição original dos artigos. Notas referidas com símbolos (†, ‡ etc.) são também de autoria de Tarski, contudo, não apareciam na versão original dos artigos, tendo sido acrescentadas na tradução inglesa. As notas inseridas pelos tradutores, além de usarem asteriscos como indicação, são sucedidas pela abreviatura (N.T.).

"O conceito de verdade nas linguagens formalizadas" é o primeiro dos artigos que constituem esse volume, e é o texto mais técnico, rigoroso e difícil de Tarski sobre sua teoria semântica da verdade. Esse longo artigo, que toma mais da metade deste volume, de fato, é a principal referência para a compreensão da teoria de Tarski em sua especificidade, mas ele não deveria ser lido por iniciantes antes dos demais artigos que, em parte, fazem uma apresentação menos técnica, em parte, avançam discussões filosóficas geradas pela recepção da teoria, ainda que a introdução e a seção 1 do texto sejam relativamente acessíveis.

Nestas partes, Tarski formula claramente o problema que deseja resolver, ou o objetivo a ser alcançado, a saber, apresentar uma definição materialmente adequada e formalmente correta da expressão 'sentença verdadeira', o que já constitui uma reformulação bastante particular do problema da verdade, e, em seguida, especifica as condições nas quais tal problema pode receber uma solução, isto é, as noções fundamentais da teoria, como o famoso esquema T, e as especificidades da linguagem formal para a qual é possível tal definição de sentença verdadeira.

Nas demais seções do texto, após especificar a linguagem do cálculo de classes, Tarski apresenta sua definição de sentença verdadeira para essa linguagem formalizada, discute o conceito de sentença verdadeira para linguagens de ordem finita e infinita, com extensos comentários, mas também com demonstrações que requerem conhecimento de lógica clássica. O texto termina com um resumo que recapitula seus principais resultados, com um pós-escrito que acrescenta esclarecimentos sobre pontos particulares da teoria, e por uma nota histórica do próprio autor.

Como comentaremos adiante mais detalhadamente, embora Tarski tenha apresentado sua teoria apenas para o problema particular da definição de sentença verdadeira em determinadas linguagens formalizadas, ao se tornar conhecida, sua teoria reavivou as esperanças dos filósofos de alcançar uma teoria rigorosa e neutra, que pudesse resolver o problema clássico da verdade e tivesse como um de seus resultados mais específicos a solução de problemas epistemológicos. Os demais textos reunidos neste volume, em parte, se dedicam a discussões a este respeito, e, por isso, em versões menos técnicas e mais acessíveis ao público filosófico em geral (e mesmo, em certa medida, pensando no texto publicado em *Scientific American*, acessíveis a um público não filosófico mas cientificamente informado), fazem exposições mais gerais, mas que podem ser mais úteis para a compreensão do verdadeiro alcance da teoria de Tarski, sobretudo para os não iniciados em lógica.

Como já dissemos, em grande medida, estes outros textos refletem o impacto sobre Tarski das repercussões que sua teoria produziu, em especial a possibilidade de estender para linguagens não formalizadas os métodos que ele utilizou para resolver o problema no âmbito das linguagens formalizadas e, por extensão, do alcance que a semântica, como disciplina, poderia ter em relação aos problemas filosóficos em geral e, em particular, epistemológicos. Em alguns desses textos, Tarski é bem claro em sua modéstia quanto a tal extensão da teoria para domínios diferentes daquele para o qual ela foi pensada inicialmente, mas, em outros, ele parece se deixar levar pelo entusiasmo geral com sua teoria e com as possibilidades futuras de realização da semântica.

O problema da neutralidade da teoria em relação a concepções metafísicas e epistemológicas também é levantado por Tarski. Em "O estabelecimento da semântica científica", por exemplo, Tarski parece se aproximar da proposta de uma linguagem fisicalista como linguagem geral da ciência, tal como propunham os positivistas lógicos, em particular, Carnap. Isso tornaria sua teoria capaz de se tornar uma ferramenta também para a resolução de problemas epistemológicos, pelo menos tal como eles foram concebidos pelo positivismo lógico. O tom de suas considerações a esse respeito é bem diferente, porém, em "A concepção semântica da verdade e os fundamentos da semântica", o terceiro texto aqui apresentado, Tarski é claramente reticente quanto às possibilidade de extensão de seus métodos para o domínio da linguagem natural e para a solução de problemas epistemológicos, como fica claro sobretudo nas partes finais do texto. Este artigo de Tarski, também relativamente longo, talvez seja o mais apropriado para aqueles que vão tomar um primeiro contato com sua teoria semântica da verdade, e que possuem algum conhecimento filosófico prévio.

Tarski retoma um problema filosófico antigo e muito conhecido, o paradoxo do mentiroso, e mostra como sua teoria permite desfazer esse tipo de antinomia, em uma apresentação intuitiva e bastante didática. A chave para a solução desse problema é a distinção introduzida por Tarski entre linguagem-objeto e metalinguagem, isto é, entre a linguagem cujas sentenças estão em questão (quanto a seu valor de verdade) e a linguagem que vamos utilizar para lidar com essa questão. O paradoxo do mentiroso resulta de uma tentativa de autorreferência, ou seja, o problema geral daquelas linguagens que Tarski denomina semanticamente fechadas. A solução para esse problema, que atormentou os filósofos por séculos, consiste em respeitar as restrições impostas pela teoria semântica de Tarski, como suas condições de correção formal e de adequação material, explicadas logo no início do texto. Ainda que, no final desse artigo, Tarski seja no mínimo cauteloso quanto à aplicabilidade de sua teoria à epistemologia das ciências empíricas, o leitor não deixa de ser por ele encorajado na ideia de que a teoria semântica seja um início de uma era de realizações filosóficas rigorosas e definitivas.

Nos dois textos finais, mais curtos, Tarski volta a alguns dos pontos que já mencionamos, e analisa também noções lógicas fundamentais necessárias em parte para a compreensão de sua teoria semântica, como as noções de demonstração, em "Verdade e demonstração", e de consequência lógica, em "Sobre o conceito de consequência lógica". Em seu conjunto, esses cinco artigos dão uma visão suficientemente técnica e filosófica da teoria semântica da verdade, e alguns desses aspectos filosóficos relevantes serão discutidos brevemente a seguir.

A TEORIA SEMÂNTICA DA VERDADE

Assim como outras teorias da verdade bem conhecidas, a teoria de Tarski é objeto de numerosos comentários, e vamos aqui apenas chamar a atenção do leitor não iniciado nessas discussões para suas principais noções e para os aspectos mais relevantes das discussões sobre essa teoria.* Uma das principais é se a teoria semântica é neutra em relação a quaisquer concepções do mundo ou da linguagem. O próprio Tarski reivindica tal neutralidade para sua teoria, embora, no artigo "O estabelecimento da semântica científica", ele sugira uma aproximação entre sua teoria e o fisicalismo defendido pelos positivistas lógicos, sobretudo Carnap e Neurath. Tarski alega que sua concepção da verdade é tão neutra quanto a famosa máxima de Aristóteles, na *Metafísica*, que ele mesmo cita em "A concepção semântica da verdade e os fundamentos da semântica":

> *Dizer do que é que não é, ou do que não é que é, é falso, enquanto que dizer do que é que é, ou do que não é que não é, é verdadeiro.*

Ora, essa máxima é certamente neutra em relação a quaisquer teorias, em todos os domínios, uma vez que ela tem um caráter puramente formal. Ela expressa simplesmente as ideias de acordo e desacordo, e associa o acordo com a verdade, e o desacordo com a falsidade. E tal acordo é algo que pode ou não se dar entre alguma coisa e aquilo que dela dizemos. Assim, no máximo, o que Aristóteles estaria dizendo seria apenas que a verdade resulta da forma como utilizamos a linguagem para lidar com o mundo. Segundo essa concepção, a verdade resulta então não da constituição do mundo, e mesmo da

---

* Para exposições e discussões acessíveis sobre a teoria de Tarski, o leitor pode consultar, por exemplo, HAACK, S. *Filosofia das lógicas* (São Paulo, Editora da Unesp, 1998), cap.7; DUTRA, L. H. *Verdade e investigação* (São Paulo, EPU., 2001), cap.1; e KIRKHAM, R. *Teorias da verdade* (São Leopoldo, Editora da Unisinos, 2003), caps.5 e 6.

linguagem compreendida de uma forma ontológica, mas de nossa prática linguística.

Todavia, essa máxima de Aristóteles tem sido ao longo de séculos interpretada como expressão de uma concepção correspondencial da verdade, e, em parte, a lucidez de Tarski ao enfrentar o problema clássico e filosófico da verdade consistiu em tomá-la independentemente de sua interpretação correspondencial. E ainda que, após ser conhecida, a própria teoria de Tarski tivesse sido compreendida por alguns, como Karl Popper, como uma teoria da correspondência, a apresentação que o autor fez de sua concepção deixa claro que ele desejava se afastar das então mais conhecidas teorias da correspondência, respectivamente aquelas versões apresentadas por Bertrand Russell (em *A filosofia do atomismo lógico*) e por Wittgenstein (no *Tractatus*), cujos compromissos com determinada concepção do mundo, da linguagem e da relação entre ambos é evidente.

Ora, claramente, a teoria semântica de Tarski, na medida em que se destina a resolver o problema de definir a expressão 'sentença verdadeira' para uma linguagem formalizada qualquer e de estrutura especificada, de fato, pode prescindir de quaisquer pressuposições metafísicas, como aquelas que informaram a teoria da correspondência nas versões de Russell e de Wittgenstein. Mas, por outro lado, ele não poderia evitar determinada concepção da linguagem, assim como a outra teoria da correspondência amplamente conhecida, aquela de J. L. Austin.* Assim, o que a teoria de Tarski tem em comum com uma certa concepção da correspondência, exatamente aquela de Austin, é o fato de derivar de determinada compreensão da linguagem apenas ou, em outros termos, o fato de que ambos autores, embora de formas diferentes, tenham conseguido lançar os fundamentos da semântica independentemente da metafísica.

---

* Embora menos conhecida e discutida que a concepção correspondencial de Russell e Wittgenstein, aquela de Austin alcança o objetivo de definir a correspondência independentemente de uma concepção do mundo, mas apenas recorrendo a uma concepção da linguagem, ao interpretar a correspondência como uma espécie de acordo (correlação) entre convenções descritivas e demonstrativas; cf. AUSTIN, J. L. *Philosophical Papers* (Oxford University Press, 1961) e *How to do Things with Words* (Oxford University Press, 1962).

Introdução

No caso de Tarski, a questão da neutralidade nos conduz então a outra das grandes questões sobre sua teoria, isto é, aquela sobre a concepção da linguagem que ela pressupõe, e a qual também foi criticada por alguns, mesmo simpatizantes da teoria, como Davidson. Este autor pôs em questão a própria demarcação feita por Tarski entre as línguas naturais e as linguagens formalizadas, com o objetivo de argumentar que, de fato, se tal demarcação não for tomada de maneira rígida, podemos vislumbrar a possibilidade de aplicar os mesmos procedimentos parciais de Tarski a porções da linguagem ordinária, o que foi a ideia central do que ficou conhecido como o *programa de Davidson*.* De fato, a concepção semântica de Tarski está fundamentada nessa demarcação, embora ela não precise ser tomada de forma absoluta ou demasiadamente rígida. Melhor dizendo, a teoria de Tarski pressupõe determinada concepção do que é uma linguagem formalizada, em oposição a determinadas características das línguas naturais.

Retomemos um dos problemas que é utilizado pelo próprio Tarski para expor sua teoria, aquele do paradoxo do mentiroso. Como dissemos, a possibilidade desse paradoxo repousa no fato de que uma língua natural ou uma linguagem artificial possa incluir sua própria metalinguagem, ou, mais exatamente, predicados semânticos, como 'verdadeiro' e 'falso' justamente. É por essa razão que Tarski concebe um tipo de linguagem formalizada especial, aquele tipo de linguagem que satisfaz sua condição de correção formal, isto é, que seja formulada sem conter termos semânticos desse tipo. Com isso, as definições parciais de verdade que podem ser oferecidas para cada uma das sentenças de tal linguagem formalizada devem ser formuladas em uma metalinguagem, mais rica que a linguagem-objeto à qual ela se aplica, por conter basicamente os termos dessa última e os predicados semânticos necessários para tais definições.

Tais definições parciais, além disso, devem seguir ainda a condição de adequação material, expressa no célebre esquema T:

---

* Sobre isso, inclusive a interpretação de Popper da teoria de Tarski como uma teoria da correspondência, o leitor pode recorrer aos comentários indicados na nota de rodapé da p.13.

(T) x é uma sentença verdadeira se e somente se p,

no qual x é o nome de uma sentença qualquer e p se refere a um estado de coisas. Ora, como podemos formar o nome de uma sentença, dentre outras formas, ao colocarmos aspas em torno dos símbolos dessa sentença, podemos ter as mais diversas instâncias de uso desse esquema, como os exemplos que se tornaram célebres na literatura:

> 'a neve é branca' é uma sentença verdadeira se e somente se a neve é branca.

Este esquema pode ser, contudo, enganador, caso interpretemos a parte que vai entre aspas (ou seja, x) não como o nome de uma sentença particular, mas como a linguagem em geral, e a parte que vem depois da expressão 'se e somente se' (ou seja, os mesmos símbolos sem as aspas, ou p) como fatos no mundo, pois, com isso, somos levados a achar, como ocorreu com Popper, que essa condição de adequação material seria a expressão de uma concepção da correspondência entre linguagem e mundo, o que não é de forma alguma o ponto de vista de Tarski.

Não vamos entrar nos detalhes mais técnicos que mostram isso, o que o leitor deve fazer exatamente por meio dos textos do próprio Tarski. Segundo este, o esquema T é, por sua vez, tão formal ou neutro quanto aquela máxima de Aristóteles. Ou seja, ele tem por objetivo apenas propor uma convenção, aquela de tomar uma a uma as sentenças de uma linguagem formalizada e especificar para cada uma delas as condições que a tornam verdadeira. É fato, obviamente, que Tarski, assim como Aristóteles e todos os demais proponentes de teorias da verdade, argumenta que sua concepção capta a noção comum de *verdade*. E esta é uma terceira questão dentre aquelas mais importantes que foram levantadas a respeito de sua teoria.

A esse respeito também encontramos uma certa hesitação da parte do próprio Tarski. Seus argumentos em favor da neutralidade da convenção T alegam, entre outras coisas, que, de fato, não sabemos se nossa compreensão comum da *verdade* é correspondencial. Entretanto, quando confrontado com argumentos mais fortes lançados pe-

Introdução

los defensores de concepções correspondentistas, Tarski chegou a dizer que, uma vez que sua teoria funcionava perfeitamente para linguagens formalizadas, pouco importava se ela fosse realmente associada à noção comum de *verdade*, e se poderia mesmo utilizar outro termo (como 'ferdadeiro', por exemplo — em inglês, 'frue', em vez de 'true') em relação a sua teoria. A nosso ver, isso já foi um exagero de Tarski, pois significaria exatamente, por um lado, abrir mão da importância filosófica da intuição que está por trás da convenção T; e, por outro, poderia introduzir uma artificialidade exagerada e desnecessária em sua concepção de linguagem formalizada, como um tipo de linguagem que pode funcionar corretamente, mas que teria muito pouca *força semântica*, isto é, que teria pouca serventia para lidarmos com o mundo.

Em suma, podemos dizer que a eficiência da teoria semântica resulta de uma exposição clara das noções fundamentais nas quais o procedimento oferecido por ela repousa, como a condição de correção formal e o esquema T, a distinção entre linguagem-objeto e metalinguagem etc. E foi essa eficiência da teoria que sobretudo atraiu os filósofos, na esperança de que, além de lidar com linguagens formalizadas de estrutura inteiramente especificada, a teoria nos ajudasse também a compreender o funcionamento da linguagem humana em geral e o papel que, em seu uso, desempenham termos como 'verdadeiro' e 'falso'. Mas, a esse respeito, é preciso não esperarmos demasiado dessa teoria, assim como de outras. Em certa medida, todas as teorias da verdade conhecidas até hoje puseram em evidência determinados aspectos desse conjunto complexo de fenômenos que é a linguagem humana, captaram algo de correto a respeito de seu funcionamento, e nisso residiria a força de cada uma delas. Neste domínio, sem dúvida, a teoria semântica de Tarski alcançou um dos feitos mais notáveis, sobretudo pela clareza e rigor com a qual ela é exposta. Mas devemos ser modestos ao encararmos essa teoria, assim como seu próprio autor foi.

Florianópolis, julho de 2006.

Cezar A. Mortari
Luiz Henrique de A. Dutra

I
O CONCEITO DE VERDADE NAS LINGUAGENS FORMALIZADAS[†,*]

Introdução

O presente artigo dedica-se quase inteiramente a um único problema: *a definição de verdade*. Sua tarefa é construir — com referência a

---

[†] Nota Bibliográfica. Os resultados apresentados neste artigo datam, em sua maior parte, de 1929. Discuti-os, em particular, em duas conferências ministradas sob o título "Sobre o conceito de verdade com referência às ciências dedutivas formalizadas", na Seção de Lógica da Sociedade Filosófica de Varsóvia (8 de outubro de 1930) e na Sociedade Filosófica Polonesa em Lwów (5 de dezembro de 1930). Um breve relato dessas conferências encontra-se em TARSKI, A. [55]. O artigo foi apresentado, por J. Łukasiewicz, à Sociedade Científica de Varsóvia em 21 de março de 1931. Por razões fora de meu controle, a publicação foi adiada por dois anos. Nesse meio tempo, o texto original foi complementado por consideráveis acréscimos (ver p.117, nota 90). Um resumo dos principais resultados do artigo também foi publicado em TARSKI, A. [58].

O original polonês do artigo, finalmente, apareceu impresso como Tarski [59]. Ele foi depois traduzido para várias línguas, primeiro para o alemão (TARSKI, A. [60]) e, mais tarde, além da presente tradução para o inglês, para o italiano (TARSKI, A. [68]) e o francês (TARSKI, A. [69]). Foi acrescentado, a cada uma das traduções, um pós-escrito no qual algumas das opiniões enunciadas no original polonês sofreram revisão e modificação essenciais.

Em dois artigos posteriores (TARSKI, A. [65] e TARSKI, A. [70]), tentei esboçar de maneira não técnica as principais ideias e resultados deste trabalho. No primeiro, também exprimi minhas opiniões a respeito de algumas objeções que foram levantadas às investigações aqui apresentadas.

[*] [Tradução: Cezar A. Mortari; revisão da tradução: Celso R. Braida.] A presente tradução baseia-se no texto considerado definitivo do artigo: a tradução inglesa publicada no volume *Logic, Semantics, Metamathematics*, que apareceu pela primeira vez em 1956, e foi revisada para a segunda edição, de 1983. Apesar de ter cotejado a versão inglesa com a versão alemã publicada em 1933 (TARSKI, A. [60]), o tradutor, considerando que este volume não é uma edição crítica, absteve-se de indicar os pontos em que os textos divergem. (N.T.)

uma dada linguagem — *uma definição materialmente adequada e formalmente correta da expressão 'sentença verdadeira'*. Esse problema, que se encontra entre as questões clássicas da filosofia, suscita dificuldades consideráveis. Pois, embora o significado da expressão 'sentença verdadeira', na linguagem coloquial, pareça ser bem claro e inteligível, todas as tentativas de definir tal significado com mais precisão foram até hoje infrutíferas, e muitas investigações nas quais essa expressão foi usada, e que partiam de premissas aparentemente evidentes, levaram com frequência a paradoxos e antinomias (para os quais, contudo, uma solução mais ou menos satisfatória foi encontrada). O conceito de verdade compartilha, assim, o destino de outros conceitos análogos no domínio da semântica da linguagem.

A questão de como deve ser definido certo conceito é corretamente formulada somente se for dada uma lista dos termos por meio dos quais deve ser construída a definição requerida. E, para que a definição cumpra sua tarefa própria, o sentido dos termos nessa lista não deve dar margem a nenhuma dúvida. Surge então, naturalmente, a questão: que termos vamos usar ao construir a definição de verdade? Não deixarei de esclarecer essa questão no decurso destas investigações. Nessa construção, não farei uso de qualquer conceito semântico que eu não seja previamente capaz de reduzir a outros conceitos.

Não é a intenção aqui fazer uma análise completa e detalhada do significado do termo 'verdadeiro' em uso na vida cotidiana. Todo leitor possui, em maior ou menor grau, um conhecimento intuitivo do conceito de verdade, e pode encontrar discussões detalhadas sobre ele em obras de teoria do conhecimento. Gostaria apenas de mencionar que, ao longo deste trabalho, vou me ocupar exclusivamente em apreender as intenções contidas na chamada concepção *clássica* da verdade ('verdadeiro — correspondente à realidade'), em vez de, por exemplo, as da concepção *utilitarista* ('verdadeiro — útil sob certo aspecto').[1]

A extensão do conceito a ser definido depende, de maneira essencial, da linguagem particular sob consideração. A mesma expressão

---

[1] Cf. KOTARBIŃSKI, T. [33], p.126 (ao escrever o presente artigo, consultei repetidas vezes esse livro e segui, em muitos pontos, a terminologia ali sugerida).

pode, em uma linguagem, ser um enunciado verdadeiro e, em outra, um enunciado falso ou uma expressão destituída de significado. Não será o caso aqui, de modo algum, apresentar uma definição única e geral do termo. O problema que nos interessa será dividido em uma série de problemas separados, cada um a respeito de uma linguagem individual.

No §1, o objeto de nossa discussão é a linguagem coloquial. A conclusão final é totalmente negativa. Nessa linguagem, parece impossível definir a noção de verdade e até mesmo aplicar tal noção de maneira consistente e concordante com as leis da lógica.

Mais adiante, vou considerar de modo exclusivo as linguagens cientificamente construídas conhecidas hoje, isto é, as linguagens formalizadas das ciências dedutivas. Suas características serão descritas no começo do §2. Resultará que, do ponto de vista do presente problema, essas linguagens dividem-se em dois grupos, sendo a divisão baseada no maior ou menor número de formas gramaticais existentes em uma linguagem particular. Com relação às linguagens 'mais pobres', o problema da definição de verdade encontra uma solução positiva: há um método uniforme para a construção da definição requerida no caso de cada uma dessas linguagens. Nos §§2 e 3, vou realizar de modo completo essa construção para uma linguagem concreta, facilitando desta maneira a descrição geral, esboçada no §4, do método acima citado. Com relação às linguagens 'mais ricas', contudo, a solução de nosso problema será negativa, como resulta das considerações no §5. Para as linguagens desse grupo, jamais seremos capazes de construir uma definição correta da noção de verdade.[†]
Não obstante, tudo aponta para a possibilidade, mesmo nesses casos — ao contrário do da linguagem cotidiana —, de apresentar um uso consistente e correto do conceito, considerando-o uma noção primitiva de uma ciência especial — a saber, da teoria da verdade — e tornando precisas suas propriedades fundamentais através de axiomatização.

A investigação das linguagens formalizadas demanda, naturalmente, o conhecimento dos princípios da lógica formal moderna.

[†] Com relação a essa afirmação, compare-se o Pós-escrito.

Para a construção da definição de verdade são necessários, embora em pequeno grau, certos conceitos e métodos puramente matemáticos. Eu ficaria feliz se este trabalho convencesse o leitor de que tais métodos são agora ferramentas necessárias até mesmo para a investigação de alguns problemas puramente filosóficos.

§1. O CONCEITO DE SENTENÇA VERDADEIRA NA LINGUAGEM COTIDIANA OU COLOQUIAL

Com o propósito de introduzir o leitor a nosso assunto, parece desejável uma consideração, ainda que rápida, do problema de definir verdade na linguagem coloquial. Gostaria especialmente de enfatizar as várias dificuldades encontradas pelas tentativas de resolver esse problema.[2]

Entre os vários esforços que a construção de uma definição correta de verdade para as sentenças da linguagem coloquial suscitou, talvez o mais natural seja a busca de uma *definição semântica*, ou seja, de uma definição que podemos expressar nas seguintes palavras:

(1) *uma sentença verdadeira é uma sentença que diz que o estado de coisas é tal e tal, e o estado de coisas é, de fato, tal e tal.*[†]

Do ponto de vista da correção formal, da clareza e da isenção de ambiguidade das expressões que nela ocorrem, a formulação acima,

---

[2] As considerações que vou fazer a esse respeito não são, em sua maior parte, resultado de meus próprios estudos. Nelas são expressas concepções desenvolvidas por S. Leśniewski em suas conferências na Universidade de Varsóvia (a partir de 1919-1920), em discussões científicas e em conversas particulares; isso se aplica, em especial, a quase tudo que vou dizer a respeito de expressões entre aspas e das antinomias semânticas. Devo acrescentar que esse empréstimo de maneira alguma responsabiliza Leśniewski pela forma abreviada, e talvez não muito precisa, na qual são apresentadas as observações subsequentes.

[†] Encontramos formulações muito similares em KOTARBIŃSKI, T. [33], p.127 e 136, onde são tratadas como comentários que explicam aproximadamente a concepção clássica da verdade. É claro que essas formulações não são essencialmente novas; comparemos, por exemplo, as bem conhecidas palavras de Aristóteles: "Dizer do que é que não é, ou do que não é que é, é falso, enquanto que dizer do que é que é, ou do que não é que não é, é verdadeiro". (ARISTÓTELES, *Metaphysica*, Γ, 7, 27; *Works*, v.8, tradução inglesa de W. D. Ross, Oxford, 1908.)

§1. O conceito de sentença verdadeira na linguagem cotidiana ou coloquial

obviamente, deixa muito a desejar. Não obstante, seu significado intuitivo e sua intenção geral parecem ser bastante claros e inteligíveis. Tornar essa intenção mais definida, e atribuir-lhe uma forma correta, é precisamente a tarefa de uma definição semântica.

Como ponto de partida, apresentam-se certas sentenças de um tipo especial, que poderiam servir como definições parciais da verdade de uma sentença ou, mais corretamente, como explicações de várias locuções concretas do tipo 'x é uma sentença verdadeira'. O esquema geral deste tipo de sentença pode ser representado da seguinte maneira:

(2)   x é uma sentença verdadeira se e somente se p.

Para obter definições concretas, colocamos nesse esquema, em lugar do símbolo 'p', uma sentença qualquer e, em lugar de 'x', qualquer nome individual dessa sentença.

Dado um nome individual de uma sentença, podemos construir uma explicação do tipo (2) para ela, desde que sejamos capazes de escrever a sentença denotada por seu nome. Os nomes mais importantes e comuns para os quais a condição acima é satisfeita são os chamados *nomes por citação* (*quotation-mark names*). Denotamos por esse termo todo nome de uma sentença (ou de qualquer outra expressão, mesmo daquelas destituídas de significado) que consiste em aspas simples, do lado esquerdo e do lado direito, e na expressão que fica entre elas — expressão que é o objeto denotado pelo nome em questão. O nome 'está nevando' serve como exemplo de um tal nome de uma sentença. Neste caso, a explicação correspondente de tipo (2) é a seguinte:

(3)   'está nevando' é uma sentença verdadeira se e somente se está nevando.[3]

---

[3] Os enunciados (sentenças) são tratados aqui sempre como um tipo particular de expressão, e, assim, como entidades linguísticas. Não obstante, quando os termos 'expressão', 'enunciado' etc. são interpretados como nomes de séries concretas de símbolos impressos, várias formulações que ocorrem neste trabalho não parecem ser inteiramente corretas, e assumem a aparência de um erro difundido, que consiste em identificar expressões cuja forma é igual. Isso se aplica especialmente à sentença (3), uma vez que, na interpretação mencionada, nomes por citação devem ser conside-

Uma outra categoria de nomes de sentenças para as quais podemos construir explicações análogas é dada pelos chamados *nomes estruturais-descritivos*. Aplicaremos esse termo a nomes que descrevem as palavras que compõem a expressão denotada pelo nome, bem como os sinais dos quais é composta cada palavra individual e a ordem na qual esses sinais e palavras seguem uns aos outros. Tais nomes podem ser formulados sem a ajuda de aspas simples. Para esse propósito, devemos ter, na linguagem que estivermos usando (neste caso, a linguagem coloquial), nomes individuais de alguma espécie, mas não nomes por citação, para todas as letras e outros sinais dos quais são compostas as palavras e expressões da linguagem. Por exemplo, poderíamos usar 'A', 'E', 'Efe', 'Jota', 'Pê' como nomes das letras 'a', 'e', 'f', 'j', 'p'. É claro que podemos correlacionar um nome por estrutural-descritivo a todo nome por citação, um nome que não contenha aspas e possua a mesma extensão (isto é, denote a mesma expressão), e vice-versa. Por exemplo, correspondendo ao nome 'neve' temos o nome 'uma palavra que consiste em quatro letras: Ene, E, Vê, E (nesta ordem)'. Fica evidente, assim, que podemos construir definições parciais do tipo (2) para nomes estruturais-descritivos de sentenças, o que é ilustrado pelo exemplo a seguir:

(4) *uma expressão consistindo em duas palavras, das quais a primeira é composta das quatro letras E, Esse, Tê e A com acento agudo*

---

rados nomes gerais (e não individuais), que denotam não apenas a série de sinais entre as aspas simples, mas também toda série de sinais de igual forma. De modo a evitar ambas as objeções dessa espécie e também a introdução, na discussão, de complicações supérfluas — que estariam relacionadas, entre outras coisas, com a necessidade de usar o conceito de igualdade de forma —, é conveniente estipular que termos como 'palavra', 'expressão', 'sentença' etc. não denotam séries concretas de sinais, mas a classe toda daquelas séries cuja forma é igual à da série dada; apenas nesse sentido consideraremos nomes por citação como nomes individuais de expressões. Cf. WHITEHEAD, A. N.; RUSSELL, B. A. W. [85], v.I, p.661–6 e, para outras interpretações do termo 'sentença', KOTARBIŃSKI, T. [33], p.123–5.

Aproveito a oportunidade para mencionar que uso as palavras 'nome' e 'denota' (tal como as palavras 'objeto', 'classe', 'relação') não em *um*, mas em muitos sentidos distintos, porque as aplico tanto a objetos no sentido mais estrito (isto é, a indivíduos), quanto a todas as espécies de classes e relações. Do ponto de vista da teoria dos tipos exposta em WHITEHEAD, A. N.; RUSSELL, B. A. W. [85] (v.I, p.139–68), essas expressões devem ser consideradas sistematicamente ambíguas.

§1. O conceito de sentença verdadeira na linguagem cotidiana ou coloquial 25

(nesta ordem), e a segunda das sete letras Ene, E, Vê, A, Ene, Dê e O (nesta ordem), é uma sentença verdadeira se e somente se está nevando.

As sentenças que são análogas a (3) e (4) parecem claras e completamente de acordo com o significado da palavra 'verdadeiro', expresso na formulação (1). Com respeito à clareza de seu conteúdo e correção de sua forma, elas não levantam, em geral, nenhuma dúvida — pressupondo, é claro, que nenhuma dúvida desse tipo diga respeito às sentenças pelas quais substituímos o símbolo 'p' em (2).

Mas uma certa reserva é, não obstante, aqui necessária. Conhecemos situações nas quais justamente asserções desse tipo, em combinação com certas outras premissas não menos intuitivamente claras, levam a contradições óbvias, por exemplo, a *antinomia do mentiroso*. Apresentaremos dessa antinomia uma formulação extremamente simples, devida a J. Łukasiewicz.

Para maior clareza, usaremos o símbolo 'c' como uma abreviação tipográfica da expressão '*a sentença impressa nesta página, linha 19 a partir do topo*'. Consideremos agora a seguinte sentença:

c não é uma sentença verdadeira.

Levando em conta o significado do símbolo 'c', podemos estabelecer empiricamente que:

(α) 'c não é uma sentença verdadeira' é idêntica a c.

Para o nome por citação da sentença c (ou para qualquer outro de seus nomes) estabelecemos uma explicação de tipo (2):

(β) *'c não é uma sentença verdadeira' é uma sentença verdadeira se e somente se c não é uma sentença verdadeira.*

As premissas (α) e (β), juntas, resultam imediatamente em uma contradição:

c é uma sentença verdadeira se e somente se c não é uma sentença verdadeira.

A fonte dessa contradição é revelada facilmente: para construir a asserção (β), substituímos o símbolo 'p' no esquema (2) por uma expressão que contém, ela própria, o termo 'sentença verdadeira' (razão pela qual a asserção assim obtida — ao contrário de (3) ou (4) — não pode mais servir como uma definição parcial de verdade). Porém, não se pode dar nenhuma razão racional pela qual tais substituições deveriam ser proibidas em princípio.

Vou me restringir aqui à formulação da antinomia acima, deixando para adiante as consequências necessárias que se podem tirar desse fato. Ignorando essa dificuldade, tentarei a seguir construir uma definição de sentença verdadeira generalizando explicações do tipo (3). À primeira vista, essa tarefa parece bastante fácil — especialmente para qualquer um que domine, em alguma medida, as técnicas da lógica matemática moderna. Poder-se-ia pensar que tudo o que precisamos fazer é substituir em (3) a expressão 'está nevando', que ocorre ali duas vezes, por qualquer variável sentencial (isto é, por um símbolo que possa ser substituído por qualquer sentença), e então afirmar que a fórmula resultante vale para todos os valores da variável. Obteríamos, assim, de imediato, uma sentença que inclui todas as sentenças do tipo (3) como casos especiais:

(5) *para todo p, 'p' é uma sentença verdadeira se e somente se p.*

Mas a sentença acima não poderia servir como uma definição geral da expressão 'x é uma sentença verdadeira', porque a totalidade das substituições possíveis para o símbolo 'x' é aqui restrita aos nomes por citação. Para remover essa restrição, temos de recorrer ao fato bem conhecido de que a toda sentença verdadeira (e, de modo geral, a toda sentença) corresponde um nome por citação que denota exatamente aquela sentença.[4] Tendo isso em mente, poderíamos tentar generalizar a formulação (5), por exemplo, da seguinte maneira:

(6) *para todo x, x é uma sentença verdadeira se e somente se, para um certo p, x é idêntica a 'p', e p.*

---

[4] Por exemplo, esse fato poderia ser formulado da seguinte maneira:

(5') *para todo x, se x é uma sentença verdadeira, então, para um certo p, x é idêntica a 'p'.*

A sentença (6), apresentada na sequência, pode ser derivada como conclusão das premissas (5) e (5').

§1. O conceito de sentença verdadeira na linguagem cotidiana ou coloquial 27

À primeira vista, tenderíamos a considerar (6) uma definição semântica correta de 'sentença verdadeira', que expressa de maneira precisa a intenção da formulação (1) e, portanto, poderíamos aceitá-la como uma solução satisfatória de nosso problema. Entretanto, a questão não é tão simples assim. Tão logo começamos a analisar a significação dos nomes por citação que ocorrem em (5) e (6), encontramos uma série de dificuldades e riscos.

Os nomes por citação podem ser tratados como palavras individuais de uma linguagem e, assim, como expressões sintaticamente simples. Os constituintes individuais desses nomes — as aspas e as expressões que estão entre elas — desempenham a mesma função que as letras e as combinações de letras em palavras individuais. Logo, eles não possuem significado independente. Todo nome por citação é, então, um nome individual constante de uma expressão definida (a expressão encerrada pelas aspas) e, de fato, um nome de mesma natureza que o nome próprio de um homem. Por exemplo, o nome ''*p*'' denota uma das letras do alfabeto. Com essa interpretação, que parece ser a mais natural e estar completamente de acordo com a maneira usual de usar as aspas, definições parciais do tipo (3) não podem ser usadas para qualquer generalização significativa. Em caso algum podem as sentenças (5) ou (6) ser aceitas como uma tal generalização. Ao aplicar a (5) a regra chamada regra de substituição, não se justifica substituir por coisa alguma a letra '*p*' que ocorre como componente de um nome por citação (do mesmo modo como não podemos substituir a letra '*v*' na palavra '*verdadeiro*' por coisa alguma). Consequentemente, obtemos como conclusão não (5), mas a seguinte sentença: '*p*' *é uma sentença verdadeira se e somente se está nevando*. Percebemos imediatamente que as sentenças (5) e (6) não são formulações do pensamento que desejamos expressar, e que elas são, de fato, obviamente destituídas de significado. Além do mais, a sentença (5) leva de imediato a uma contradição, pois dela podemos obter, de modo igualmente fácil, além da consequência mencionada acima, a consequência contraditória: '*p*' *é uma sentença verdadeira se e somente se não está nevando*. A sentença (6), isolada, não leva a nenhuma contradição, mas segue-se dela a conclusão obviamente absurda de que a letra '*p*' é a única sentença verdadeira.

Para dar maior clareza às considerações acima, pode-se mencionar que, com nossa concepção de nomes por citação, podemos eliminá-los e substituí-los em todos os lugares, por exemplo, pelos nomes estruturais-descritivos correspondentes. Se, no entanto, considerarmos explicações do tipo (2), construídas pelo uso de tais nomes (como fizemos, por exemplo, em (4) acima), então não vemos modo algum de generalizar essas explicações. E se em (5) ou (6) substituirmos o nome por citação pelo nome estrutural-descritivo '*Pê*' (ou '*a palavra que consiste apenas na letra Pê*'), percebemos imediatamente que a formulação resultante é absurda.

Para salvar o sentido das sentenças (5) e (6), devemos buscar uma interpretação bem diferente dos nomes por citação. Devemos tratar esses nomes como expressões sintaticamente compostas, das quais fazem parte tanto as aspas quanto as expressões entre elas. Nesse caso, nem todas as expressões de citação (*quotation-mark expressions*) serão nomes constantes. A expressão "*p*" que ocorre em (5) e (6), por exemplo, deve ser considerada uma função cujo argumento é uma variável sentencial e cujos valores são nomes por citação constantes de sentenças. Vamos chamar tais funções de *funções de citação* (*quotation-functions*). As aspas tornam-se, assim, palavras independentes, pertencendo ao domínio da semântica, tendo um significado próximo ao da palavra 'nome'; do ponto de vista sintático, elas desempenham o papel de funtores.[5] Mas surgem então novas complicações. O sentido da função de citação e das próprias aspas não é suficientemente claro. Em qualquer dos casos, tais funtores não são extensionais. Não há dúvida de que a sentença '*para todo p e q, caso (p se e somente se q), então* '*p*' *é idêntico a* '*q*'' está em evidente contradição com o modo usual de usar as aspas. Por essa razão, apenas

---

[5] Chamamos funtores as palavras tais como 'lê' na expressão '*x* lê' (este é um funtor formador de sentenças com *um* nome individual como argumento). Também 'vê' na expressão '*x* vê *y*' (um funtor formador de sentenças com *dois* nomes como argumentos), 'pai' na expressão 'o pai de *x*' (um funtor formador de nomes com um nome como argumento), bem como 'ou' na expressão '*p* ou *q*' (um funtor formador de sentenças com duas sentenças como argumentos). As aspas são um exemplo de um funtor formador de nomes com *uma* sentença como argumento. Devemos o termo 'funtor' a T. Kotarbiński, e as expressões 'funtor formador de sentenças' e 'funtor formador de nomes' a K. Ajdukiewicz; cf. AJDUKIEWICZ, K. [3].

a definição (6) seria inaceitável para alguém que deseje consistentemente evitar funtores intensionais e tenha mesmo a opinião de que uma análise mais profunda mostra ser impossível atribuir qualquer significado preciso a tais funtores.[6] Além do mais, o uso do funtor de citação expõe-nos ao risco de ficarmos envolvidos em várias antinomias semânticas, tais como a antinomia do mentiroso. Isso vale até mesmo se — tomando todos os cuidados — fizermos uso apenas daquelas propriedades das funções de citação que parecem quase evidentes. Ao contrário da concepção da antinomia do mentiroso apresentada acima, podemos formulá-la sem usar de modo algum a expressão 'sentença verdadeira', através da introdução das funções de citação com argumentos variáveis. Apresentaremos um esboço dessa formulação.

Seja o símbolo 'c' uma abreviação tipográfica da expressão '*a sentença impressa nesta página, linha 17 a partir do topo*'. Consideremos o enunciado seguinte:

para todo p, se c é idêntica à sentença 'p', então não p.

(Se aceitarmos (6) como uma definição de verdade, então o enunciado acima afirma que c não é uma sentença verdadeira.)

Estabelecemos empiricamente:

(α) a sentença '*para todo p, se c é idêntica à sentença 'p', então não p*' é idêntica a c.

Além disso, fazemos apenas uma única suposição complementar a respeito da função de citação, e que parece não levantar nenhuma dúvida:

(β) *para todo p e q, se a sentença 'p' é idêntica à sentença 'q', então p se e somente se q.*

---

[6] Não vou discutir aqui, em detalhes, o difícil problema da extensionalidade; cf. CARNAP, R. [7], onde é apresentada a literatura sobre o problema, e especialmente WHITEHEAD, A. N.; RUSSELL, B. A. W. [85], v.I, p.659–66. Deve-se notar que, usualmente, os termos 'extensional' e 'intensional' são aplicados a funtores formadores de sentenças, enquanto que, no texto, eles são aplicados a aspas e, assim, a funtores formadores de nomes.

Por meio de leis lógicas elementares, podemos facilmente derivar uma contradição das premissas (α) e (β).

Gostaria de chamar a atenção, brevemente, para outros riscos aos quais nos expõe o uso consistente dessa interpretação das aspas — a saber, a ambiguidade de certas expressões (por exemplo, a expressão de citação que ocorre em (5) e (6) deve ser considerada, em certas situações, uma função com um argumento variável, enquanto que, em outras, ela é um nome constante que denota uma letra do alfabeto.) Mais ainda, eu mencionaria a necessidade de admitir certas construções linguísticas cujo acordo com as leis fundamentais da sintaxe é pelo menos duvidoso; por exemplo, expressões significativas que contêm expressões destituídas de significado como partes sintáticas (todo nome por citação de uma expressão destituída de significado serve como exemplo). Por todas essas razões, a correção da definição (6), mesmo com a nova interpretação das aspas, parece ser extremamente duvidosa.

Nossas discussões até aqui nos autorizam, em qualquer caso, a dizer que a *tentativa de construir uma definição semântica correta da expressão 'sentença verdadeira' encontra dificuldades muito reais*. Não conhecemos nenhum método geral que nos permitisse definir o significado de uma expressão concreta arbitrária do tipo 'x é uma sentença verdadeira', na qual, em lugar de 'x', temos um nome de alguma sentença. O método ilustrado pelos exemplos (3) e (4) nos falha naquelas situações em que não podemos indicar, para um dado nome de uma sentença, a sentença denotada por esse nome (como exemplo de um tal nome, 'a primeira sentença que será impressa no ano 2000' servirá). Mas, se num tal caso, nós buscamos refúgio na construção usada na formulação da definição (6), então ficamos expostos a todas as complicações que foram descritas anteriormente.

Em vista desses fatos, somos forçados a procurar outros métodos para resolver nosso problema. Vou chamar atenção aqui a apenas *uma* tentativa — a saber, a tentativa de construir uma *definição estrutural*. O esquema geral dessa definição seria mais ou menos o seguinte: *uma sentença verdadeira é uma sentença que possui tais e tais propriedades estruturais* (isto é, propriedades que dizem respeito à forma e à ordem de sucessão das partes individuais da expressão) *ou que pode ser ob-*

tida de tais e tais expressões estruturalmente descritas por meio de tais e tais transformações estruturais. Como ponto de partida, podem servir muitas leis da lógica formal que nos capacitam a inferir a verdade ou falsidade de sentenças a partir de algumas de suas propriedades estruturais, ou, com base na verdade ou falsidade de certas sentenças, inferir propriedades análogas de outras sentenças que podem ser obtidas das primeiras por meio de várias transformações estruturais. Aqui temos alguns exemplos triviais de tais leis: *toda expressão consistindo em quatro partes, das quais a primeira é a palavra 'se', a terceira é a palavra 'então', e a segunda e a quarta são a mesma sentença, é uma sentença verdadeira; se uma sentença verdadeira consiste em quatro partes, das quais a primeira é a palavra 'se', a segunda, uma sentença verdadeira, e a terceira é a palavra 'então', então a quarta parte é uma sentença verdadeira.* Tais leis (especialmente aquelas do segundo tipo) são muito importantes. Com sua ajuda, toda definição incompleta de verdade, cuja extensão compreenda uma classe arbitrária de sentenças, pode ser estendida a todas as sentenças compostas que podem ser construídas a partir de sentenças da classe dada combinando-as por meio de tais expressões como 'se ... então', 'se e somente se', 'ou', 'e', 'não', em resumo, por meio de expressões pertencentes ao cálculo sentencial (ou teoria da dedução). Isso conduz à ideia de instituir leis suficientemente numerosas, poderosas e gerais para que toda sentença se enquadre em alguma delas. Dessa maneira, deveríamos chegar a uma definição estrutural geral de uma sentença verdadeira. Contudo, também essa maneira parece ser quase inútil, ao menos no que diz respeito à linguagem natural, pois essa linguagem não é algo acabado, fechado ou cercado por limites claros. Não está estabelecido quais palavras podem ser acrescentadas a essa linguagem e, assim, em certo sentido, já pertencem a ela potencialmente. Não somos capazes de especificar estruturalmente aquelas expressões da linguagem que chamamos sentenças; menos ainda podemos distinguir entre elas as verdadeiras. A tentativa de estabelecer uma definição estrutural do termo 'sentença *verdadeira' — aplicável à linguagem natural —* é confrontada com dificuldades insuperáveis.

O fracasso de todas as tentativas anteriores nos leva a supor que não há uma maneira satisfatória de resolver nosso problema. Argumentos importantes, de natureza geral, podem ser de fato invocados em apoio a tal suposição, como vou agora indicar brevemente.

Um traço característico da linguagem coloquial (ao contrário de várias linguagens científicas) é sua universalidade. Não estaria em harmonia com o espírito desta linguagem se, em alguma outra linguagem, ocorresse uma palavra que não pudesse ser nela traduzida. Poder-se-ia alegar que 'se podemos falar de modo significativo sobre alguma coisa que seja, também podemos falar a respeito dela na linguagem coloquial'. Se vamos sustentar essa universalidade da linguagem cotidiana com respeito a investigações semânticas, devemos, para ser consistentes, admitir na linguagem, além de suas sentenças e outras expressões, também os nomes dessas sentenças e expressões, e sentenças contendo esses nomes, bem como expressões semânticas tais como 'sentença verdadeira', 'nome', 'denota' etc. Mas, presumivelmente, é justo essa universalidade da linguagem cotidiana a fonte primária de todas as antinomias semânticas, como a antinomia do mentiroso ou a das palavras heterológicas. Essas antinomias parecem fornecer uma prova de que toda linguagem que seja universal no sentido mencionado, e para a qual valem as leis normais da lógica, deva ser inconsistente. Isso se aplica especialmente à formulação da antinomia do mentiroso que apresentei nas páginas 25 e 26, e que não contém nenhuma função de citação com argumento variável. Se analisarmos essa antinomia na formulação acima, chegaremos à convicção de que não pode existir nenhuma linguagem consistente para a qual valham as leis usuais da lógica e que, ao mesmo tempo, satisfaça as seguintes condições: (I) para qualquer sentença que ocorre na linguagem, um nome definido dessa sentença também pertence à linguagem; (II) toda expressão formada a partir de (2) pela substituição do símbolo 'p' por qualquer sentença da linguagem e do símbolo 'x' por um nome dessa sentença deve ser considerada uma sentença verdadeira dessa linguagem; (III) na linguagem em questão, uma premissa empiricamente estabelecida tendo o mesmo significado que (α) pode ser formulada e aceita como uma sentença verdadeira.[7]

---

[7] A antinomia das palavras heterológicas (que não vou descrever aqui — cf. GRELLING, K.; NELSON, L. [24], p.307) é mais simples que a antinomia do mentiroso

Se essas observações estão corretas, então *a própria possibilidade de um uso consistente da expressão 'sentença verdadeira' que esteja em harmonia com as leis da lógica e com o espírito da linguagem cotidiana parece ser muito questionável*, e, consequentemente, a mesma dúvida recai sobre a possibilidade de construir uma definição correta dessa expressão.

§2. Linguagens formalizadas, especialmente a linguagem do cálculo de classes

Pelas razões apresentadas na seção precedente, abandono agora a tentativa de resolver nosso problema para a linguagem cotidiana e restrinjo-me, daqui em diante, inteiramente às *linguagens formalizadas*.[8] Estas podem ser aproximadamente caracterizadas como linguagens artificialmente construídas nas quais o sentido de toda expressão é univocamente determinado por sua forma. Sem tentar uma descrição completamente exaustiva e precisa, o que envolveria dificuldades consideráveis, chamo a atenção aqui para algumas propriedades essenciais que todas as linguagens formalizadas possuem: (α) para cada uma dessas linguagens, é dada uma lista ou descrição em termos estruturais de todos os *sinais com os quais as expressões da linguagem são formadas*; (β) entre todas as expressões possíveis que podem ser formadas com esses sinais, aquelas chamadas *sentenças* são distinguidas por meio de propriedades puramente estruturais. Ora, até hoje, as linguagens formalizadas foram construídas exclusivamente com o propósito de estudar *ciências dedutivas* formalizadas com base em tais

---

uma vez que nenhuma premissa empírica análoga a (α) aparece em sua formulação. Assim, ela leva à consequência correspondentemente mais forte: não pode haver nenhuma linguagem consistente que contenha as leis ordinárias da lógica e satisfaça duas condições que são análogas a (I) e (II), mas diferem delas ao tratar não de sentenças, mas de nomes, e não da verdade de sentenças, mas da relação de denotação. A esse respeito, comparemos a discussão no §5 deste artigo — o começo da prova do Teorema 1, e, em particular, na p.118, nota 92.

[8] Os resultados obtidos para as linguagens formalizadas também têm uma certa validade para a linguagem coloquial, o que se deve à sua universalidade: se traduzirmos para a linguagem coloquial qualquer definição de uma sentença verdadeira que tenha sido construída para alguma linguagem formalizada, obtemos uma definição incompleta de verdade, que compreende uma categoria de sentenças mais ampla ou mais estrita.

linguagens. A linguagem e a ciência formam, juntas, um único todo, de modo que falamos da linguagem de uma ciência dedutiva formalizada particular, em vez de desta ou daquela linguagem formalizada. Por essa razão, outras propriedades características de linguagens formalizadas aparecem com respeito ao modo pelo qual as ciências dedutivas são construídas; (γ) é dada uma lista, ou descrição estrutural, das sentenças chamadas *axiomas* ou *enunciados primitivos*; (δ) em regras especiais, chamadas *regras de inferência*, são expressas certas operações de caráter estrutural que permitem a transformação de sentenças em outras sentenças; as sentenças que podem ser obtidas de sentenças dadas por uma ou mais aplicações dessas operações são chamadas *consequências* das sentenças dadas. Em particular, as consequências dos axiomas são chamadas *sentenças demonstráveis* ou *asseridas*.[9]

Resta talvez acrescentar que não estamos aqui interessados em linguagens e ciências 'formais' em um sentido especial da palavra 'formal' — a saber, as ciências dos signos e expressões aos quais não é atribuído nenhum significado. Para tais ciências, o problema aqui discutido não tem relevância alguma; não é nem mesmo significativo. Iremos sempre atribuir significados bastante concretos e, para nós, inteligíveis, aos sinais que ocorrem nas linguagens que iremos considerar.[10] As expressões que chamamos sentenças ainda permanecem sentenças depois que os signos que ocorrem nelas foram traduzidos para a linguagem coloquial. As sentenças que são distinguidas como axiomas parecem-nos ser materialmente verdadeiras, e, ao escolher regras de inferência, somos sempre guiados pelo princípio de que,

---
[9] A formalização de uma ciência usualmente admite a possibilidade de introduzir nessa ciência novos sinais que não haviam sido explicitamente dados no início. Esses signos — chamados *signos definidos*, ao contrário dos signos *primitivos* — aparecem na ciência, da primeira vez, em expressões de uma estrutura especial chamadas *definições*, que são construídas de acordo com regras especiais — as *regras de definição*. Definições são às vezes consideradas sentenças asseridas da ciência. Esse aspecto da formalização das linguagens, contudo, não será considerado no que segue.
[10] Estritamente falando, isso se aplica apenas aos símbolos chamados constantes. Variáveis e signos técnicos (tais como parênteses, pontos etc.) não possuem nenhum significado independente, mas exercem uma influência essencial no significado das expressões das quais fazem parte.

quando tais regras são aplicadas a sentenças verdadeiras, as sentenças obtidas por seu uso deveriam ser também verdadeiras.[11]

Ao contrário das linguagens naturais, as linguagens formalizadas não têm a universalidade que foi discutida no final da seção precedente. Em particular, a maioria dessas linguagens não possui termos pertencentes à teoria da linguagem, isto é, nenhuma expressão que denote signos e expressões da mesma ou de outra linguagem ou que descreva as conexões estruturais entre elas (chamo tais expressões — por falta de termo melhor — *estruturais-descritivas*). Por isso, quando investigamos a linguagem de uma ciência dedutiva formalizada, devemos sempre distinguir claramente entre a linguagem *sobre* a qual falamos e a linguagem *na* qual falamos, bem como entre a ciência que é o objeto de nossa investigação e a ciência na qual a investigação é efetuada. Os nomes das expressões da primeira linguagem, e das relações entre elas, pertencem à segunda linguagem, chamada *metalinguagem* (na qual a primeira pode estar contida, como parte). A descrição dessas expressões, a definição dos conceitos complexos, especialmente daqueles relacionados com a construção de uma teoria dedutiva (como o conceito de consequência, de sentença demonstrável e, possivelmente, de sentença verdadeira), a determinação das propriedades desses conceitos, é a tarefa da segunda teoria, a qual chamaremos *metateoria*.

Para um grupo extenso de linguagens formalizadas, é possível apresentar um método pelo qual se pode construir uma definição correta de verdade para cada uma delas. A descrição geral abstrata desse método, e das linguagens às quais ele é aplicável, seria problemática e de maneira alguma perspícua. Prefiro, portanto, introduzir o leitor a esse método de outra maneira. Vou construir uma definição dessa espécie com respeito a uma linguagem concreta particular e mostrar algumas de suas consequências mais importantes. As indicações que apresentarei no §4 deste artigo serão suficientes, espero, para mostrar como o método ilustrado por esse exemplo pode ser aplicado a outras linguagens de construção lógica similar.

---

[11] Finalmente, as definições são construídas de tal forma que elucidam ou determinam o significado dos signos que são introduzidos na linguagem por meio de signos primitivos ou signos previamente definidos (cf. p.34, nota 9).

Escolho, como objeto de minhas considerações, a linguagem de uma ciência dedutiva de extrema simplicidade, que certamente será bem conhecida do leitor — aquela do *cálculo de classes*. O cálculo de classes é um fragmento da lógica matemática e pode ser considerado uma das interpretações da ciência formal comumente denominada *álgebra booleana* ou *a álgebra da lógica*.[12]

Entre os signos que formam as expressões dessa linguagem, vou distinguir dois tipos, *constantes* e *variáveis*.[13] Vou introduzir apenas quatro constantes: o signo de *negação* 'N', o signo de *soma lógica* (*disjunção*) 'A', o *quantificador universal* 'Π', e finalmente o signo de *inclusão* 'I'.[14] Considero esses símbolos equivalentes em significado, respectivamente, às expressões 'não', 'ou', 'para todo' (no sentido no qual essa expressão foi usada no enunciado (6) do §1, por exemplo) e 'está contido em'. Em princípio, quaisquer símbolos arbitrários podem ser usados como variáveis, desde que seu número não seja limitado e que elas sejam distintas, por sua forma, das constantes. Mas, para o decurso adicional de nosso trabalho, é tecnicamente importante especificar de modo exato a forma destes signos, e de um modo tal que eles possam ser facilmente ordenados em uma sequência. Vou,

---

[12] Cf. SCHRÖDER, E. [51], v.1 (especialmente p.160-3) e WHITEHEAD, A. N.; RUSSELL, B. A. W. [85], v.I, p.205-12.

[13] Fazendo uso de uma ideia de Łukasiewicz, evitarei introduzir quaisquer símbolos técnicos (como parênteses, pontos etc.) na linguagem, principalmente pelo fato de eu sempre escrever o funtor antes dos argumentos em toda expressão significativa; cf. ŁUKASIEWICZ, J. [40], em especial p.v e 40.

[14] Usualmente ocorrem muitas outras constantes no cálculo de classes, por exemplo, os signos de existência, de implicação, de produto lógico (conjunção), de equivalência, de identidade, bem como os de complemento, soma e produto de classes (ver esta página, nota 12). Por essa razão, apenas um fragmento do cálculo de classes pode — falando-se formalmente — ser construído na linguagem em consideração. Deve-se, contudo, notar que todas as constantes do cálculo de classes podem ser introduzidas nessa linguagem como termos definidos, se completarmos sua formalização tornando possível a introdução de novos símbolos por meio de definições (ver p.34, nota 9). Devido a esse fato, nossa linguagem fragmentária já é suficiente para a expressão de toda ideia que possa ser formulada na linguagem completa dessa ciência. Eu também mencionaria que mesmo o símbolo de inclusão 'I' pode ser eliminado de nossa linguagem, interpretando-se expressões do tipo 'xy' (em que quaisquer variáveis ocorrem em lugar de 'x' e 'y') da mesma maneira em que, no que segue, vamos interpretar a expressão 'Ixy'.

§2. Linguagens formalizadas, especialmente a linguagem do cálculo de classes

portanto, usar como variáveis apenas símbolos como '$x_{,}$', '$x_{,,}$', '$x_{,,,}$' e signos análogos, que consistem no símbolo 'x' e em um número de pequenos traços, adicionados como subscritos. O signo que tem um número k de tais traços pequenos (sendo k algum número natural distinto de 0) será chamado *a k-ésima variável*. Na interpretação intuitiva da linguagem, que sempre terei em mente aqui, as variáveis representam nomes de classes de indivíduos. Como *expressões* da linguagem temos ou constantes e variáveis isoladas, ou complexos de tais signos seguindo-se uns aos outros, por exemplo: '$x_{,}Nx_{,,}$', '$NIx_{,}x_{,,}$', '$AIx_{,}x_{,,}Ix_{,,}x_{,}$', '$\Pi x_{,}$', '$\Pi x_{,}Ix_{,,}x_{,,,}$', '$Ix_{,,}x_{,,,}$', e assim por diante. Expressões do tipo 'Np', 'Apq', 'Πxp' e 'Ixy', nas quais, em lugar de 'p' e 'q', aparecem quaisquer sentenças ou funções sentenciais (esse termo será explicado a seguir) e, em lugar de 'x' e 'y', aparecem quaisquer variáveis, são lidas: 'não p' (ou 'não é verdade que p'),[15] 'p ou q', 'para todas as classes x temos que p', e 'a classe x está contida na classe y', respectivamente. Com respeito às expressões compostas, isto é, àquelas que não são signos, podemos dizer que elas consistem em duas ou mais outras expressões mais simples. Assim, a expressão '$NIx_{,}x_{,,}$' é composta das duas expressões sucessivas 'N' e '$Ix_{,}x_{,,}$', ou das expressões 'NI' e '$x_{,}x_{,,}$' ou, finalmente, das expressões '$NIx_{,}$' e '$x_{,,}$'.

Porém, o domínio apropriado das considerações seguintes não é a própria linguagem do cálculo de classes, mas a metalinguagem correspondente. Nossas investigações pertencem ao *metacálculo de classes* desenvolvido nessa metalinguagem. Disso nasce a necessidade de dar ao leitor alguma explicação — ainda que muito breve — da estrutura da metalinguagem e da metateoria. Vou me restringir aos dois pontos mais importantes: (1) a enumeração de todos os símbolos e expressões que serão usados na metalinguagem, sem explicar em detalhes sua importância no decurso da investigação, e (2) a formulação de um sistema de axiomas que seja suficiente para o estabelecimento da metateoria ou, ao menos, que forme o fundamento para os resultados obtidos neste artigo. Esses dois pontos estão intimamente rela-

---

[15] Por razões estilísticas, usamos algumas vezes a expressão 'não é verdade que' em vez da palavra 'não', considerando a expressão inteira como uma palavra única, ou seja, não atribuindo nenhum significado às partes separadas, e em particular à palavra 'verdade', que ocorrem nela.

cionados com nosso problema fundamental; se os negligenciarmos, não seremos capazes de asseverar nem que tenhamos tido sucesso em definir corretamente qualquer conceito com base na metalinguagem, nem que a definição construída possua quaisquer consequências particulares. Mas não vou tentar, de modo algum, conferir à metateoria o caráter de uma ciência dedutiva estritamente formalizada. Vou me contentar em dizer que — à parte os dois pontos mencionados — o processo de formalizar a metateoria não mostra nenhuma peculiaridade específica. Em particular, as regras de inferência e de definição não diferem de modo algum das regras usadas na construção de outras ciências dedutivas formalizadas.

Entre as expressões da metalinguagem, podemos distinguir duas espécies. À primeira, pertencem *expressões de caráter lógico geral*, tomadas de qualquer sistema de lógica matemática suficientemente desenvolvido.[16] Elas podem ser divididas em expressões primitivas e expressões definidas, mas isso seria inútil no caso presente. Primeiro, temos uma série de expressões que possuem o mesmo significado que as constantes da ciência em consideração; assim, '*não*' ou '*não é verdade que*',[17] '*ou*', '*para todo*', e '*está contido em*' (em símbolos, '⊆'). Graças a esta circunstância, somos capazes de traduzir toda expressão da linguagem na metalinguagem. Por exemplo, o enunciado 'para toda a (ou para todas as classes a) $a \subseteq a$' é a tradução da expressão '$\Pi x, I x, x,$'. À mesma categoria pertence uma série de expressões análogas do domínio do cálculo sentencial, do cálculo funcional de primeira ordem e do cálculo de classes, por exemplo, '*se ..., então*', '*e*', '*se e somente se*', '*para algum x*' (ou '*há um x tal que ...*'), '*não está contido em*' (em símbolos, '⊄'), '*é idêntico a*' (em símbolos, '='), '*é diferente de*' (em símbolos, '≠'), '*é um elemento de*' (em símbolos, '∈'), '*não é um elemento de*' (em símbolos, '∉'), '*indivíduo*', '*classe*', '*classe vazia*', '*classe de todos os x tais que*', e assim por diante. Também encontra-

---

[16] Por exemplo, da obra de WHITEHEAD, A. N.; RUSSELL, B. A. W. [85]. (Mas não pretendo usar aqui nenhum simbolismo lógico especial. À parte as exceções que mencionarei explicitamente, vou usar expressões da linguagem coloquial.) Para o significado das expressões lógicas gerais apresentadas na sequência, ver CARNAP, R. [7].

[17] Ver p.37, nota 15.

§2. Linguagens formalizadas, especialmente a linguagem do cálculo de classes

mos aqui algumas expressões do domíno da teoria das equivalências de classes e da aritmética dos números cardinais, por exemplo '*classe finita*', '*classe infinita*', '*potência de uma classe*', '*número cardinal*', '*número natural*' (ou '*número cardinal finito*'), '*número cardinal infinito*', '0', '1', '2', '<', '>', '≤', '≥', '+', '−', ... Finalmente, vou precisar de alguns termos da lógica das relações. A classe de todos os objetos *x* ao qual corresponde pelo menos um objeto *y* tal que *xRy* (isto é, *x* está na relação *R* com *y*) será chamada o *domínio da relação binária ou de dois termos R*. Analogamente, o *contradomínio da relação R* é o conjunto de todos os objetos *y* para os quais há pelo menos *um* objeto *x* tal que *xRy*. No caso de relações de muitos termos, não falamos de domínio e contradomínio, mas do 1º, 2º, 3º,..., *n-ésimo domínio da relação*. Uma relação tendo *somente um* elemento *x* em seu domínio e *somente um* elemento *y* em seu contradomínio (uma relação que vale, assim, apenas entre *x* e *y* e entre nenhum outro par de objetos) é chamada de um *par ordenado, em que x é o primeiro e y o segundo elemento*. Analogamente, usando relações de muitos termos, nós definimos *triplas* e *quádruplas ordenadas* e, em geral, *n-uplas ordenadas*. Se, para cada objeto *y* pertencente ao contradomínio de uma relação binária *R*, há *somente um* objeto *x* tal que *xRy*, então a relação é chamada *um-para-muitos*. O conceito de *sequência* vai desempenhar um papel importante no que segue. Uma *sequência infinita* é uma relação um-para-muitos cujo contradomínio é a classe de todos os números naturais com exceção do zero. Da mesma maneira, o termo '*sequência finita de n termos*' denota toda relação um-para-muitos cujo contradomínio consiste em todos os números naturais *k* tal que $1 \leq k \leq n$ (em que *n* é qualquer número natural diferente de zero). O único *x* que satisfaz a fórmula *xRk* (para uma dada sequência *R* e um dado número natural *k*) é chamado o *k-ésimo termo da sequência R*, ou o *termo da sequência R com índice k*, e é denotado por 'R_k'. Dizemos que *as sequências R e S diferem no máximo na k-ésima posição* se quaisquer dois termos correspondentes R_l e S_l dessas sequências são idênticos, com a exceção dos *k*-ésimos termos R_k e S_k, que podem ser distintos. Nas páginas seguintes, vamos tratar de sequências de classes e de números naturais, isto é, com sequências cujos termos são todos ou classes de indivíduos ou números naturais. Em particular, uma sequência cujos termos todos são classes que estão incluídas em uma dada classe a será chamada uma *sequência de subclasses da classe a*.

Ao contrário do primeiro tipo de expressão, aquelas do segundo tipo são *termos específicos da metalinguagem de caráter estrutural-descritivo*, e, assim, nomes de símbolos ou expressões concretos da linguagem do cálculo de classes. Entre estes estão, em primeiro lugar, os termos 'o signo de negação', 'o signo de soma lógica', 'o signo do quantificador universal', 'o signo de inclusão', 'a k-ésima variável', 'a expressão que consiste em duas expressões sucessivas x e y' e 'expressão'. Como abreviações dos primeiros seis termos, usarei os símbolos 'ng', 'sm', 'un', 'in', 'v_k', e '$x\frown y$' (o símbolo 'v', assim, denota a sequência cujos termos são as sucessivas variáveis $v_1, v_2, v_3, \ldots$). Esses termos já foram usados ao introduzir o leitor à linguagem do cálculo de classes. Espero que, graças às explicações já dadas, nenhuma dúvida permaneça a respeito do significado desses termos. Com a ajuda desses termos (e possivelmente de termos lógicos gerais), todos os outros conceitos de tipo estrutural-descritivo da metalinguagem podem ser definidos. É fácil perceber que toda expressão simples ou composta da linguagem sob investigação tem um nome individual na metalinguagem similar aos nomes estruturais-descritivos da linguagem coloquial (cf. p.24). Por exemplo, a expressão simbólica '$((ng\frown in)\frown v_1)\frown v_2$' pode servir como nome da expressão '$Nlx,x,$'. O fato de a metalinguagem conter tanto um nome individual quanto uma tradução de toda expressão (e em particular de toda sentença) da linguagem estudada irá desempenhar um papel decisivo na construção da definição de verdade, como o leitor verá na próxima seção.

Como variáveis na metalinguagem, vou usar os símbolos: (1) 'a', 'b'; (2) 'f', 'g', 'h'; (3) 'k', 'l', 'm', 'n', 'p'; (4) 't', 'u', 'w', 'x', 'y', 'z'; e (5) 'X', 'Y'. Nessa ordem eles representam os nomes de: (1) classes de indivíduos de caráter arbitrário,[18] (2) sequências de tais classes, (3) números naturais e sequências de números naturais, (4) expressões e sequências de expressões, e (5) classes de expressões.

Voltamo-nos agora para o sistema axiomático da metalinguagem.

---

[18] Embora nos casos (1) e (4) eu use variáveis distintas, trato aqui as expressões como classes especiais de indivíduos, a saber, como classes de séries concretas de signos impressos (cf. p.23, nota 3).

§2. Linguagens formalizadas, especialmente a linguagem do cálculo de classes

Primeiro, deve-se notar que — em correspondência aos dois tipos de expressão na metalinguagem — esse sistema contém dois tipos inteiramente distintos de sentença: os *axiomas lógicos gerais*, que são suficientes para um sistema suficientemente compreensivo de lógica matemática, e os *axiomas específicos da metalinguagem*, que descrevem certas propriedades elementares, consistentes com nossas intuições, dos conceitos estruturais-descritivos acima. É desnecessário introduzir explicitamente os conhecidos axiomas do primeiro tipo.[19] Como axiomas do segundo tipo, adotamos os seguintes enunciados:[20]

Axioma 1. *ng, sm, un e in são expressões, nenhuma das quais é idêntica às outras.*

Axioma 2. v_k *é uma expressão se e somente se k é um número natural diferente de 0; v_k é diferente de ng, sm, un, in, e também de v_l se $k \neq l$.*

Axioma 3. $x \frown y$ *é uma expressão se e somente se x e y são expressões; $x \frown y$ é diferente de ng, sm, un, in, e de cada uma das expressões v_k.*

Axioma 4. *Se x, y, z, e t são expressões, então temos $x \frown y = z \frown t$ se e somente se uma das seguintes condições é satisfeita: (α) $x = z$ e $y = t$; (β) há uma expressão u tal que $x = z \frown u$ e $t = u \frown y$; (γ) há uma expressão u tal que $z = x \frown u$ e $y = u \frown t$.*

Axioma 5. (Princípio da Indução.) *Seja X uma classe que satisfaz as seguintes condições: (α) $ng \in X$, $sm \in X$, $un \in X$ e $in \in X$; (β) se k é um número natural diferente de 0, então $v_k \in X$; (γ) se $x \in X$ e $y \in X$, então $x \frown y \in X$. Então, toda expressão pertence à classe X.*

O sentido intuitivo dos Axiomas 1–4 não requer nenhuma elucidação adicional. O Axioma 5 garante uma formulação precisa do fato de que toda expressão consiste em um número finito de signos.[†]

---

[19] Eles podem, mais uma vez, ser retirados de WHITEHEAD, A. N.; RUSSELL, B. A. W. [85], cf. p.23, nota 3.
[20] Tanto quanto eu saiba, a metateoria nunca foi apresentada antes na forma de um sistema axiomatizado.
[†] O conjunto de axiomas formulado aqui foi publicado pela primeira vez em 1933, no original polonês do presente artigo. No mesmo ano, ele também apareceu no ori-

É possível provar que esse *sistema axiomático é categórico* — fato que garante, em certa medida, que ele fornece uma base suficiente para a construção da metalinguagem.[21]

Alguns desses axiomas possuem um pronunciado caráter existencial e envolvem consequências adicionais da mesma espécie. Digna de nota entre tais consequências é a asserção de que a classe de todas as expressões é infinita (para ser mais exato, enumerável). Do ponto de vista intuitivo, isso pode parecer duvidoso e dificilmente evidente, e, assim, o sistema axiomático inteiro pode estar sujeito a críticas sérias. Uma análise mais próxima restringiria as críticas inteiramente aos Axiomas 2 e 3 como as fontes essenciais do caráter infinito da metateoria. Não vou continuar a discutir esse difícil problema aqui.[22] As consequências mencionadas poderiam, é claro, ser evitadas se os axiomas fossem liberados, em grau suficiente, de suposições existenciais. Mas deve ser tomado em consideração o fato de que a eliminação ou o enfraquecimento desses axiomas, que garantem a existência de todas as expressões possíveis, aumentaria consideravelmente as dificuldades de construção da metateoria, tornaria impossível uma série das mais úteis consequências e, assim, introdu-

---

ginal alemão do artigo [76] (ver TARSKI, A. [76], p.282). A teoria baseada nesse conjunto de axiomas é usualmente denominada *teoria das sequências* ou *teoria da concatenação*. De um ponto de vista matemático, ela é simplesmente a *teoria dos semigrupos livres* (com um número fixo, finito ou infinito, de geradores). Para informação adicional e referências bibliográficas a respeito da axiomatização dessa teoria ver CORCORAN, J.; FRANK, W.; MALONEY, M. [16].

[21] Uso o termo 'categórico' no sentido dado em Veblen, O. [80]. Não proponho explicá-lo em detalhes porque vejo na categoricidade de um sistema axiomático uma garantia objetiva de que o sistema é suficiente para o estabelecimento da ciência dedutiva correspondente. Uma série de observações sobre essa questão pode ser encontrada em FRAENKEL, A. [18].

[22] Por exemplo, alguns pontos realmente sutis são aqui levantados. Normalmente, as expressões são consideradas como produtos da atividade humana (ou como classes de tais produtos). Desse ponto de vista, a suposição de que há um número infinito de expressões parece ser obviamente absurda. Mas uma outra interpretação possível do termo 'expressão' se apresenta: poderíamos considerar todos os corpos físicos de uma forma e um tamanho particulares como expressões. O cerne do problema é então transferido para o domínio da física. A asserção de infinidade do número de expressões então não mais parece absurda, embora ela possa não se conformar às teorias físicas e cosmológicas modernas.

§2. Linguagens formalizadas, especialmente a linguagem do cálculo de classes

ziria muitas complicações na formulação das definições e teoremas. Como veremos adiante, isso vai se tornar claro mesmo nas investigações presentes. Por essas razões, parece desejável, ao menos provisoriamente, basear nosso trabalho no sistema axiomático apresentado acima em sua forma inicial, não enfraquecida.

Fazendo uso das expressões e dos símbolos da metalinguagem que foram enumerados, vou definir aqueles conceitos que estabelecem o cálculo de classes como uma ciência dedutiva formalizada: os conceitos de *sentença, axioma* (*sentença primitiva*), *consequência* e *sentença demonstrável*. Mas vou primeiro introduzir uma série de símbolos auxiliares que vão denotar vários tipos simples de expressão e facilitar grandemente construções posteriores.

Definição 1. *x é a inclusão com v_k como primeiro e v_l como segundo termos (em símbolos, $x = \iota_{k,l}$) se e somente se $x = (in^\frown v_k)^\frown v_l$.*

Definição 2. *x é a negação da expressão y (em símbolos, $x = \bar{y}$) se e somente se $x = ng^\frown y$.*

Definição 3. *x é a soma lógica (disjunção) das expressões y e z (em símbolos, $x = y + z$) se e somente se $x = (sm^\frown y)^\frown z$.*

Definição 4. *x é a soma lógica das expressões $t_1, t_2, \ldots, t_n$ (ou uma soma lógica de uma sequência finita de expressões t com n termos; em símbolos, $x = \sum_k^n t_k$) se e somente se t é uma sequência finita, com n termos, de expressões que satisfaz uma das seguintes condições: (α) $n = 1$ e $x = t_1$; (β) $n > 1$ e $x = \sigma_k^{n-1} t_k + t_n$.*[23]

Definição 5. *x é o produto lógico (conjunção) das expressões y e z (em símbolos, $x = y \cdot z$) se e somente se $x = \overline{\bar{y} + \bar{z}}$.*

---

[23] Como veremos, a Definição 4 é uma definição recursiva que, como tal, suscita certos receios metodológicos. Contudo, é bem conhecido que, com a ajuda de um método geral, cuja ideia devemos a G. Frege e R. Dedekind, toda definição recursiva pode ser transformada em uma definição normal equivalente (cf. DEDEKIND, R. [17], p.33–40, e WHITEHEAD, A. N.; RUSSELL, B. A. W. [85], v.I, p.550–7, e v.III, p.244). Isso, contudo, não é prático, na medida em que as formulações assim obtidas têm uma estrutura lógica mais complicada, são menos claras com respeito a seu conteúdo, e são menos adequadas a derivações adicionais. Por tais razões, não proponho evitar definições recursivas no que segue.

Definição 6. *x é a quantificação universal da expressão y sob a variável v_k (em símbolos, $x = \bigcap_k y$) se e somente se $x = (un\frown vk)\frown y$.*

Definição 7. *x é a quantificação universal da expressão y sob as variáveis $v_{p_1}, v_{p_2},\ldots,v_{p_n}$ (em símbolos, $x = \bigcap_{p_k}^{k \leq n} y$) se e somente se p é uma sequência finita, com n termos, de números naturais que satisfaz uma das seguintes condições: (α) $n = 1$ e $x = \bigcap_{p_1} y$, (β) $n > 1$ e $x = \bigcap_{p_k}^{k \leq n-1} \bigcap_{p_n} y$.*

Definição 8. *x é uma quantificação universal da expressão y se e somente se ou $x = y$ ou há uma sequência finita, com n-termos, p de números naturais tal que $x = \bigcap_{p_k}^{k \leq n} y$.*

Definição 9. *x é a quantificação existencial da expressão y sob a variável v_k (em símbolos, $x = \bigcup_k y$) se e somente se $x = \overline{\bigcap_k \overline{y}}$.*

Introduzimos, assim, três operações fundamentais por meio das quais expressões compostas são formadas a partir de expressões mais simples: negação, adição lógica e quantificação universal. (Adição lógica, claro, é a operação que consiste em formar as somas lógicas de expressões dadas. Os termos 'negação' e 'quantificação universal' são usados para fazer referência tanto a certas operações sobre expressões como a expressões que resultem dessas operações.) Se, começando com as inclusões $\iota_{k,l}$, executarmos as operações acima qualquer número de vezes, chegaremos a uma extensa classe de expressões que são chamadas *funções sentenciais*. Obtemos o conceito de *sentença* como um caso especial dessa noção.

Definição 10. *x é uma função sentencial se e somente se x é uma expressão que satisfaz uma das quatro condições seguintes: (α) existem números naturais k e l tal que $x = \iota_{k,l}$; (β) existe uma função sentencial y tal que $x = \overline{y}$; (γ) existem funções sentenciais y e z tais que $x = y + z$; (δ) existe um número natural k e uma função sentencial y tal que $x = \bigcap_k y$.*[24]

---

[24] A Definição 10 é uma definição recursiva de um tipo algo diferente daquele da Definição 4, uma vez que a 'transição de $n - 1$ a n' usual está faltando nela. Para reduzir isso a uma definição indutiva ordinária, devemos primeiro definir indutivamente as expressões '*x é uma função sentencial de grau* n' (as inclusões $\iota_{k,l}$ seriam então

§2. Linguagens formalizadas, especialmente a linguagem do cálculo de classes

As seguintes expressões servirão como exemplos de funções sentenciais, de acordo com a Definição 10: '$Ix,x,,$', '$NIx,x,,,$', '$AIx,x,,,Ix,,,,x,,$', '$\Pi x,NIx,x,,$', e assim por diante. Por outro lado, as expressões 'I', 'Ix', '$AIx,x,,,$', '$\Pi Ix,x,,$' etc., não são funções sentenciais. Pode-se ver facilmente que, para toda função sentencial na linguagem, podemos automaticamente construir um nome estrutural-descritivo dessa função na metalinguagem, fazendo uso exclusivamente de símbolos que foram introduzidos nas Definições 1, 2, 3, e 6. Por exemplo, as seguintes expressões simbólicas servem como nomes dos exemplos de funções sentenciais acima: '$\iota_{1,2}$', '$\overline{\iota_{1,3}}$', '$\iota_{3,1} + \iota_{3,1}$', e '$\bigcap_1 \overline{\iota_{1,2}}$'.

Definição 11. v_k *é uma variável livre da função sentencial x se e somente se k é um número natural diferente de 0, e x é uma função sentencial que satisfaz uma das quatro condições seguintes:* (α) *há um número*

funções de grau 0, as negações e somas lógicas dessas inclusões, bem como sua quantificação universal sob qualquer variável, funções de grau 1, e assim por diante), e então simplesmente estipular que '*x é uma função sentencial*' significa o mesmo que '*há um número natural n tal que x é uma função sentencial de grau n*'. A Definição 10 poderia também ser transformada em uma definição normal equivalente da seguinte maneira:

x é uma função sentencial *se e somente se a fórmula x* ∈ X *vale para toda classe X que satisfaz as seguintes quatro condições:* (α) *se k e l são números naturais diferentes de* 0, *então* $\iota_{k,l} \in X$; (β) *se y* ∈ X, *então* $\bar{y} \in X$; (γ) *se y* ∈ X *e z* ∈ X, *então y + z* ∈ X; (δ) *se k é um número natural diferente de* 0 *e y* ∈ X, *então* $\bigcap_k y \in X$.

Deveria ser enfatizado que definições recursivas do tipo da Definição 10 são expostas a objeções metodológicas muito mais sérias do que as definições indutivas usuais, uma vez que, ao contrário das últimas, enunciados desse tipo nem sempre admitem uma transformação em definições normais equivalentes (ver p.43, nota 23). O fato de que tal transformação é possível no caso presente deve-se à natureza especial dos conceitos que ocorrem na definição (a saber, ao fato de que toda expressão tem um comprimento finito e também que as operações apresentadas nas condições (β)–(δ) sempre levam de expressões mais curtas a mais longas). Se, no entanto, às vezes eu dou definições desse tipo no presente artigo em lugar das definições normais equivalentes (Definições 10, 11, 14, 22, e 24), eu o faço porque tais definições têm vantagens importantes de uma espécie bem diferente: elas exibem o conteúdo do conceito definido mais claramente do que as definições normais e — ao contrário das definições recursivas usuais — elas não requerem nenhuma introdução prévia de conceitos auxiliares que não são usados em outro lugar (por exemplo, o conceito auxiliar de uma função sentencial de grau n).

natural l tal que $x = \iota_{k,l}$ ou $x = \iota_{l,k}$; (β) há uma função sentencial y tal que v_k é uma variável livre de y e $x = \overline{y}$; (γ) há funções sentenciais y e z tais que v_k é uma variável livre de y e $x = y + z$ ou $x = z + y$; (δ) há um número l diferente de k e uma função sentencial y tais que v_k é uma variável livre de y e $x = \bigcap_l y$.

Variáveis que ocorrem em uma função sentencial, mas não são variáveis livres dessa função, são usualmente chamadas *variáveis (aparentes) ligadas*.[25]

Definição 12. x é uma sentença, *ou uma* sentença significativa *(em símbolos, $x \in S$), se e somente se x é uma função sentencial e nenhuma variável v_k é uma variável livre da função x.*

Assim, as expressões $\bigcap_1 \iota_{1,1}$, $\bigcap_1 \bigcap_2 \iota_{1,2}$, $\bigcap_1 \bigcup_2 \iota_{1,2}$ e $\bigcap_1 (\iota_{1,1} + \bigcap_1 \bigcup_2 \iota_{2,1})$ são sentenças, porém, as funções $\iota_{1,1}$, $\bigcap_2 \iota_{1,2}$ e $\iota_{1,1} + \bigcap_1 \bigcup_2 \iota_{2,1}$ não são sentenças, porque elas contêm a variável livre v_1. Em virtude da definição acima, o símbolo 'S' denota a classe de todas as sentenças significativas.

O sistema de sentenças primitivas do cálculo de classes conterá duas espécies de sentenças.[26] As sentenças da primeira espécie são obtidas tomando-se qualquer sistema axiomático que seja suficiente como base para o cálculo sentencial e contenha os símbolos de negação e adição lógica como as únicas constantes — por exemplo, o sistema axiomático que consiste nos seguintes quatro axiomas:

'ANAppp', 'ANpApq', 'ANApqAqp' e 'ANANpqANArpArq'.[27]

Nesses axiomas, substituímos as variáveis sentenciais 'p', 'q' e 'r' por qualquer função sentencial, e então, às expressões assim obtidas — se

---

[25] Cf. HILBERT, D.; ACKERMANN, W. [27], p.52–4.

[26] Conceitos que discutirei no decurso adicional do §2 não ocorrem na definição própria de sentença verdadeira. Contudo, farei uso deles nas discussões preparatórias no início do §3, que estabelecerão a forma definitiva da definição. Também vou usá-las na formulação de certas consequências dessa definição (Teoremas 3–6 do §3) que expressam propriedades características e materialmente importantes das sentenças verdadeiras.

[27] Este sistema axiomático é o resultado de uma modificação e simplificação do sistema axiomático que se encontra em WHITEHEAD, A. N.; RUSSELL, B. A. W. [85], v.I, p.96–7; cf. HILBERT, D.; ACKERMANN, W. [27], p.22.

§2. Linguagens formalizadas, especialmente a linguagem do cálculo de classes   47

elas já não forem sentenças — aplicamos a operação de quantificação universal um número suficiente de vezes até que todas as variáveis livres tenham desaparecido. As seguintes servem como exemplos:

'ANAΠx,Ix,x,Πx,Ix,x,Πx,Ix,x,', 'Πx,Πx,,ANIx,x,,AIx,x,,Ix,,x,' etc.

A fim de obter as sentenças da segunda espécie, tomaremos como ponto de partida algum sistema axiomático do cálculo de classes ainda não formalizado que contenha o símbolo de inclusão como o único símbolo não definido,[28] e então traduziremos os axiomas desse sistema na linguagem do presente artigo. Naturalmente, devemos primeiro eliminar todas as constantes que são definidas por meio do símbolo de inclusão, bem como todos os termos pertencentes ao cálculo sentencial e ao cálculo funcional que diferem em significado do quantificador universal, do símbolo de negação e do símbolo de adição lógica. Como exemplos de sentenças dessa segunda espécie, temos

'Πx,Ix,x,' e 'Πx,Πx,,Πx,,,ANIx,x,,ANIx,,x,,,,Ix,x,,,'.

Definição 13. *x é um* axioma (sentença primitiva) *se e somente se x satisfaz uma das duas condições seguintes: (α) x ∈ S e há funções sentenciais y, z e u tais que x é uma quantificação universal de uma das quatro funções* $\overline{y+y}+y$, $\overline{y}+(y+z)$, $\overline{y+z}+(z+y)$, e $\overline{y}+z+(\overline{u+y}+(u+z))$; *(β) x é idêntico a uma das cinco sentenças:*

$$\bigcap_1 \iota_{1,1}, \qquad \bigcap_1 \bigcap_2 \bigcap_3 (\overline{\iota_{1,2}} + \overline{\iota_{2,3}} + \iota_{1,3}),$$
$$\bigcap_1 \bigcap_2 \bigcup_3 (\iota_{1,3} \cdot \iota_{2,3} \cdot \bigcap_4 (\overline{\iota_{1,4}} + \overline{\iota_{2,4}} + \iota_{3,4})),$$
$$\bigcap_1 \bigcap_2 \bigcup_3 (\iota_{3,1} \cdot \iota_{3,2} \cdot \bigcap_4 (\overline{\iota_{4,1}} + \overline{\iota_{4,2}} + \iota_{4,3})),$$

e

$$\bigcap_1 \bigcup_2 (\bigcap_3 \bigcap_4 ((\overline{\iota_{3,1}} + \overline{\iota_{3,2}} + \iota_{3,4}) \cdot (\overline{\iota_{1,3}} + \overline{\iota_{2,3}} + \iota_{4,3})) \cdot$$
$$\bigcap_5 (\iota_{5,1} + \bigcup_6 (\iota_{6,2} \cdot \overline{\iota_{6,1}} \cdot \iota_{6,5}))).$$

Na formulação da definição do conceito de consequência, vou usar, entre outras, a seguinte expressão: '*u é uma expressão obtida da*

---
[28] Escolhi aqui o sistema de postulados que é apresentado em HUNTINGTON, E. V. [30], p.297. (Esse sistema, contudo, foi simplificado, em particular pela eliminação de certas suposições de natureza existencial.)

função sentencial w substituindo-se a variável v_l pela variável v_k'. O significado intuitivo dessa expressão é claro e simples, mas apesar disso a definição possui uma forma algo complicada:

Definição 14. *x é uma expressão obtida da função sentencial y pela substituição da variável (livre) v_l pela variável (livre) v_k se e somente se k e l são números naturais diferentes de 0 e x e y são funções sentenciais que satisfazem uma das seis condições seguintes: (α)* $x = \iota_{k,k}$ *e* $y = \iota_{l,l}$; *(β) há um número natural m diferente de l, tal que* $x = \iota_{k,m}$ *e* $y = \iota_{l,m}$, *ou* $x = \iota_{m,k}$ *e* $y = \iota_{m,l}$; *(γ)* v_l *não é uma variável livre da função y e x = y; (δ) há funções sentenciais z e t tais que* $x = \bar{z}$, $y = \bar{t}$ *e z é uma expressão obtida de t pela substituição da variável v_l pela variável v_k; (ϵ) existem funções sentenciais z, t, u e w tais que* $x = z+u$, $y = t+w$, *em que z e u são obtidas de t e w, respectivamente, pela substituição da variável v_l pela variável v_l; (ζ) existem funções sentenciais z, t e um número natural m diferente de k e l tais que* $x = \bigcap_m z, y = \bigcap_m t$ *e z é obtida de t pela substituição da variável v_l pela variável v_k.*[29]

Por exemplo, segue-se dessa definição que as expressões $\iota_{1,1}$, $\bigcap_3 (\iota_{3,1}+\iota_{1,3})$ e $\iota_{1,3}+\bigcap_2 \iota_{2,3}$ são obtidas das funções: $\iota_{2,2}$, $\bigcap_3 (\iota_{3,2}+\iota_{2,3})$ e $\iota_{2,3} + \bigcap_2 \iota_{2,3}$, respectivamente, pela substituição de v_2 por v_1. Mas a expressão $\bigcap_1 \iota_{1,3}$ não pode ser obtida dessa maneira da função $\bigcap_2 \iota_{2,3}$, nem a expressão $\bigcap_1 \iota_{1,1}$ da função $\bigcap_2 \iota_{2,1}$.

Entre as consequências de uma dada classe de sentenças incluímos, primeiro, todas as sentenças pertencentes a essa classe, e todas as sentenças que podem ser obtidas destas pela aplicação, um número arbitrário de vezes, das quatro operações de *substituição, destacamento,*

---

[29] A seguinte é uma definição normal equivalente à definição recursiva citada (cf. p.45, nota 24):

x é uma expressão obtida da função sentencial y pela substituição da variável v_l pela variável v_k se e somente se k e l são números naturais diferentes de 0 e se a fórmula xRy vale para toda relação R que satisfaz as seguintes seis condições: (α) $\iota_{k,k}R\iota_{l,l}$; *(β) se m é um número natural diferente de 0 e l, então* $\iota_{k,m}R\iota_{l,m}$ *e* $\iota_{m,k}R\iota_{m,l}$; *(γ) se z é uma função sentencial e v_l não é uma variável livre de z, então zRz; (δ) se zRt, então* $\bar{z}R\bar{t}$; *(ϵ) se zRt e uRw, então z + uRt + w; (ζ) se m é um número natural diferente de 0, k e l, e zRt, então* $\bigcap_m zR\bigcap_m t$.

As definições de substituição em LEŚNIEWSKI, S. [36], p.73 (T. E. XLVII), e [37], p.20 (T. E. XLVIIº) dependem de uma ideia totalmente diferente.

§2. Linguagens formalizadas, especialmente a linguagem do cálculo de classes

e *inserção* e *eliminação do quantificador universal*.[30] Se tivéssemos desejado aplicar estas operações não apenas a sentenças, mas a funções sentenciais arbitrárias, obtendo assim funções sentenciais como resultados, então o significado da operação de substituição seria completamente determinado pela Definição 14, a operação de destacamento iria correlacionar a função z com as funções y e $\bar{y} + z$, a operação de introdução do quantificador universal consistiria em formar a função $y + \bigcap_k z$ a partir da função $y + z$ (desde que v_k não seja uma variável livre da função y), a operação de remoção do quantificador universal procederia na direção oposta — da função $y + \bigcap_l z$ à função $y + z$.[31] Aqui, contudo, queremos nos restringir exclusivamente a sentenças (no sentido da Definição 12), e, portanto, modificamos as quatro operações acima ao referi-las, não às funções sentenciais envolvidas, mas sim às sentenças que são quantificações universais dessas funções.

Para simplificar a construção, vou definir primeiro o conceito auxiliar de *consequência de grau n*.

Definição 15. *x é uma consequência de grau n da classe X de sentenças se e somente se $x \in S$, $X \subseteq S$, n é um número natural e ou (α) $n = 0$ e $x \in X$, ou $n > 0$ e uma das cinco condições seguintes é satisfeita: (β) x é uma consequência de grau n $-$ 1 da classe X; (γ) existem funções sentenciais u e w, uma sentença y e números naturais k e l tais que x é a quantificação universal da função u, y é a quantificação universal da função w, u pode ser obtida da função w pela substituição da variável v_l pela variável v_k, e y é uma consequência de grau n $-$ 1 da classe X; (δ) existem funções sentenciais u e w bem como sentenças y e z tais que x, y e z são quantificações universais das funções u, $\bar{w} + u$ e w, respectivamente, e y e z são consequências de grau n $-$ 1 da classe X; (ϵ) existem funções sentenciais u e w, uma sentença y e um número natural k tais que x é uma quantificação universal da função $u + \bigcap_k w$, y é uma quantificação universal da função $u + w$, v_k não é uma variável livre de u, e y é uma consequência de grau n$-$1 da classe X; (ζ) existem funções sentenciais u e w, uma sentença y e um número natural k, tais que x é uma quantificação*

---
[30] Cf. ŁUKASIEWICZ, J. [40], p.159-63; [72], p.56.
[31] Ibidem.

universal da função u + w, y é uma quantificação universal da função $u + \bigcap_k w$, *e y é uma consequência de grau* $n - 1$ *da classe* X.

Definição 16. *x é uma* consequência *da classe* X *de sentenças (simbolicamente,* $x \in Cn(X)$*) se e somente se há um número natural n tal que x é uma consequência de grau n da classe* X.[32]

Definição 17. *x é uma* sentença demonstrável (aceita) ou um teorema *(em símbolos,* $x \in Pr$*) se e somente se x for uma consequência do conjunto de todos os axiomas.*

Dessa definição, é fácil inferir que devemos ter, entre as sentenças demonstráveis, não apenas todas as sentenças que possam ser obtidas dos teoremas do cálculo sentencial — da mesma maneira na qual os axiomas da primeira espécie (isto é, aqueles que satisfazem a condição (α) da Definição 13) foram obtidos dos axiomas do cálculo sentencial —, mas também todos os teoremas conhecidos do cálculo de classes não formalizado, desde que eles sejam traduzidos primeiro para a linguagem sob investigação. Para nos convencermos disso, imitamos na metateoria, em todo caso particular, a prova correspondente do domínio do cálculo sentencial ou do cálculo de classes. Por exemplo, é possível obter dessa maneira a sentença $\bigcap_1 (\overline{\iota_{1,1}} + \iota_{1,1})$ a partir do conhecido teorema 'ANpp' do cálculo sentencial. Traduzindo a prova

---

[32] O conceito de consequência poderia ser também introduzido diretamente (isto é sem a ajuda de consequência de grau *n*) da seguinte maneira:

$x \in Cn(X)$ *se e somente se* $X \subseteq S$ *e se a fórmula* $x \in Y$ *vale para toda classe Y que satisfaz as seguintes condições:* (α) $X \subseteq Y$; (β) *se* $y \in S$ *e é uma quantificação universal da função u, z é uma quantificação universal da função w, u pode ser obtida da função w pela substituição da variável* v_l *pela variável* v_k *e* $z \in Y$, *então* $y \in Y$; (γ) *se* $y \in S$, *y, z e t são quantificações universais das funções* u, $\overline{w} + u$ *e* w, *respectivamente, e* $z \in Y$ *e* $t \in Y$, *então* $y \in Y$; (δ) *se* $y \in S$, *u e w são funções sentenciais, y é uma quantificação universal da função* $u + \bigcap_k w$, *z é uma quantificação universal da função* $u + w$, v_k *não é uma variável livre da função u e* $z \in Y$, *então* $y \in Y$; (ϵ) *se* $y \in S$, *u e w são funções sentenciais, y é uma quantificação universal da função* $u + w$, *z é uma quantificação universal da função* $u + \bigcap_k w$, *e* $z \in Y$, *então* $y \in Y$.

Contudo, deve ser notado que pela transformação da definição que foi justamente dada em uma definição recursiva do tipo da Definição 10, obtemos uma sentença que não é equivalente nem à definição acima nem a qualquer outra definição normal (cf. p.45, nota 24).

§2. Linguagens formalizadas, especialmente a linguagem do cálculo de classes 51

desse teorema,[33] mostramos sucessivamente, pela Definição 13, que

$$\bigcap_1(\overline{\iota_{1,1} + \iota_{1,1}} + \iota_{1,1}), \quad \bigcap_1(\overline{\iota_{1,1}} + (\iota_{1,1} + \iota_{1,1})),$$

e

$$\bigcap_1(\overline{\overline{\iota_{1,1} + \iota_{1,1}} + \iota_{1,1}} + (\overline{\overline{\iota_{1,1}} + (\iota_{1,1} + \iota_{1,1})} + (\overline{\iota_{1,1}} + \iota_{1,1})))$$

são axiomas; consequentemente, pela Definição 15,

$$\bigcap_1(\overline{\overline{\iota_{1,1}} + (\iota_{1,1} + \iota_{1,1})} + (\overline{\iota_{1,1}} + \iota_{1,1}))$$

é uma consequência de primeiro grau e $\bigcap_1(\overline{\iota_{1,1}} + \iota_{1,1})$ é uma consequência de segundo grau da classe de todos os axiomas. Logo, pelas Definições 16 e 17, $\bigcap_1(\overline{\iota_{1,1}} + \iota_{1,1})$ é uma sentença demonstrável.

    Por meio de exemplos de tais inferências, pode-se imaginar as dificuldades que imediatamente surgiriam se desejássemos eliminar, dos axiomas da metateoria, as suposições que são de natureza existencial. O fato de que os axiomas não mais garantiriam a existência de algumas sentenças particulares, cuja demonstrabilidade desejamos estabelecer, não é muito relevante. Muito mais importante é o fato de que, mesmo supondo a existência de alguma sentença concreta, poderíamos ser incapazes de estabelecer sua demonstrabilidade; uma vez que, na prova, poderia ser necessário fazer referência à existência de outras sentenças, em regra mais complicadas (como se vê da prova do teorema '$\bigcap_1(\overline{\iota_{1,1}} + \iota_{1,1}) \in Pr$' que foi esboçada acima). Ao tratar de teoremas especiais do tipo '$x \in Pr$', podemos tomar medidas para fornecer a esses enunciados premissas que garantam a existência das sentenças necessárias para a prova. As dificuldades aumentariam significativamente se passássemos a enunciados de caráter geral, que afirmam que todas as sentenças de um determinado tipo são demonstráveis — ou, ainda mais geralmente, são consequências de uma dada classe de sentenças. Seria então frequentemente necessário incluir entre as premissas suposições existenciais gerais que não seriam mais fracas que aquelas que, por razões intuitivas, tínhamos eliminado dos axiomas.[34]

---

[33] Cf. WHITEHEAD, A. N.; RUSSELL, B. A. W. [85], v.I, p.101, *2.1.
[34] Isso é facilmente verificado nos exemplos dos Teoremas 11, 12, 24, e 28 no §3.

Por essas razões, pode-se tomar o ponto de vista de que a Definição 17, caso as suposições existenciais sejam rejeitadas, não mais incluiria todas as propriedades que atribuímos ao conceito de *teorema*. Surgiria então o problema de uma 'correção' adequada da definição acima. Expresso mais precisamente, seria uma questão de construir uma definição de *teorema* que fosse equivalente à Definição 17 sob as suposições existenciais e que — bem independentemente dessas suposições — tivesse como consequências todos os teoremas do tipo '*se a sentença x existe, então x* ∈ *Pr*', desde que o teorema correspondente '*x* ∈ *Pr*' pudesse ser provado com o auxílio das suposições existenciais. Vou apresentar aqui um breve esboço de uma tentativa de resolver tal problema.

Pode-se mostrar facilmente que o sistema axiomático adotado na metateoria possui uma interpretação na aritmética dos números naturais. Pode-se estabelecer uma correspondência um para um entre expressões e números naturais na qual as operações sobre os números com as mesmas propriedades formais são correlacionadas com as operações sobre expressões. Se considerarmos essa correspondência, podemos escolher, da classe de todos os números, aqueles que são correlacionados com sentenças; entre estes estarão os números 'primitivos'. Podemos introduzir o conceito de uma 'consequência' de uma dada classe de números, e, finalmente, definir os números 'aceitos' como 'consequências' da classe de todos os números 'primitivos'. Se eliminarmos agora dos axiomas as suposições existenciais, a correlação um para um desaparece: a toda expressão corresponde ainda um número natural, mas não a todo número uma expressão. Porém, podemos ainda preservar o conceito previamente estabelecido de número 'aceito' e definir os teoremas como aqueles que são correlacionados com números 'aceitos'. Se tentarmos, com base nessa nova definição, provar que uma sentença concreta é um teorema, não mais seremos compelidos — como se pode facilmente verificar — a fazer referência à existência de quaisquer outras sentenças. Não obstante, a prova vai requerer ainda — e isso deve ser enfatizado — uma hipótese existencial: a suposição de que existem suficientemente muitos números naturais ou — o que resulta no mesmo — suficientemente muitos indivíduos distintos. Assim, para derivar da nova definição

§2. Linguagens formalizadas, especialmente a linguagem do cálculo de classes

todas as conclusões desejadas, seria necessário incluir na metateoria o *axioma do infinito*, isto é, a suposição de que a classe de todos os indivíduos é infinita.[35] Não conheço nenhum método, seja ele ainda menos natural e mais complicado do que o que acabamos de discutir, que leve a uma solução satisfatória do nosso problema e que seja independente do axioma acima.

Juntamente com os conceitos de consequência e teorema, mencionei regras de inferência. Quando temos em mente a construção de uma própria ciência dedutiva, e não a investigação de uma tal ciência realizada com base na metateoria, apresentamos, em lugar da Definição 17, uma regra pela qual podemos adicionar à ciência, como teorema, toda consequência dos axiomas. Em nosso caso, essa regra pode ser dividida em quatro regras — correspondendo às quatro operações que usamos na construção de consequências.

Por meio dos conceitos de sentença e de consequência, todos os conceitos metodológicos mais importantes podem ser introduzidos na metateoria, em particular, os conceitos de *sistema dedutivo*, de *consistência* e de *completude*.[36]

Definição 18. X *é um* sistema dedutivo *se e somente se*

$$Cn(X) \subseteq X \subseteq S.$$

Definição 19. X *é uma classe de sentenças* consistente *se e somente se* $X \subseteq S$ *e se, para toda sentença x, ou* $x \notin Cn(X)$ *ou* $\bar{x} \notin Cn(X)$.

Definição 20. X *é uma classe de sentenças* completa *se e somente se* $X \subseteq S$ *e se, para toda sentença x, ou* $x \in Cn(X)$ *ou* $\bar{x} \in Cn(X)$.

No que segue, ainda um outro conceito vai se provar útil:

Definição 21. *As sentenças x e y são* equivalentes com respeito à classe X *de sentenças se e somente se* $x \in S$, $y \in S$, $X \subseteq S$ *e tanto* $\bar{x} + y \in Cn(X)$ *quanto* $\bar{y} + x \in Cn(X)$.

Uma análise mais detalhada dos conceitos introduzidos nesta seção excederia os limites do presente trabalho.

---

[35] Cf. WHITEHEAD, A. N.; RUSSELL, B. A. W. [85]; v.II, p.203.
[36] Cf. TARSKI, A. [73], p.70, 90 e 93.

§3. O CONCEITO DE SENTENÇA VERDADEIRA NA LINGUAGEM DO CÁLCULO DE CLASSES

Passo agora ao problema central deste artigo: a construção da definição de *sentença verdadeira*, sendo a linguagem do cálculo de classes ainda o objeto da investigação.

À primeira vista, pode parecer que, no presente estágio de nossa discussão, o problema possa ser resolvido sem dificuldades adicionais, que 'sentença verdadeira' com respeito à linguagem de uma ciência dedutiva formalizada não signifique nada além de 'teorema demonstrável', e que, consequentemente, a Definição 17 já é uma definição de verdade e, além do mais, uma definição puramente estrutural. Porém, uma reflexão mais atenta mostra que essa concepção deve ser rejeitada pelas seguintes razões: nenhuma definição de sentença verdadeira que esteja de acordo com o uso ordinário da linguagem deve ter quaisquer consequências que contradigam o princípio do terceiro excluído. Esse princípio, contudo, não é válido no domínio das sentenças demonstráveis. Um simples exemplo de duas sentenças mutuamente contraditórias (isto é, tais que uma é a negação da outra), nenhuma das quais é demonstrável, é fornecido pelo Lema E (cf. p.68). A extensão dos dois conceitos não é, assim, idêntica. Do ponto de vista intuitivo, todas as sentenças demonstráveis são, sem dúvida, sentenças verdadeiras (as Definições 13–17 do §2 foram formuladas de acordo com essa ideia). Assim, a definição de sentença verdadeira que estamos buscando deve também incluir sentenças que não sejam demonstráveis.[37]

---

[37] Deve-se também tomar em consideração o fato de que — ao contrário do conceito de sentença verdadeira — o conceito de sentença demonstrável tem um caráter puramente acidental quando aplicado a algumas ciências dedutivas, o que está relacionado principalmente com o desenvolvimento histórico da ciência. É difícil, algumas vezes, dar razões objetivas para o estreitamento ou alargamento da extensão desse conceito em uma particular direção. Por exemplo, quando estamos lidando com o cálculo de classes, a sentença $\bigcap_1 \bigcap_2 \iota_{1,2}$, que estipula a existência de pelo menos duas classes distintas, não é aceita com base nas definições do §2 — o que será expresso no Lema E. Além do mais, essa sentença não pode ser derivada da hipótese formal sobre a qual se baseia o trabalho de Schröder, embora, nesse caso, o assunto não seja inteiramente claro (cf. SCHRÖDER, E. [51], v.I, p.245 e 246; v.II, Parte 1, p.278; v.III, Parte 1, p.17–8); mas, em muitos traba-

§3. O conceito de sentença verdadeira na linguagem do cálculo de classes

Vamos tentar abordar o problema de um ângulo bem diferente, retornando à ideia de uma definição semântica, como no §1. Como sabemos do §2, a toda sentença da linguagem do cálculo de classes corresponde, na metalinguagem, não apenas o nome, de tipo estrutural-descritivo, dessa sentença, mas também uma sentença com o mesmo significado. Por exemplo, correspondendo à sentença '$\Pi x, \Pi x,, A l x, x,, l x,, x,$' temos o nome '$\bigcap_1 \bigcap_2 (\iota_{1,2} + \iota_{2,1})$' e a sentença 'para quaisquer classes a e b, temos $a \subseteq b$ ou $b \subseteq a$'. Para deixar claro o conteúdo do conceito de verdade com respeito a alguma outra sentença concreta da linguagem com a qual estejamos lidando, podemos aplicar o mesmo método que foi usado no §1 na formulação das sentenças (3) e (4) (cf. p.24). Tomamos o esquema (2) e nele substituímos o símbolo 'x' pelo nome da sentença dada, e 'p' por sua tradução na metalinguagem. Todas as sentenças obtidas dessa maneira, por exemplo, '$\bigcap_1 \bigcap_2 (\iota_{1,2} + \iota_{2,1})$ *é uma sentença verdadeira se e somente se para quaisquer classes a e b nós temos $a \subseteq b$ ou $b \subseteq a$*', naturalmente pertencem à metalinguagem e explicam de uma maneira precisa, de acordo com o uso linguístico, o significado de frases da forma 'x é uma sentença verdadeira' que ocorrem nelas. Não muito mais, em princípio, deve ser exigido de uma definição geral de sentença verdadeira além de ela satisfazer as condições usuais de correção metodológica e incluir, como casos especiais, todas as definições parciais desse tipo; de que ela deveria ser, por assim dizer, o produto lógico delas. No máximo, podemos também requerer que apenas sentenças pertençam à extensão do conceito definido, de modo que, com base na definição construída, todas as sentenças do tipo '*x não é uma sentença verdadeira*', nas quais no lugar de 'x' temos o nome de uma expressão arbitrária (ou de qualquer outro objeto) que não é uma sentença, podem ser demonstradas.

---

lhos, essa sentença ocorre como um axioma da álgebra da lógica ou forma uma consequência óbvia desses axiomas (cf. HUNTINGTON, E. V. [30], p.297; Postulado 10). Por razões inteiramente diferentes, que serão discutidas adiante em relação ao Teorema 24 (cf. especialmente p.76, nota 55), seria desejável incluir a sentença $\bigcap_1 (\bigcap_2 \iota_{1,2} + \bigcup_2 (\iota_{1,2} \cdot \bigcap_3 (\bigcap_4 \iota_{3,4} + \overline{\iota_{3,2}} + \iota_{2,3})))$ entre os teoremas, embora isso não seja usual. No decurso deste trabalho, terei várias ocasiões de retornar ao problema das relações mútuas entre estes dois conceitos: de teorema e de sentença verdadeira.

Usando o símbolo 'Tr' para denotar a classe de todas as sentenças verdadeiras, o postulado acima pode ser expresso na seguinte convenção:

Convenção T. *Uma definição formalmente correta do símbolo 'Tr', formulada na metalinguagem, será chamada uma* definição adequada de verdade *se tiver as seguintes consequências:*

(α) todas as sentenças que são obtidas da expressão 'x ∈ Tr se e somente se p' pela substituição do símbolo 'x' por um nome estrutural-descritivo de qualquer sentença da linguagem em questão e do símbolo 'p' pela expressão que forma a tradução dessa sentença na metalinguagem;

(β) a sentença 'para qualquer x, se x ∈ Tr então x ∈ S' (em outras palavras, 'Tr ⊆ S').[38]

Deve ser notado que a segunda parte da convenção acima não é essencial. Contanto que a metalinguagem já tenha o símbolo 'Tr' que satisfaça a condição (α), é fácil definir um novo símbolo 'Tr'' que também satisfaça a condição (β). É suficiente para tal propósito concordar que Tr' é a parte comum das classes Tr e S.

Se a linguagem investigada contivesse apenas um número finito de sentenças fixadas a partir do início, e se pudéssemos enumerar todas essas sentenças, então o problema da construção de uma definição correta de verdade não apresentaria dificuldades. Para esse propósito, seria suficiente completar o seguinte esquema: *x ∈ Tr se e somente se ou x = x_1 e p_1, ou x = x_2 e p_2,..., ou x = x_n e p_n*, os símbolos 'x_1', 'x_2',...,'x_n' sendo substituídos por nomes estruturais-descritivos de todas as sentenças da linguagem investigada e 'p_1', 'p_2',...,'p_n' pela tradução correspondente dessas sentenças na metalinguagem. Mas a situação não é assim. Sempre que uma linguagem contém infinitamente muitas sentenças, a definição automaticamente construída

---

[38] Se desejarmos sujeitar a metalinguagem e a metateoria nela expressa ao processo de formalização, então a especificação exata do significado de várias expressões que ocorrem na Convenção T não apresentaria grandes dificuldades, por exemplo, as expressões *'definição formalmente correta do símbolo dado'*, *'nome estrutural-descritivo de uma dada expressão da linguagem estudada'*, *'a tradução de uma sentença dada (da linguagem estudada) na metalinguagem'*. Depois de modificações não importantes em sua formulação, a própria convenção tornar-se-ia uma definição normal pertencente à metateoria.

§3. O conceito de sentença verdadeira na linguagem do cálculo de classes

de acordo com o esquema acima teria de consistir em infinitamente muitas palavras, e tais sentenças não podem ser formuladas nem na metalinguagem, nem em qualquer outra linguagem. Nossa tarefa fica assim por demais complicada.

Impõe-se a ideia de usar o método recursivo. Entre as sentenças de uma linguagem, vamos encontrar expressões de espécies bem variadas do ponto de vista da estrutura lógica, algumas bem elementares, outras mais ou menos complexas. Seria assim uma questão de apresentar primeiro todas as operações pelas quais sentenças simples são combinadas em sentenças compostas e, então, determinar o modo pelo qual a verdade ou falsidade das sentenças compostas depende da verdade ou falsidade das sentenças mais simples contidas nelas. Além disso, poderiam ser selecionadas certas sentenças elementares, a partir das quais, com o auxílio das operações mencionadas, todas as sentenças da linguagem poderiam ser construídas. Essas sentenças selecionadas poderiam ser explicitamente divididas em verdadeiras e falsas, por meio, por exemplo, de definições parciais do tipo descrito acima. Na tentativa de efetivar essa ideia, contudo, defrontamo-nos com um sério obstáculo. Mesmo uma análise superficial das Definições 10–12 do §2 mostra que, em geral, sentenças compostas não são de modo algum combinações de *sentenças* simples. As funções sentenciais surgem, de fato, de funções elementares dessa maneira, isto é, a partir de inclusões; as sentenças, ao contrário, são certos casos especiais de funções sentenciais. Em vista disso, não pode ser dado nenhum método que nos capacite a definir o conceito requerido diretamente por meios recursivos. Apresenta-se a possibilidade, contudo, da introdução de um conceito mais geral, que seja aplicável a quaisquer funções sentenciais, que possa ser recursivamente definido e que, quando aplicado a sentenças, conduza-nos diretamente ao conceito de verdade. Esses requisitos são preenchidos pela noção de *satisfação de uma função sentencial dada por certos objetos*, e, no presente caso, por certas classes de indivíduos.

Em primeiro lugar, vamos tornar claro, por meio de alguns exemplos, o significado usual dessa noção em seu uso linguístico costumeiro. O modo com que faremos isso representa uma generalização natural do método que usamos previamente para o conceito de verdade.

O caso mais simples e mais claro é aquele em que a função sentencial dada contém apenas *uma* variável livre. Podemos então significativamente dizer, de todo objeto isolado, que ele satisfaz ou não a função dada.[39] A fim de explicar o sentido dessa frase, consideraremos o seguinte esquema:

para todo a, a satisfaz a função sentencial x se e somente se p,

e substituiremos nesse esquema 'p' pela função sentencial dada (depois de substituir primeiro a variável livre que ocorre nela por 'a') e 'x' por algum nome individual dessa função. Na linguagem coloquial, podemos obter, assim, por exemplo, a formulação seguinte:

para todo a, a satisfaz a função sentencial 'x é branco' se e somente se a é branco,

(e disso concluímos, em particular, que a neve satisfaz a função 'x é branca'). Deve ser familiar ao leitor, da álgebra da escola, uma construção similar, na qual funções sentenciais de um tipo especial, chamadas *equações*, são consideradas junto com os números que satisfazem essas funções, as chamadas *raízes* das equações (por exemplo, 1 é a única raiz da equação 'x + 2 = 3').

Quando, em particular, a função pertence à linguagem do cálculo de classes, e a explicação correspondente da expressão 'a satisfaz a função sentencial dada' deve ser formulada inteiramente nos termos da metalinguagem, inserimos no esquema acima, no lugar de 'p', não a própria função sentencial, mas a expressão da metalinguagem com o mesmo significado, e substituímos 'x' por um nome individual dessa função que pertença igualmente à metalinguagem. Por exemplo, esse método fornece a seguinte formulação com relação à função '$\Pi x_{\prime\prime} I x_\prime x_{\prime\prime}$':

para todo a, a satisfaz a função sentencial $\bigcap_2 \iota_{1,2}$ se e somente se, para todas as classes b, temos que $a \subseteq b$,

(de onde se segue imediatamente que a única classe que satisfaz a função '$\Pi x_{\prime\prime} I x_\prime x_{\prime\prime}$' é a classe vazia).

---

[39] Provisoriamente, vou ignorar problemas relacionados com categorias semânticas (ou tipos lógicos); esses problemas serão discutidos no §4.

§3. *O conceito de sentença verdadeira na linguagem do cálculo de classes*

Nos casos em que a função sentencial tem duas variáveis livres distintas, procedemos de maneira análoga. A única diferença é que o conceito de satisfação refere-se agora não a objetos isolados, mas a pares (mais precisamente, a pares ordenados) de objetos. Dessa maneira, obtemos as seguintes formulações:

para todos os a e b, a e b satisfazem a função sentencial 'x vê y' se e somente se a vê b; para todos os a e b, a e b satisfazem a função sentencial $\iota_{2,3}$ *(isto é, 'Ix,,x,,,') se e somente se* $a \subseteq b$.

Finalmente, passamos ao caso geral, em que a função sentencial dada contém um número arbitrário de variáveis livres. Para estabelecer um modo uniforme de expressão, iremos de agora em diante dizer não que dados objetos satisfazem uma função sentencial, mas que *uma dada sequência infinita de objetos satisfaz uma função sentencial*. Se nos restringirmos às funções do cálculo de classes, o estabelecimento de uma explicação não ambígua dessa expressão é facilitado pelo fato de que todas as variáveis que ocorrem na linguagem dessa ciência estão ordenadas (enumeradas) em uma sequência. Ao considerar a questão de quais sequências satisfazem uma dada função sentencial, teremos sempre em mente uma correspondência um-para-muitos de certos termos de uma sequência f com as variáveis livres da função sentencial, na qual a toda variável corresponde aquele termo da sequência que tem o mesmo índice (isto é, o termo f_k será correlacionado com a variável v_k). Nenhuma consideração será dada aos termos que não estão correlacionados com nenhuma variável.[40]

---

[40] Essa é uma simplificação de natureza puramente técnica. Mesmo se não pudéssemos ordenar todas as variáveis de uma dada linguagem em uma sequência (por exemplo, porque usamos como variáveis símbolos de formas arbitrárias), poderíamos ainda assim numerar todos os símbolos, e assim todas as variáveis, de toda expressão dada. Por exemplo, com base na ordem natural na qual elas se seguem umas às outras na expressão: o símbolo que se encontra na extrema esquerda poderia ser chamado o primeiro, o próximo, o segundo, e assim por diante. Desse modo, poderíamos novamente estabelecer uma certa correlação entre as variáveis livres de uma dada função e os termos da sequência. Tal correlação (ao contrário daquela descrita no texto) iria obviamente variar com a forma da função em questão; isso traria complicações bem sérias à formulação da Definição 22 apresentada adiante, especialmente das condições (γ) e (δ).

Podemos explicar melhor o procedimento por meio de exemplos concretos. Consideremos a função $\bigcap_2 \iota_{1,2}$ já mencionada. Ela contém apenas *uma* variável livre v_1, de forma que consideramos apenas os primeiros termos das sequências. Dizemos que a *sequência infinita f de classes satisfaz a função sentencial* $\bigcap_2 \iota_{1,2}$ *se e somente se a classe* f_1 *satisfaz essa função no primeiro sentido, isto é, se para todas as classes b, temos* $f_1 \subseteq b$. De maneira análoga, a *sequência infinita f de classes satisfaz a função sentencial* $\iota_{2,3}$ *se e somente se as classes* f_2 *e* f_3 *satisfazem a função no sentido anterior, isto é, se* $f_2 \subseteq f_3$. Esse processo pode ser descrito em termos gerais como segue.

Consideremos o esquema:

f satisfaz a função sentencial x se e somente se f é uma sequência infinita de classes, e p.

Dada qualquer função sentencial, digamos, s, do cálculo de classes, substituímos no esquema acima o símbolo 'x' por um nome (estrutural-descritivo) individual de s construído na metalinguagem; ao mesmo tempo, substituímos todas as variáveis livres v_k, v_l etc. que ocorrem em s, pelos símbolos correspondentes 'f_k', 'f_l', etc., e substituímos 'p' no esquema pela expressão assim obtida de s (ou por sua tradução na metalinguagem).

Usaremos um método recursivo para formular uma definição geral de satisfação de uma função sentencial por uma sequência de classes, que incluirá como casos especiais todas as definições parciais dessa noção que são obtidas do esquema dado na maneira descrita acima. Para tal objetivo será suficiente, tendo em mente a definição de função sentencial, indicar quais sequências satisfazem as inclusões $\iota_{k,l}$ e então especificar como a noção que estamos definindo se comporta quando as três operações fundamentais de negação, disjunção e quantificação universal são executadas em funções sentenciais.

A operação de quantificação universal requer consideração especial. Seja x uma função sentencial qualquer, e suponhamos que já saibamos que sequências satisfazem a função x. Considerando o significado da operação de quantificação universal, diremos que a sequência f satisfaz a função $\bigcap_k x$ (na qual k é um número natural particular) somente se essa sequência satisfaz, ela própria, a função x e não

§3. O conceito de sentença verdadeira na linguagem do cálculo de classes

cesse de satisfazê-la mesmo se o k-ésimo termo dessa sequência varie de alguma maneira. Em outras palavras, se toda sequência que difere da sequência dada no máximo na k-ésima posição também satisfaz a função. Por exemplo, a função $\bigcap_2 \iota_{1,2}$ é satisfeita por aquelas, e somente aquelas, sequências f para as quais a fórmula $f_1 \subseteq f_2$ vale sem consideração da maneira na qual permitimos que o segundo termo dessa sequência varie (como se vê facilmente, isso somente é possível quando o primeiro termo é a classe vazia).

Após essas explicações, não deve ser difícil compreender a definição seguinte.

Definição 22. A sequência f satisfaz a função sentencial x se e somente se f é uma sequência infinita de classes e x é uma função sentencial e se f e x são tais que ou (α) existem números naturais k e l tais que $x = \iota_{k,l}$ e $f_k \subseteq f_l$; (β) há uma função sentencial y tal que $x = \bar{y}$ e f não satisfaz a função y; (γ) há funções sentenciais y e z tais que $x = y + z$ e f ou satisfaz y ou satisfaz z; ou, finalmente, (δ) há um número natural k e uma função sentencial y tal que $x = \bigcap_k y$ e toda sequência infinita de classes que difere de f no máximo na k-ésima posição satisfaz a função y.[41]

A seguir, temos exemplos da aplicação da definição acima a funções sentenciais concretas: a sequência infinita f satisfaz a inclusão $\iota_{1,2}$ se e somente se $f_1 \subseteq f_2$ e a função $\overline{\iota_{2,3}} + \overline{\iota_{3,2}}$ se e somente se $f_2 \neq f_3$; as funções $\bigcap_2 \iota_{1,2}$ e $\bigcap_2 \iota_{2,3}$ são satisfeitas por aquelas, e somente aquelas, sequências f nas quais f_1 é a classe vazia e f_3 a classe universal (isto é, a classe de todos os indivíduos), respectivamente; finalmente, toda sequência infinita de classes satisfaz a função $\iota_{1,1}$ e nenhuma tal sequência satisfaz a função $\iota_{1,2} \cdot \overline{\iota_{1,2}}$.

---

[41] A definição normal, que é equivalente à definição recursiva acima, é como segue (cf. p.45, 48 e 50):

A sequência f satisfaz a função sentencial x se e somente se tivermos fRx para toda relação R que satisfaz a condição seguinte:

Para qualquer g e y, para que gRy é necessário e suficiente que g seja uma sequência infinita de classes, y uma função sentencial e ou (α) há números naturais k e l tais que $y = \iota_{k,l}$ e $g_k \subseteq g_l$ ou (β) há uma função sentencial z tal que $y = \bar{z}$ e a fórmula gRz não vale; ou (γ) há funções sentencias z e t tais que $y = z + t$ e gRz ou gRt; ou finalmente (δ) há um número natural k e uma função sentencial z tais que $y = \bigcap_k z$ e hRz para toda sequência infinita h de classes que é diferente de g no máximo na k-ésima posição.

O conceito que acabamos de definir é da maior importância para investigações na semântica da linguagem. Com sua ajuda, o significado de uma série completa de conceitos nesse campo pode ser facilmente definido, por exemplo, os conceitos de denotação, de definibilidade,[42] e de verdade, com o último dos quais nos ocupamos especialmente aqui.

O conceito de verdade é obtido da seguinte maneira. Com base na Definição 22 e nas considerações intuitivas que a precederam, é fácil verificar que uma dada sequência satisfazer ou não uma certa função sentencial depende apenas daqueles termos da sequência que correspondem (em seus índices) às variáveis livres da função. Assim, no caso extremo, quando a função é uma sentença, e assim não contém nenhuma variável livre (o que não está de modo algum excluído pela Definição 22), a satisfação de uma função por uma sequência não depende, de modo algum, das propriedades dos termos da sequência. Apenas duas possibilidades permanecem então: ou toda sequência infinita de classes satisfaz uma sequência dada, ou nenhuma sequência a satisfaz (cf. os Lemas A e B apresentados adiante). As sentenças

---

[42] Dizer que o nome x denota um dado objeto a é o mesmo que estipular que o objeto a (ou toda sequência da qual a é o termo correspondente) satisfaz uma função sentencial de um tipo particular. Na linguagem coloquial, seria uma função que consiste em três partes, na seguinte ordem: uma variável, a palavra 'é' e o nome dado x. Com respeito ao conceito de definibilidade, vou tentar explicar seu conteúdo apenas em um caso particular. Se considerarmos que propriedades de classes nós consideramos definíveis (com referência ao sistema do cálculo de classes discutido aqui), chegamos às seguintes formulações:

Dizemos que a função sentencial x define a propriedade P de classes se e somente se para um número natural k (α) x contém v_k como sua única variável livre, e (β) de modo que uma sequência infinita f de classes satisfaça x, é necessário e suficiente que f_k tenha a propriedade P. Dizemos que a propriedade P de classes é definível se e somente se há uma função sentencial x que define P.

Com base nessas estipulações pode-se mostrar, por exemplo, que são definíveis propriedades de classes tais como a de ser vazia, ou conter apenas um, dois, três etc. Por outro lado, a propriedade de conter infinitamente muitos elementos não é definível (cf. as observações feitas adiante com respeito aos Teoremas 14–16). Também veremos que, com essa interpretação, o conceito de definibilidade não depende de modo algum de a formalização da ciência investigada admitir a possibilidade de construir definições. Discussões mais exatas sobre a definibilidade podem ser encontradas em meus artigos [74] e [78].

§3. O conceito de sentença verdadeira na linguagem do cálculo de classes

da primeira espécie, por exemplo $\bigcup_1 \iota_{1,1}$, são as *sentenças verdadeiras*; aquelas da segunda espécie, por exemplo $\bigcap_1 \overline{\iota_{1,1}}$, podem correspondentemente ser denominadas as *sentenças falsas*.[†]

Definição 23. *x é uma sentença verdadeira (em símbolos, $x \in Tr$) se e somente se $x \in S$ e toda sequência infinita de classes satisfaz x.*[43]

Surge agora a questão de se essa definição, sobre cuja correção formal não há dúvida, é também materialmente correta — ao menos no sentido previamente formulado na Convenção T. Pode ser mostrado que a resposta à questão é afirmativa: a Definição 23 *é uma definição adequada de verdade no sentido da Convenção T*, uma vez que suas

---

[†] Um método para definir verdade, essencialmente equivalente ao método desenvolvido neste trabalho mas baseado em uma ideia diferente, foi recentemente sugerido por J. C. C. McKinsey em seu artigo "A new definition of truth", *Synthese*, v.7 (1948–9), p.428–33.

[43] Na totalidade da construção acima, poderíamos operar com sequências finitas com um número variável de termos em vez de sequências infinitas. Seria então conveniente generalizar o conceito de sequência finita. Na interpretação usual do termo, uma sequência que tem um n-ésimo termo deve também ter todos os termos com índices menores que n — devemos agora abandonar esse postulado e encarar qualquer relação muitos-para-um como uma sequência finita se seu contradomínio consiste em um número finito de números naturais diferentes de 0. A modificação da construção consistiria em eliminar das sequências que satisfazem a função dada todos os termos 'supérfluos', os quais não têm nenhuma influência na satisfação da função. Assim, se v_k, v_l etc. ocorrem como variáveis livres na função (é claro que em número finito), apenas aqueles termos com os índices k, l etc. permaneceriam na sequência que satisfaz essa função. Por exemplo, aquelas, e apenas aquelas, sequências f de classes que consistem apenas em dois termos f_2 e f_4 verificando a fórmula $f_2 \subseteq f_4$ iriam satisfazer a função $\iota_{2,4}$. O valor de uma tal modificação — do ponto de vista da naturalidade e conformidade com o procedimento usual — é claro, mas quando chegamos a executá-lo exatamente mostram-se certos defeitos de natureza lógica: a Definição 22 toma então uma forma mais complicada. Com respeito ao conceito de verdade, deve-se notar que — de acordo com o tratamento acima — apenas uma sequência, a saber, a sequência 'vazia', que não tem absolutamente nenhum elemento, pode satisfazer uma sentença, isto é, uma função sem variáveis livres. Deveríamos então ter de chamar verdadeiras aquelas sentenças que são realmente satisfeitas pela sequência 'vazia'. Uma certa artificialidade ligada a essa definição irá sem dúvida desagradar todos aqueles que não estão suficientemente familiarizados com os procedimentos específicos que são em geral usados em construções matemáticas.

consequências incluem todas aquelas requeridas pela citada convenção. Não obstante, pode-se ver sem dificuldade (do fato de que o número dessas consequências é infinito) que o estabelecimento geral e exato desse fato não tem lugar dentro dos limites das considerações que apresentamos até agora. A prova requereria o estabelecimento de um aparato inteiramente novo: com efeito, ela envolve a transição a um nível superior: à meta-metateoria, que teria de ser precedida pela formalização da metateoria que forma o fundamento de nossas investigações.[44] Se não desejamos abandonar o nível de nossas discussões prévias, apenas um método, o método empírico, permanece — a verificação das propriedades da Definição 23 em uma série de exemplos concretos.

Consideremos, por exemplo, a sentença $\bigcap_1 \bigcup_2 \iota_{1,2}$, isto é, 'Π$x$,NΠ$x$,,N$Ix,x,,$'. De acordo com a Definição 22, a função sentencial $\iota_{1,2}$ é satisfeita por aquelas, e apenas aquelas, sequências f de classes para as quais vale $f_1 \subseteq f_2$, mas sua negação, isto é, a função $\overline{\iota_{1,2}}$, apenas por aquelas sequências para as quais $f_1 \not\subseteq f_2$ vale. Consequentemente, uma sequência f satisfaz a função $\bigcap_2 \overline{\iota_{1,2}}$ se toda sequência g que difere de f no máximo no segundo lugar satisfaz a função $\overline{\iota_{1,2}}$ e, assim, verifica a fórmula $g_1 \not\subseteq g_2$. Uma vez que $g_1 = f_1$ e a classe g_2 pode ser arbitrária, satisfazem a função $\bigcap_2 \overline{\iota_{1,2}}$ apenas aquelas sequências f que são tais que $f_1 \not\subseteq b$ para qualquer classe b. Se prosseguirmos de maneira análoga, obtemos o resultado de que a sequência f satisfaz a função $\bigcup_2 \iota_{1,2}$, isto é, a negação da função $\bigcap_2 \overline{\iota_{1,2}}$, somente se há uma classe b para a qual $f_1 \subseteq b$ vale. Além do mais, a sentença $\bigcap_1 \bigcup_2 \iota_{1,2}$ apenas é satisfeita (por uma sequência arbitrária f) somente se há, para uma classe arbitrária a, uma classe b para a qual $a \subseteq b$. Finalmente, aplicando a Definição 23, obtemos de imediato um dos teoremas que foram descritos na condição (α) da Convenção T:

$\bigcap_1 \bigcup_2 \iota_{1,2} \in Tr$ se e somente se para toda classe a há uma classe b tal que $a \subseteq b$.

Daí inferimos, sem dificuldade, usando os teoremas conhecidos do cálculo de classes, que $\bigcap_1 \bigcup_2 \iota_{1,2}$ é uma sentença verdadeira.

---

[44] Ver p.56, nota 38.

§3. O conceito de sentença verdadeira na linguagem do cálculo de classes

Podemos proceder de maneira exatamente análoga com todas as outras sentenças da linguagem que estamos considerando. Se, para uma sentença dessas, construirmos uma asserção correspondente, descrita na condição (α), e então aplicarmos o modo de inferência usado acima, podemos provar sem a menor dificuldade que a asserção é uma consequência da definição de verdade que adotamos. Em muitos casos, com a ajuda apenas das leis mais simples da lógica (do domínio do cálculo sentencial e do cálculo de classes), podemos tirar conclusões definitivas de teoremas obtidos dessa maneira sobre a verdade ou falsidade das sentenças em questão. Assim, por exemplo, demonstra-se que $\bigcap_1 \bigcup_2 (\iota_{1,2} + \overline{\iota_{2,1}})$ é uma sentença verdadeira, e $\bigcap_1 \bigcap_2 \overline{\iota_{1,2}}$, uma sentença falsa. Com respeito às outras sentenças, por exemplo a sentença $\bigcap_1 \bigcap_2 \bigcap_3 (\iota_{1,2} + \iota_{2,3} + \iota_{3,1})$ ou sua negação, a questão análoga não pode ser decidida (ao menos enquanto não tivermos recurso às hipóteses existenciais especiais da metateoria, cf. p.42): a Definição 23 sozinha não fornece nenhum critério geral para a verdade de uma sentença.[45] Não obstante, através dos teoremas obtidos, o significado das expressões correspondentes do tipo '$x \in Tr$' torna-se inteligível e não ambíguo. Deveria ser também notado que o teorema expresso na condição (β) da Convenção T é também uma consequência óbvia de nossa definição.

Com essas discussões o leitor terá, sem dúvida, atingido a convicção subjetiva de que a Definição 23 realmente possui a propriedade que se pretendia que tivesse: ela satisfaz todas as condições da Convenção T. Para firmar tal convicção sobre a correção material da definição, vale a pena estudar alguns teoremas gerais característicos que podem ser derivados dela. Tendo em vista evitar sobrecarregar este trabalho com material puramente dedutivo, vou apresentar esses teoremas sem provas exatas.[46]

---

[45] Ao menos quando considerado do ponto de vista metodológico, isso não é um defeito da definição em questão; a esse respeito, ela não difere de modo algum da maior parte das definições que ocorrem nas ciências dedutivas.

[46] As provas são baseadas nas leis gerais da lógica, nos axiomas específicos da metaciência e nas definições dos conceitos que ocorrem nos teoremas. Em alguns casos, é indicada a aplicação das propriedades gerais dos conceitos de consequência, de sistema dedutivo etc. que são dados em meu artigo [73]. Podemos utilizar os resulta-

Teorema 1. (Princípio de Contradição) *Para todas as sentenças x, ou* $x \notin Tr$ *ou* $\bar{x} \notin Tr$.

Essa é uma consequência quase imediata das Definições 22 e 23.

Teorema 2. (Princípio do Terceiro Excluído) *Para todas as sentenças x, ou* $x \in Tr$ *ou* $\bar{x} \in Tr$.

Na prova do Lema B a seguir, que decorre das Definições 11 e 22, desempenha um papel especial o:

Lema A. *Se a sequência f satisfaz a função sentencial x, e a sequência infinita g de classes é tal que para todo k, $f_k = g_k$ se v_k é uma variável livre de x, então a sequência g também satisfaz a função x.*

Como consequência imediata do Lema A e da Definição 12, obtemos o Lema B, que, em combinação com as Definições 22 e 23, conduz facilmente ao Teorema 2:

Lema B. *Se $x \in S$ e ao menos uma sequência infinita de classes satisfaz a sentença x, então toda sequência infinita de classes satisfaz x.*

Teorema 3. *Se $X \subseteq Tr$, então $Cn(X) \subseteq Tr$; assim, em particular, $Cn(Tr) \subseteq Tr$.*

Esse teorema é demonstrado por indução completa, baseada principalmente nas Definições 15, 16, 22 e 23; o lema simples a seguir também é útil em tal demonstração:

Lema C. *Se y é uma quantificação universal da função sentencial x, então, de modo que toda sequência infinita de classes satisfaça x, é necessário e suficiente que toda sequência infinita de classes satisfaça y.*

Os resultados contidos nos Teoremas 1-3 podem ser resumidos nos seguintes (obtidos com ajuda das Definições 18-20):

Teorema 4. *A classe Tr é um sistema dedutivo consistente e completo.*

---

dos ali obtidos porque é fácil mostrar que os conceitos de sentença e consequência aqui introduzidos satisfazem todos os axiomas nos quais se baseou o trabalho mencionado.

§3. *O conceito de sentença verdadeira na linguagem do cálculo de classes* 67

Teorema 5. *Toda sentença demonstrável é uma sentença verdadeira; em outras palavras, Pr ⊆ Tr.*

Este teorema segue-se imediatamente da Definição 17, do Teorema 3, e do Lema D, cuja prova (com base na Definição 13 e Lema C entre outros) não apresenta dificuldade alguma.

Lema D. *Todo axioma é uma sentença verdadeira.*

O Teorema 5 não pode ser invertido:

Teorema 6. *Existem sentenças verdadeiras que não são demonstráveis, em outras palavras, Tr ⊈ Pr.*

Essa é uma consequência imediata do Teorema 2 e do lema seguinte, cuja prova exata não é inteiramente fácil:

Lema E. *Tanto* $\bigcap_1 \bigcap_2 \iota_{1,2} \notin Pr$ *quanto* $\overline{\bigcap_1 \bigcap_2 \iota_{1,2}} \notin Pr.$[47]

Como corolário dos Teoremas 1, 5 e 6, apresento finalmente o seguinte teorema:

Teorema 7. *A classe Pr é um sistema dedutivo consistente, mas não completo.*

Nas investigações atualmente em progresso no campo da metodologia das ciências dedutivas (em particular nos trabalhos da escola de Göttingen, agrupada ao redor de Hilbert) um outro conceito de caráter relativo desempenha papel muito maior que o conceito absoluto de verdade, e o inclui como um caso especial. Trata-se do conceito

---

[47] Se desejássemos incluir a sentença $\overline{\bigcap_1 \bigcap_2 \iota_{1,2}}$ entre as sentenças aceitáveis (como é frequentemente o caso, cf. p.54, nota 37), poderíamos ter usado aqui, em vez do Lema E, o seguinte lema E′:

Tanto $\bigcap_1 \bigcap_2 (\iota_{1,2} + \iota_{2,1}) \notin Pr$ quanto $\overline{\bigcap_1 \bigcap_2 (\iota_{1,2} + \iota_{2,1})} \notin Pr.$

Permeia a prova de ambos os lemas a mesma ideia das provas da consistência e incompletude do cálculo de predicados de primeira ordem encontrada em HILBERT, D.; ACKERMANN, W. [27], p.65–68.

de *sentença correta* ou *verdadeira em um domínio de indivíduos a*.[48,49] Falando de modo bem geral e inexato, este conceito refere-se a toda sentença que seria verdadeira no sentido usual se restringíssemos a extensão dos indivíduos considerados a uma classe dada *a*, ou — um tanto mais precisamente — se concordássemos em interpretar os termos 'indivíduo', 'classe de indivíduos' etc. como 'elemento da classe *a*', 'subclasse da classe *a*' etc., respectivamente. Onde estivermos lidando com o caso concreto de sentenças do cálculo de classes, deveremos interpretar expressões do tipo '$\Pi x p$' como '*para toda subclasse x da classe a temos p*', e expressões do tipo 'Ixy' como '*a subclasse x da classe a está contida na subclasse y da classe a*'. Obtemos uma definição precisa desse conceito por meio de uma modificação nas Definições 22 e 23. Como conceitos derivados introduzimos a noção de *sentença correta em um domínio de indivíduos com k elementos* e a noção de *sentença correta em todo domínio de indivíduos*. É digno de nota que — apesar de sua grande importância para as investigações metamatemáticas — esses termos foram usados até agora em um sentido puramente intuitivo, sem nenhuma tentativa de definir seu significado com maior precisão.[50]

---

[48] A discussão desse conceito relativizado não é essencial para a compreensão do tema principal deste trabalho e pode ser omitida por aqueles leitores que não estão interessados em estudos especiais no domínio da metodologia das ciências dedutivas (apenas as discussões nas p.77–2 estão mais proximamente relacionadas com nossa tese principal).

[49] A esse respeito, ver HILBERT, D.; ACKERMANN, W. [27], especialmente p.72–81, e BERNAYS, P.; SCHÖNFINKEL, M. [6]. Enfatizamos, porém, que os autores mencionados relacionam esse conceito não a sentenças mas a funções sentenciais com variáveis livres (porque, na linguagem do cálculo de predicados de primeira ordem que eles usam, não há sentenças no sentido estrito da palavra) e, relacionado com isto, eles usam o termo 'universalmente válido' em lugar do termo 'correto' ou 'verdadeiro'; cf. o segundo dos trabalhos citados acima, p.347–8.

[50] Uma exceção é feita por HERBRAND, J. [25], em que o autor define o conceito de sentença verdadeira em um domínio finito (p.108–12). Uma comparação da definição de Herbrand com as Definições 25 e 26 dadas no texto levará o leitor imediatamente à conclusão de que estamos lidando aqui com termos que soam semelhantes, e não com uma relação de conteúdo. Não obstante, é possível que, com respeito a certas ciências dedutivas concretas, e sob suposições especiais para a metateoria correspondente, o conceito de Herbrand tenha a mesma extensão (e também a mesma importância para investigações

§3. *O conceito de sentença verdadeira na linguagem do cálculo de classes*   69

Definição 24. *A sequência f satisfaz a função sentencial x no domínio de indivíduos a se e somente se a é uma classe de indivíduos, f uma sequência infinita de subclasses da classe a e x uma função sentencial que satisfaz uma das quatro condições seguintes: (α) existem números naturais k e l tais que $x = \iota_{k,l}$ e $f_k \subseteq f_l$; (β) há uma função sentencial y tal que $x = \bar{y}$ e a sequência f não satisfaz y no domínio de indivíduos a; (γ) há funções sentenciais y e z tais que $x = y + z$ e f satisfaz ou y ou z no domínio de indivíduos a; (δ) há um número natural k e uma função sentencial y tais que $x = \bigcap_k y$ e toda sequência infinita g de sublcasses da classe a que difere de f no máximo na k-ésima posição satisfaz y no domínio de indivíduos a.*

Definição 25. *x é uma sentença correta (verdadeira) no domínio de indivíduos a se e somente se $x \in S$ e toda sequência infinita de subclasses da classe a satisfaz a sentença x no domínio de indivíduos a.*

Definição 26. *x é uma sentença correta (verdadeira) em um domínio de indivíduos com k elementos (em símbolos, $x \in Ct_k$) se e somente se existe uma classe a tal que k é o número cardinal da classe a e x é uma sentença correta no domínio de indivíduos a.*

Definição 27. *x é uma sentença correta (verdadeira) em todo domínio de indivíduos (em símbolos, $x \in Ct$) se e somente se para toda classe a, x é uma sentença correta no domínio de indivíduos a.*

Se retirarmos a fórmula '$x \in S$' da Definição 25, e assim modificarmos o conteúdo das Definições 26 e 27, obtemos conceitos de natureza mais geral, que se aplicam não apenas a sentenças mas também a funções sentenciais arbitrárias.

Exemplos da aplicação a sentenças concretas dos conceitos definidos serão apresentados a seguir. No interesse de uma formulação mais conveniente de várias propriedades desses conceitos, vou introduzir algumas abreviações simbólicas adicionais.

Definição 28. *$x = \epsilon_k$ se e somente se*

$$x = \overline{\bigcap_{k+1} \iota_{k,k+1}} \cdot \bigcap_{k+1} \left(\bigcap_{k+2} \iota_{k+1,k+2} + \overline{\iota_{k+1,k}} + \iota_{k,k+1} \right).$$

metamatemáticas) que um certo caso especial do conceito introduzido na Definição 25.

Definição 29. $x = \alpha$ se e somente se $x = \bigcap_1 (\bigcap_2 \iota_{1,2} + \bigcup (\iota_{2,1} \cdot \epsilon_2))$.

Como se percebe facilmente, a função sentencial ϵ_k afirma que a classe denotada pela variável v_k consiste em apenas *um* elemento; a sentença α, que desempenha uma grande papel em investigações subsequentes, afirma que toda classe não vazia inclui como parte uma classe de um elemento.

Definição 30. $x = \beta_n$ se e somente se ou $n = 0$ e $x = \bigcap_1 \overline{\epsilon_1}$, ou $n \neq 0$ e $x = \bigcap_k^{k \leq n+1} (\sum_k^{n+1} \overline{\epsilon_k} + \sum_l^n \sum_k^l (\iota_{k,l+1} \cdot \iota_{l+1,k}))$.

Definição 31. $x = \gamma_n$ se e somente se ou $n = 0$ e $x = \beta_0$, ou $n \neq 0$ e $x = \overline{\beta_{n-1}} \cdot \beta_n$.

Segue-se dessas definições que as sentenças β_n e γ_n (nas quais n é qualquer número natural) afirmam, respectivamente, que há no máximo n e exatamente n classes de um elemento distintas ou, o que resulta no mesmo, indivíduos distintos.

Definição 32. x é *uma* sentença quantitativa (*ou uma* sentença sobre o número de indivíduos) *se e somente se existe uma sequência finita p de n números naturais tais que ou* $x = \sum_k^n \gamma_{p_k}$ *ou* $x = \overline{\sum_k^n \gamma_{p_k}}$.

Vou apresentar agora uma série de propriedades características dos conceitos definidos, bem como das conexões mais importantes que os relacionam a noções já introduzidas. Este é o lugar para alguns resultados de natureza mais especial que estão relacionados com as propriedades particulares do cálculo de classes e que não podem ser estendidos a outras disciplinas de uma estrutura lógica relacionada (por exemplo, os Teoremas 11–13, 24 e 28).

Teorema 8. *Se a é uma classe de indivíduos e k é o número cardinal dessa classe, então, para que x seja uma sentença correta no domínio de indivíduos a, é necessário e suficiente que* $x \in Ct_k$.

A prova é baseada (entre outras coisas) no lema seguinte, que decorre da Definição 24:

Lema F. *Sejam a e b duas classes de indivíduos e R uma relação que satisfaz as seguintes condições:* (α) *para toda f' e g', se f'Rg' então f' é*

§3. O conceito de sentença verdadeira na linguagem do cálculo de classes

uma sequência infinita de subclasses de a, e g' de subclasses de b; (β) se f' é qualquer sequência infinita de subclasses de a, então há uma sequência g' tal que f'Rg'; (γ) se g' é uma sequência infinita de subclasses de b, então há uma sequência f' tal que f'Rg'; (δ) para toda f', g', f'', g'', k e l, se f'Rg', f''Rg'', e k e l são números naturais diferentes de 0, então $f'_k \subseteq f''_l$ se e somente se $g'_k \subseteq g''_l$. Se fRg e a sequência f satisfaz a função sentencial x no domínio de indivíduos a, então a sequência g também satisfaz essa função no domínio de indivíduos b.

Desse lema, com auxílio da Definição 25, obtemos facilmente o Lema G que, junto com a Definição 26, resulta imediatamente no Teorema 8:

Lema G. *Se as classes a e b de indivíduos têm o mesmo número cardinal e x é uma sentença correta no domínio de indivíduos a, então x também é uma sentença correta no domínio de indivíduos b.*

De acordo com o Teorema 8 (ou com o Lema G) a extensão do conceito 'uma sentença que é correta no domínio de indivíduos *a*' depende inteiramente de uma propriedade da classe *a*, a saber, de seu número cardinal. Isso nos permite negligenciar, no que segue, todos os resultados a respeito desse conceito, porque eles podem ser imediatamente derivados dos teoremas correspondentes que dizem respeito às classes Ct_k.

Com o auxílio das Definição 24 e 25, os Teoremas 1–6 e Lemas A–D podem ser generalizados substituindo-se as expressões 'sequência infinita de classes', 'a sequência ... *satisfaz a função sentencial*...', 'sentença verdadeira', e assim por diante, por '*sequência infinita de subclasses da classe a*', '*a sequência ... satisfaz a função sentencial ... no domínio de indivíduos a*', '*sentença correta no domínio de indivíduos a*', e assim por diante, respectivamente. Como consequência do Teorema 8, os resultados assim obtidos podem ser estendidos a sentenças que pertencem às classes Ct_k. Assim obtemos, entre outras coisas, as seguintes generalizações dos Teoremas 4–6:

Teorema 9. *Para todo número cardinal k, a classe Ct_k é um sistema dedutivo consistente e completo.*

Teorema 10. *Para todo número cardinal k temos $Pr \subseteq Ct_k$, mas $Ct_k \nsubseteq Pr$.*

Com referência ao Teorema 10, apresenta-se o seguinte problema: como deve ser completada a lista de axiomas na Definição 13, de modo que a classe de todas as consequências dessa classe de axiomas estendida possa coincidir com a classe Ct_k dada? Os Teoremas 11 e 12, imediatamente a seguir, contêm a solução desse problema e também demonstram que — com respeito à linguagem do cálculo de classes — a definição de sentença correta em um domínio com k elementos (Definição 26) pode ser substituída por uma outra equivalente, que é análoga à definição de sentença demonstrável (Definição 17) e que, portanto, tem caráter estrutural.

Teorema 11. *Se k é um número natural e X a classe que consiste em todos os axiomas junto com as sentenças α e γ_k, então $Ct_k = Cn(X)$.*

Teorema 12. *Se k é um número cardinal infinito e X a classe que consiste em todos os axiomas junto com a sentença α e todas as sentenças $\overline{\gamma_l}$ (em que l é qualquer número natural), então $Ct_k = Cn(X)$.*

A prova desses dois teoremas baseia-se principalmente nos Teoremas 9 e 10 e nos três lemas a seguir:

Lema H. *Para todo número cardinal k, temos $\alpha \in Ct_k$.*

Lema I. *Se k é um número natural e l um número cardinal diferente de k, então $\gamma_k \notin Ct_l$ e $\gamma_k \in Ct_k$, mas $\overline{\gamma_k} \notin Ct_k$ e $\overline{\gamma_k} \in Ct_l$.*

Lema K. *Se $x \in S$ e X é a classe que consiste em todos os axiomas junto com as sentença α, então há uma sentença y que é equivalente à sentença x com respeito à classe X e tal que ou y é uma sentença quantitativa ou $y \in Pr$ ou $\overline{y} \in Pr$.*

Os Lemas H e I são quase imediatamente evidentes, mas a prova do muito importante e interessante Lema K é bastante difícil.[51]

Através do Teorema 9 e do Lema I é possível derivar do Teorema 12 a seguinte consequência, a qual, combinada com o Teorema 11, exibe as diferenças essenciais que se revelam na estrutura lógica das classes Ct_k conforme o número cardinal k seja finito ou infinito:

---
[51] A parte essencial desse lema está contida nos resultados que se encontram em SKOLEM, Th. 152], p.29-37.

§3. *O conceito de sentença verdadeira na linguagem do cálculo de classes*   73

Teorema 13. *Se k é um número cardinal infinito, então não há nenhuma classe X que contenha apenas um número finito de sentenças que não são axiomas e que também satisfaça a fórmula*

$$Ct_k = Cn(X).^{52}$$

Do Lema I e Teoremas 11 e 12 podemos facilmente obter as seguintes consequências:

Teorema 14. *Se k é um número natural e l um número cardinal diferente de k, então $Ct_k \nsubseteq Ct_l$ e $Ct_l \nsubseteq Ct_k$.*

Teorema 15. *Se k e l são números cardinais infinitos, então $Ct_k = Ct_l$.*

Teorema 16. *Se k é um número cardinal infinito e $x \in Ct_k$, então há um número natural l tal que $x \in Ct_l$ (em outras palavras, a classe Ct_k está incluída na soma de todas as classes Ct_l).*

De acordo com os Teoremas 14–16 (ou com o Lema I), existe, para todo número natural k, uma sentença que é correta em todo domínio com k elementos e em nenhum domínio com qualquer outro número cardinal. Por outro lado, toda sentença que é correta em um domínio infinito é também correta em todos os outros domínios infinitos (sem referência a seu número cardinal) tanto quanto em certos domínios finitos. Daí inferimos que a linguagem em questão permite expressar uma propriedade de classes de indivíduos tal como o fato de ser composta de exatamente k elementos, onde k é qualquer número natural. Porém, não encontramos nessa linguagem nenhum meio pelo qual possamos distinguir um tipo especial de infinitude (por exemplo, enumerabilidade), e somos incapazes, seja com o auxílio de uma

---

[52] A ideia da prova desse teorema é a mesma daquela das provas dos Teoremas 24 e 25 em TARSKI, A. [73], p.78–9. Se tomarmos do último a Definição 3, p.76, e ao mesmo tempo estendermos nosso presente conceito de consequência acrescentando as palavras '*ou x é um axioma*' à condição (α) da Definição 15, então poderíamos derivar as consequência seguintes dos Teoremas 11 e 13:

Para que a classe Ct_k seja um sistema dedutivo axiomatizável, é necessário e suficiente que k seja um número natural.

única, seja com o de um número finito de sentenças, distinguir duas propriedades de classes tais como finitude e infinitude.[53]
Por meio dos Teoremas 9, 11 e 12, podemos provar:

Teorema 17. *Se X é uma classe consistente de sentenças que contém todos os axiomas junto com a sentença α, então há um número cardinal k tal que $X \subseteq Ct_k$; se X é um sistema dedutivo completo, então $X = Ct_k$.*

Se combinarmos este teorema com os Teoremas 11 e 12, obteremos uma descrição estrutural de todos os sistemas dedutivos completos que contêm todos os axiomas e a sentença α. Dever-se-ia notar que a presença da sentença α é aqui essencial, pois a multiplicidade dos sistemas que não contêm essa sentença é significativamente maior, e sua descrição exaustiva não seria de modo algum simples.[54]

As considerações remanescentes dizem respeito a sentenças que são corretas em todo domínio de indivíduos, isto é, que pertencem à classe Ct.

Teorema 18. *Para que $x \in Ct$, é necessário e suficiente que, para todo número cardinal k, $x \in Ct_k$ (em outras palavras, a classe Ct é o produto de todas as classes Ct_k).*

Esse teorema, que é uma consequência imediata da Definição 27 e do Teorema 8, pode ser essencialmente fortalecido pelos Teoremas 9 e 16:

---

[53] Estes resultados, bem como o Teorema 18 apresentado a seguir, devemos a Löwenheim; cf. LÖWENHEIM, L. [39] (especialmente Teorema 4, p.459) e SKOLEM, Th. [52].

[54] Ocupei-me, nos anos 1926-8, com problemas desse tipo, isto é, com a descrição estrutural de todos os sistemas completos de uma dada ciência, em aplicação a várias ciências dedutivas elementares (álgebra da lógica, aritmética dos números reais, geometria das linhas retas, teoria da ordem, teoria de grupos); sobre os resultados dessas investigações foram feitos relatórios em exercícios do seminário sobre a metodologia das ciências dedutivas que eu conduzi na Universidade de Varsóvia nos anos 1927/8 e 1928/9. Cf. PRESBURGER, M. [48] (especialmente nota 4 na p.95), e TARSKI, A. [77], §5. Para uma discussão detalhada de certos problemas intimamente relacionados (bem como para referências bibliográficas adicionais), ver também as publicações mais recentes do autor, TARSKI, A. [66] e [67].

§3. O conceito de sentença verdadeira na linguagem do cálculo de classes

Teorema 19. *Para que $x \in Ct$, é necessário e suficiente que, para todo número natural k, $x \in Ct_k$.*

A correção de uma sentença em todos os domínios finitos acarreta, assim, sua correção em todos os domínios de indivíduos.

Os dois corolários seguintes são deriváveis dos Teoremas 9, 14 e 18:

Teorema 20. *Para todo número cardinal k, temos $Ct \subseteq Ct_k$, mas $Ct_k \nsubseteq Ct$.*

Teorema 21. *A classe Ct é um sistema dedutivo consistente, mas não completo.*

Teorema 22. $Pr \subseteq Ct$, *mas* $Ct \nsubseteq Pr$.

Esse teorema decorre dos Teoremas 10 e 18 e do Lema L:

Lema L. $\alpha \in Ct$ *mas* $\alpha \notin Pr$.

Que $\alpha \in Ct$ segue-se de imediato do Lema H e do Teorema 18. A prova exata da segunda parte do lema é consideravelmente mais difícil.

Teorema 23. *Se x é uma sentença quantitativa, então $x \notin Ct$.*

A prova, que é baseada no Lema I, Teorema 18 e Definição 32, não apresenta dificuldades.

Teorema 24. *Se X é a classe que consiste em todos os axiomas junto com a sentença α, então $Ct = Cn(X)$.*

Esse teorema é mais facilmente demonstrado com o auxílio dos Teoremas 11, 12 e 18. Por meio do Lema K, obtemos dele de imediato:

Teorema 25. *Se $x \in S$, $x \notin Ct$ e $\bar{x} \notin Ct$, então há uma sentença quantitativa y, que é equivalente à sentença x com respeito à classe Ct.*

Com referência ao Lema L e ao Teorema 24, notamos a seguinte situação: o conceito de uma sentença que é correta em todo domínio de indivíduos tem uma extensão maior que o conceito de sentença demonstrável, uma vez que a sentença α pertence à extensão do primeiro conceito mas não à do segundo. Porém, se ampliarmos o sistema de axiomas acrescentando apenas esta única sentença α, os dois conceitos tornam-se idênticos em extensão. Porque me parece desejável que, para o cálculo de classes, os conceitos de teorema e de sentença correta em cada domínio de indivíduos não deveriam ser distintos em extensão,[55] eu defenderia a inclusão da sentença α entre os axiomas dessa ciência.

Permanece ainda o problema de esclarecer a relação do conceito absoluto de verdade definido na Definição 23 com os conceitos que acabamos de investigar.

Se compararmos as Definições 22 e 23 com as Definições 24 e 25 e aplicarmos o Teorema 8, obteremos facilmente o seguinte resultado:

Teorema 26. *Se a é a classe de todos os indivíduos, então $x \in Tr$ se e somente se x é uma sentença correta no domínio a; assim, se k é o número cardinal da classe a, então $Tr = Ct_k$.*

Como consequência imediata dos Teoremas 20 e 26, temos:

Teorema 27. $Ct \subseteq Tr$, *mas* $Tr \nsubseteq Ct$.

Se juntarmos os Teoremas 26 e 14 ou os Teoremas 11 e 12, chegaremos à conclusão de que aquelas suposições da metateoria que determinam o número cardinal da classe de todos os indivíduos (e que não intervêm na prova do próprio Teorema 26) exercem uma influência essencial na extensão do termo 'sentença verdadeira', já que

---

[55] Esta tendência será discutida no próximo parágrafo. Deveria ser mencionado que Schröder, embora começando com outras ideias, fez a sugestão de completar o sistema de hipóteses do cálculo de classes com a sentença α (e mesmo com ainda outras sentenças que, contudo, como pode-se mostrar facilmente, seguem-se de maneira simples da sentença α); cf. SCHRÖDER, E. [51], v.II, Parte 1, p.318-49. A esse respeito, parece-me que a inclusão da sentença α no sistema 'formal' da álgebra da lógica (da qual o cálculo de classes é uma interpretação) não seria útil, pois são conhecidas muitas interpretações desse sistema nas quais a sentença em questão não é satisfeita.

§3. O conceito de sentença verdadeira na linguagem do cálculo de classes

tal extensão depende de ser a classe finita ou infinita. No primeiro caso, a extensão depende até mesmo de quão grande é o número cardinal da classe.

Porque podemos mostrar, com base no sistema de suposições aqui adotado, que a classe de todos os indivíduos é infinita, o Teorema 26 em combinação com o Teorema 12 torna possível uma caracterização estrutural das sentenças verdadeiras:

Teorema 28. *Para que $x \in Tr$, é necessário e suficiente que x seja uma consequência da classe que consiste em todos os axiomas junto com a sentença α e todas as sentenças $\overline{\gamma_l}$, em que l é qualquer número natural.*

Devido à sua forma, essa sentença poderia, obviamente, ser considerada uma definição de sentença verdadeira. Seria então uma definição puramente estrutural, completamente análoga à Definição 17 de teorema demonstrável. Mas devemos enfatizar que a possibilidade de construir uma definição de tal espécie é puramente acidental. Nós a devemos às peculiaridades específicas da ciência em questão (àquelas peculiaridades que, entre outras, foram expressas no Lema K, que é a premissa mais essencial na prova dos Teoremas 12 e 28), bem como, em certo grau, às fortes suposições existenciais adotadas na metateoria. Por outro lado, ao contrário da definição original, não temos aqui nenhum método geral de construção que pudesse ser aplicado a outras ciências dedutivas.

Vale a pena notar que, analisando a prova do Teorema 28 e dos lemas dos quais esse teorema decorre, podemos obter um critério estrutural geral de verdade para todas as sentenças da linguagem investigada. Um tal critério para sentenças quantitativas é facilmente derivável do Teorema 28, e a prova do Lema K nos permite efetivamente correlacionar com toda sentença da linguagem uma sentença que é equivalente a ela e que, se não é quantitativa, é manifestamente verdadeira ou manifestamente falsa. Uma observação análoga vale para o conceito de correção em um dado domínio de indivíduos, ou em todo.

Resumindo os resultados mais importantes obtidos nesta seção, podemos dizer:

Tivemos sucesso em fazer para a linguagem do cálculo de classes o que tentamos em vão fazer para a linguagem coloquial: a saber, construir uma definição semântica formalmente correta e materialmente adequada da expressão 'sentença verdadeira'.

Além do mais, ao fazer uso das peculiaridades especiais do cálculo de classes, fomos capazes de transformar essa definição em uma definição estrutural equivalente que até mesmo gera um critério geral de verdade para as sentenças da linguagem desse cálculo.

§4. O CONCEITO DE SENTENÇA VERDADEIRA EM LINGUAGENS DE ORDEM FINITA

O método de construção que usei na seção anterior para a investigação da linguagem do cálculo de classes pode ser aplicado, sem mudanças muito importantes, a muitas outras linguagens formalizadas, mesmo àquelas com uma estrutura lógica consideravelmente mais complicada. Nas páginas que seguem, a generalidade desses métodos será enfatizada, os limites de sua aplicabilidade serão determinados, e as modificações pelas quais elas passam em suas várias aplicações concretas serão brevemente descritas.

Não é de modo algum minha intenção, nestas investigações, considerar todas as linguagens que possam ser concebivelmente imaginadas, ou que em algum momento se possa ou queira construir; uma tal tentativa seria de início condenada a falhar. No que direi aqui, vou considerar exclusivamente linguagens com a mesma estrutura daquelas que nos são atualmente conhecidas (na convicção talvez infundada de que elas formarão no futuro, como fizeram até aqui, uma base suficiente para o fundamento do todo do conhecimento dedutivo). E mesmo essas linguagens mostram tão grandes diferenças em sua construção que sua investigação de maneira perfeitamente geral, mas ao mesmo tempo precisa, deve encontrar sérias dificuldades. As diferenças são, claro, de uma natureza bastante 'caligráfica'. Em algumas linguagens, por exemplo, ocorrem apenas constantes e variáveis; em outras, não é possível evitar o uso dos chamados símbolos técnicos (parênteses, pontos, e assim por diante). Em algumas linguagens,

§4. O conceito de sentença verdadeira em linguagens de ordem finita

são usados como variáveis símbolos com uma forma exatamente especificada, de modo que a forma das variáveis depende do papel que elas desempenham e de sua importância. Em outras, podem ser usados como variáveis símbolos bastante arbitrários, contanto que sejam distintos das constantes por sua forma. Em algumas linguagens, toda expressão é um sistema de símbolos linearmente ordenados, isto é, símbolos que seguem uns aos outros em uma linha; em outras, contudo, os símbolos podem estar em níveis diferentes, não apenas um ao lado do outro, mas também um abaixo do outro. Essa caligrafia da linguagem, não obstante, exerce uma influência razoavelmente forte na forma das construções no domínio da metalinguagem, como sem dúvida pode ser visto a partir de uma breve inspeção dos parágrafos precedentes.[56] Somente por essas razões a exposição a seguir terá a natureza de um esboço; onde ela toma uma forma mais precisa, estará lidando com as linguagens concretamente descritas que são construídas da mesma maneira que a linguagem do cálculo de classes (isto é, linguagens sem símbolos técnicos, com variáveis de uma forma exatamente especificada, com arranjo linear dos símbolos em toda expressão, e assim por diante).[57]

Antes de abordar nossa tarefa principal — a construção da definição de sentença verdadeira —, devemos empreender, em todos os casos concretos, a construção de uma metalinguagem correspondente e o estabelecimento da metateoria que forma o campo próprio de investigação. Uma metalinguagem que satisfaça nossos requi-

---

[56] Cf., por exemplo, p.59, nota 40.
[57] Para conferir à exposição seguinte uma forma completamente precisa, concreta, e também suficientemente geral, seria suficiente escolher, como objeto da investigação, a linguagem de algum sistema completo de lógica matemática. Uma tal linguagem pode ser considerada universal, no sentido em que todas as outras linguagens formalizadas — à parte as diferenças 'caligráficas' — são ou fragmentos dela, ou podem ser obtidas dela ou de seus fragmentos pela adição de certas constantes, desde que as categorias semânticas dessas constantes (cf. adiante, p.84ss) já estejam representadas por certas expressões da linguagem dada. A presença ou ausência de tais constantes exerce, como mostraremos, apenas uma influência mínima na solução do problema no qual estamos interessados. Como tal linguagem, poderíamos escolher a linguagem da teoria geral de conjuntos que será discutida no §5, a qual poderia ser enriquecida por meio de variáveis que representassem os nomes de relações (de categorias semânticas arbitrárias) de dois e de muitos termos.

sitos deve conter três grupos de expressões primitivas: (1) expressões de caráter lógico geral; (2) expressões que tenham o mesmo significado que todas as constantes da linguagem a ser discutida ou que sejam suficientes para a definição de tais expressões (tomando como base as regras de definição adotadas na metateoria); (3) expressões do tipo estrutural-descritivo que denotem símbolos e expressões isoladas da linguagem considerada, classes inteiras e sequências de tais expressões ou, finalmente, as relações existentes entre elas. Que as expressões do primeiro grupo sejam indispensáveis é evidente. As expressões do segundo grupo permitem traduzir toda sentença concreta ou, mais geralmente, toda expressão significativa da linguagem na metalinguagem, e as do terceiro grupo possibilitam a atribuição de um nome individual a toda tal expressão. As duas últimas circunstâncias, tomadas em conjunto, desempenham uma parte essencial na formulação final da definição desejada. Correspondendo aos três grupos de expressões primitivas, o sistema axiomático inteiro da metateoria inclui três grupos de sentenças: (1) axiomas de caráter lógico geral; (2) axiomas que têm o mesmo significado que os axiomas da ciência sob investigação ou são logicamente mais fortes que eles, mas que, em qualquer caso, são suficientes (com base nas regras de inferência adotadas) para o estabelecimento de todas as sentenças que têm o mesmo significado que os teoremas da ciência investigada;[58] finalmente, (3) axiomas que determinam as propriedades fundamentais dos conceitos primitivos de tipo estrutural-descritivo. As expressões primitivas e os axiomas do primeiro grupo (bem como as regras

---

[58] Já foi mencionado (p.34-9 que estamos aqui interessados exclusivamente naquelas ciências dedutivas que não são 'formais' em um sentido bastante especial dessa palavra. Apresentei, além disso, várias condições — de natureza intuitiva, não formal — que são satisfeitas pelas ciências aqui investigadas: um significado estritamente determinado e compreensível das constantes, a certeza dos axiomas, a confiabilidade das regras de inferência. Uma característica externa desse ponto de vista é apenas o fato de que as expressões e axiomas do segundo grupo ocorrem entre as expressões primitivas e os axiomas da metateoria. Pois tão logo consideremos certas expressões inteligíveis ou acreditemos na verdade de certas sentenças, não existe nenhum obstáculo a que as usemos à medida que surgir a necessidade. Isso se aplica também às regras de inferência que podemos, se necessário, transferir da teoria para a metateoria. No que segue, vamos nos convencer de que essa necessidade realmente existe nos casos apresentados.

§4. O conceito de sentença verdadeira em linguagens de ordem finita

de definição e de inferência) podem ser tomadas de qualquer sistema de lógica matemática suficientemente desenvolvido; as expressões e os axiomas do segundo grupo dependem naturalmente das peculiaridades especiais da linguagem investigada; para o terceiro grupo, são fornecidos exemplos adequados na apresentação do §2. Deve ser notado que os dois primeiros grupos de expressões primitivas e axiomas parcialmente se sobrepõem, e naqueles casos nos quais a lógica matemática, ou um fragmento dela, é o objeto de investigação (como é o caso com o cálculo de classes), eles mesmo se combinam para formar *um* grupo.

Tendo completado o estabelecimento da metateoria, nossa próxima tarefa é distinguir, da totalidade de expressões da linguagem, a categoria particularmente importante de *funções sentenciais* e, em especial, de *sentenças*. As expressões da linguagem investigada consistem em *constantes* e *variáveis*. Entre as constantes, que são usualmente em número finito, encontramos, via de regra, certos símbolos que pertencem ao cálculo sentencial e ao cálculo de predicados: por exemplo, os símbolos de negação, soma lógica, produto lógico, implicação e equivalência, bem como os quantificadores universal e existencial, que já encontramos no §2. Além desses, encontramos algumas vezes outros símbolos, que estão relacionados com as peculiaridades individuais da linguagem e que denotam indivíduos concretos, classes ou relações, tais como, por exemplo, o símbolo de inclusão da linguagem do cálculo de classes, que denota uma relação particular entre classes de indivíduos. Em geral, há infinitamente muitas variáveis. De acordo com sua forma e com a interpretação da linguagem, elas representam nomes de indivíduos, classes ou relações (algumas vezes há também variáveis que representam sentenças, isto é, as chamadas variáveis sentenciais).[59] Entre as expressões que são formadas a partir dos símbolos de ambas as espécies, distinguimos, em primeiro

---

[59] Em muitas linguagens ocorrem várias outras categorias de constantes e variáveis, por exemplo functores formadores de nomes que, em combinação com variáveis, formam expressões compostas por meio das quais nomes de indivíduos, classes e relações são representados (por exemplo, a palavra 'pai' na linguagem coloquial ou o símbolo de complementação na linguagem completa do cálculo de classes — cf. p.28, nota 5, e p.36, nota 14). As linguagens consideradas no presente artigo não contêm símbolos e expressões dessa espécie.

lugar, todas as *funções sentenciais primitivas*, que correspondem às inclusões $\iota_{k,l}$ do cálculo de classes.† A descrição exata da forma dessas funções sentenciais e da especificação de seu sentido intuitivo vai depender das peculiaridades especiais da linguagem em questão. Em qualquer caso, elas são certos complexos de constantes que são nomes de indivíduos, classes, ou relações, e de variáveis que representam esses nomes. O primeiro símbolo de um tal complexo é sempre o nome de uma classe ou de uma relação ou uma variável correspondente, e é denominado um *funtor (formador de sentença) da função sentencial primitiva dada*;[60] os símbolos remanescentes são chamados *argumentos*; a saber, o primeiro, o segundo, ..., o *k*-ésimo argumento — de acordo com a posição que ocupam. Para toda constante e variável da linguagem estudada — com exceção das constantes do cálculo sentencial e dos quantificadores universal e existencial —, pode ser construída uma função primitiva que contenha esse símbolo (as variáveis sentenciais, mesmo quando aparecem na linguagem, não ocorrem nas funções primitivas como funtores ou argumentos, mas cada uma é considerada uma função primitiva separada). A seguir, introduzimos as *operações fundamentais sobre expressões* por meio das quais são formadas expressões compostas a partir de expressões mais simples. Além das operações de negação, adição lógica e quantificação universal, que vimos no §2 (Definições 2, 3 e 6), consideramos aqui

---

† Seria mais apropriado denominar essas funções *fundamentais* (ou *elementares*). Em suas publicações posteriores, o autor refere-se a elas como *fórmulas atômicas*.

[60] Assim, funtores formadores de sentença que têm nomes como argumentos são aqui identificados com os nomes de classes ou relações (de fato, os funtores de um argumento com nomes de classes e o restante com nomes de relações de dois ou mais termos). Essa interpretação parece artificial, dada a interpretação do termo 'funtor' que foi dada por alguns exemplos na p.28, nota 5; em qualquer caso, ela certamente não concorda com o espírito e a estrutura formal da linguagem da vida cotidiana. Sem entrar em detalhes, parece-me, por várias razões, não ser nem necessário nem útil distinguir essas duas categorias de expressões (isto é, funtores formadores de sentença e nomes de classes ou de relações). Além do mais, a questão toda é bem mais de natureza terminológica, e não tem influência nos desenvolvimentos subsequentes. Podemos ou considerar a definição de funtor dada no texto como puramente formal e ignorar a interpretação corrente do termo, ou estender a interpretação de termos como 'nome de uma classe', 'nome de uma relação' de maneira que se incluam expressões que não são nomes no sentido usual.

§4. O conceito de sentença verdadeira em linguagens de ordem finita

outras operações definidas de modo análogo, tais como a multiplicação lógica, a formação de implicações e equivalências, bem como a quantificação existencial. Cada uma dessas operações consiste em colocar na frente da expressão considerada, ou na frente de duas expressões sucessivas (de acordo com a espécie de operação), seja uma das constantes do cálculo sentencial que pertencem à linguagem, seja um dos dois quantificadores junto com as variáveis que os seguem imediatamente. As expressões que obtemos das funções primitivas — ao aplicar a elas, qualquer número de vezes e em qualquer ordem, qualquer uma das operações fundamentais — denominamos funções sentenciais. Entre as variáveis que ocorrem em uma dada função sentencial, podemos distinguir — por meio de definições recursivas — variáveis *livres* e *ligadas*. As funções sentenciais sem variáveis livres são chamadas sentenças (cf. Definições 10–12 no §2).

A seguir, definimos ainda outros conceitos que estão intimamente ligados ao caráter dedutivo da ciência sob investigação; a saber, os conceitos de *axioma*, *consequência* e *teorema*. Entre os axiomas incluímos, via de regra, certas sentenças lógicas que são construídas de maneira similar à usada para a primeira espécie de axiomas do cálculo de classes (cf. §2, Definição 13). Além disso, a definição de axioma depende inteiramente das peculiaridades individuais da ciência investigada e, algumas vezes, até de fatores acidentais que estão ligados a seu desenvolvimento histórico. Na definição do conceito de consequência, seguimos, *mutatis mutandis*, o padrão do §2. As operações por meio das quais formamos as consequências de uma dada classe de sentenças não diferem em nenhum ponto essencial das operações que foram dadas na Definição 15. As consequências dos axiomas são chamadas *sentenças demonstráveis* ou *teoremas*.

Depois desse trabalho preliminar, voltamo-nos para nossa tarefa principal: a construção de uma definição correta de *sentença verdadeira*. Como vimos no §3, o método de construção disponível pressupõe uma definição de outro conceito de caráter mais geral e que é de fundamental importância para investigações sobre a semântica da linguagem. Refiro-me à noção de *satisfação de uma função sentencial por uma sequência de objetos*. Na mesma seção, tentei esclarecer o significado costumeiro dessa expressão em seu uso ordinário. Indiquei que, ao construir uma definição correta do conceito de satisfação, pode-se fazer uso de definições recursivas. Para tal propósito, é suficiente — relembrando a definição recursiva de função sentencial e tendo em mente o sentido intuitivo das funções sentenciais primitivas e as operações fundamentais sobre expressões — estabelecer dois fatos: (1) quais sequências satisfazem as funções fundamentais; (2) como o conceito de satisfação se comporta sob a aplicação de qualquer uma das operações fundamentais (ou, de modo mais exato: quais sequências satisfazem as funções sentenciais que são obtidas de funções sentenciais dadas por meio de uma das operações fundamentais, supondo que já se tenha estabelecido que sequências satisfazem as funções sentenciais às quais a operação é aplicada). Tão logo tenhamos sucesso em precisar o sentido desse conceito de satisfação, a definição de verdade não apresenta nenhuma dificuldade adicional: as sentenças verdadeiras podem ser definidas como aquelas que são satisfeitas por uma sequência arbitrária de objetos.

Ao realizar o plano que acabamos de esboçar com respeito a várias linguagens concretas, encontramos, não obstante, obstáculos de caráter fundamental — de fato, justamente no ponto onde finalmente tentamos formular a definição correta do conceito de satisfação. Para tornar clara a natureza dessas dificuldades, deve ser discutido primeiro um conceito que até agora não tivemos oportunidade de introduzir, o conceito de *categoria semântica*.

Esse conceito, que devemos a Husserl, foi introduzido em investigações sobre os fundamentos das ciências dedutivas por Leśniewski. Do ponto de vista formal, ele desempenha, na construção de uma ciência, um papel análogo ao do desempenhado pela noção de tipo no sistema *Principia Mathematica* de Whitehead e Russell. Mas, no que diz respeito a origem e conteúdo, corresponde (aproximadamente) bem mais ao conceito — bem conhecido da gramática da linguagem coloquial — de parte da fala. Enquanto a teoria dos tipos foi pensada essencialmente como uma espécie de profilaxia para guardar as ciências dedutivas contra possíveis antinomias, a teoria das categorias semânticas penetra de modo tão profundo em nossas intuições fundamentais quanto à significatividade das expressões, que dificilmente é possível imaginar uma linguagem científica na qual as sentenças

§4. O conceito de sentença verdadeira em linguagens de ordem finita

possuam um significado intuitivo claro mas cuja estrutura não possa ser colocada em harmonia com tal teoria.[61]

Por razões mencionadas no início desta seção, não podemos apresentar aqui uma definição estrutural precisa de categoria semântica, e vamos nos contentar com a seguinte formulação aproximada: duas expressões *pertencem à mesma categoria semântica* se (1) há uma função sentencial que contém uma dessas expressões, e se (2) nenhuma função sentencial que contenha uma dessas expressões deixa de ser uma função sentencial se essa expressão é nela substituída pela outra. Segue-se disso que a relação de pertencer à mesma categoria semântica é reflexiva, simétrica e transitiva. Aplicando-se o princípio de abstração,[62] todas as expressões da linguagem que são partes de funções sentenciais podem ser divididas em classes mutuamente exclusivas, pois duas expressões são postas em uma e mesma classe se e somente se elas pertencem à mesma categoria semântica, e cada uma dessas classes é denominada uma categoria semântica. Entre os exemplos mais simples de categorias semânticas é suficiente mencionar a categoria das funções sentenciais e as categorias que incluem, respectivamente, os nomes de indivíduos, de classes de indivíduos, de relações de dois termos entre indivíduos, e assim por diante. Variáveis (ou expressões com variáveis) que representam nomes das categorias dadas pertencem igualmente à mesma categoria.

Com relação à definição de categoria semântica, surge a seguinte questão: para estabelecer o fato de que duas expressões dadas pertencem a uma e mesma categoria semântica, é necessário considerar todas as possíveis funções sentenciais que contêm uma das expressões dadas e investigar seu comportamento quando uma dessas expressões é substituída pela outra, ou é suficiente fazer essa observação

---

[61] Cf. LEŚNIEWSKI, S. [36], especialmente p.14 e 68; AJDUKIEWICZ, K. [3], p.9 e 148. Do ponto de vista formal a teoria das categorais semânticas é bastante afastada da teoria original de tipos de WHITEHEAD, A. N.; RUSSELL, B. A. W. [85], v.I, p.37ss.; ela difere menos da teoria simplificada de tipos (cf. CHWISTEK, L. [14], p.12–14; CARNAP, R. [7], p.19–22), da qual é uma extensão. Com respeito às opiniões expressas no último parágrafo do texto, compare-se o Pós-escrito a este artigo (p.138).

[62] Cf. CARNAP, R. [7], p.48–50.

em alguns ou mesmo em apenas *um* caso? Do ponto de vista do uso ordinário da linguagem, a segunda possibilidade parece muito mais natural; para que duas expressões pertençam à mesma categoria, é suficiente que exista *uma* função que contenha uma dessas expressões e que permaneça uma função quando essa expressão é substituída pela outra. Esse princípio, que pode ser chamado o *primeiro princípio da teoria das categorias semânticas*, é tomado de maneira estrita como base para a construção das linguagens formalizadas aqui investigadas.[63] Ele é especialmente levado em conta na definição do conceito de função sentencial. Também exerce uma influência essencial na definição da operação de substituição, isto é, em uma daquelas operações com cujo auxílio formamos as consequências de uma classe de sentenças. Pois se desejarmos que essa operação, quando executada em alguma sentença, deva sempre gerar uma nova sentença como resultado, devemos nos restringir a substituir as variáveis apenas por aquelas expressões que pertencem à mesma categoria semântica que as variáveis correspondentes.[64] Intimamente ligada a esse princípio

---

[63] Quando aplicadas a linguagens concretas, as formulações dadas no texto — tanto a definição de categoria semântica quanto o princípio acima mencionado — requerem várias correções e acréscimos. Elas são, em qualquer caso, gerais demais, pois também incluem expressões às quais não atribuímos usualmente significado independente, e que com frequência incluímos nas mesmas categorias semânticas às quais pertencem as expressões significativas (por exemplo, na linguagem do cálculo de classes, as expressões 'N', 'Πx,' e 'A$Ix,x,,$' pertenceriam à mesma categoria semântica); no caso dessas expressões destituídas de significado, pode-se mostrar facilmente que mesmo o primeiro princípio de categorias semânticas perde sua validade. Esse fato, porém, não é de nenhuma importância essencial para nossas investigações, pois iremos aplicar o conceito de categoria semântica não a expressões compostas, mas exclusivamente a variáveis. Por outro lado, os exemplos que iremos encontrar na exposição a seguir mostram que as formulações acima admitem simplificações muito abrangentes em casos concretos. Graças a uma escolha adequada dos símbolos usados na construção das expressões da linguagem, a mera forma do símbolo (e mesmo da expressão composta) decide a qual categoria ele pertence. Em consequência, é possível que, em investigações metodológicas e semânticas a respeito de uma linguagem concreta, o conceito de categoria semântica não ocorra explicitamente de modo algum.

[64] Na linguagem do cálculo de classes, e nas linguagens que vou descrever em maior detalhe a seguir, tais expressões podem apenas ser outras variáveis; isso explica a formulação da Definição 14 no §2.

§4. O conceito de sentença verdadeira em linguagens de ordem finita

está uma lei geral a respeito das categorias semânticas dos funtores formadores de sentença: os funtores de duas funções sentenciais primitivas pertencem à mesma categoria se e somente se o número de argumentos nas duas funções é o mesmo, e se quaisquer dois argumentos que ocupam lugares correspondentes nas duas funções também pertencem à mesma categoria. Disso decorre que, em particular, nenhum símbolo pode ser simultaneamente um funtor de duas funções que possuem um número diferente de argumentos, ou de duas tais funções (mesmo que elas possuam o mesmo número de argumentos) nas quais dois argumentos que ocupam lugares correspondentes pertençam a categorias diferentes.

Precisamos de uma classificação das categorias semânticas; a cada categoria é atribuído um número natural particular, denominado a *ordem da categoria* — ordem que também é atribuída a todas as expressões que pertencem à categoria.[65] O significado desse termo pode ser determinado recursivamente. Para tal propósito, adotamos a seguinte convenção (na qual temos em mente apenas aquelas linguagens das quais trataremos aqui e levamos em conta somente as categorias semânticas das variáveis): (1) a 1ª ordem é atribuída apenas aos nomes de indivíduos e às variáveis que os representam; (2) entre expressões da ordem $n+1$, em que n é um número natural qualquer, incluímos os funtores de todas aquelas funções primitivas cujos argumentos todos são no máximo da ordem n, devendo ser ao menos um deles exatamente da ordem n. Graças à convenção acima, todas as expressões que pertencem a uma dada categoria semântica têm a mesma ordem atribuída a elas, que é portanto denominada a ordem daquela categoria.[66] Por outro lado, a categoria não é de modo algum especificada

---

[65] Cf. CARNAP, R. [7], p.31–32.

[66] Essa classificação não inclui de modo algum todas as categorias semânticas que podem ser encontradas em linguagens formalizadas. Por exemplo, ela não inclui variáveis sentenciais e funtores com sentenças como argumentos — isto é, símbolos que ocorrem no cálculo sentencial — nem inclui funtores que, junto com os argumentos correspondentes, formam expressões que pertencem a uma das categorias distintas de funções sentenciais, tais como os funtores formadores de nome mencionados na p.82, nota 60.

Em vista disso, a definição de ordem dada no texto poderia ser ampliada da seguinte maneira: (1) à 1ª ordem pertencem sentenças, nomes de indivíduos e expres-

pela ordem: todo número natural maior que 1 pode ser a ordem de muitas categorias diferentes. Assim, por exemplo, tanto os nomes de classes de indivíduos quanto os nomes de relações de dois, três e muitos termos entre indivíduos são expressões da 2ª ordem.

É desejável classificar as funções sentenciais da linguagem de acordo com as categorias semânticas das variáveis livres que ocorrem nelas. Diremos que duas funções *possuem o mesmo tipo semântico* se o número de variáveis livres de toda categoria semântica nas duas funções for o mesmo (ou, em outras palavras, se as variáveis livres de uma função podem ser postas em correspondência um a um com as variáveis livres da outra de maneira tal que, a cada variável, corresponde uma variável da mesma categoria). A classe de todas as funções sentenciais que possuem o mesmo tipo que uma dada função denominamos um *tipo semântico*.

Algumas vezes usamos o termo 'categoria semântica' em um sentido derivado, aplicando-o não a expressões da linguagem, mas aos objetos que elas denotam. Tais 'hipóstases' não são inteiramente corretas de um ponto de vista lógico, mas simplificam a formulação de muitas ideias. Dizemos, por exemplo, que todos os indivíduos pertencem à mesma categoria semântica, mas que nenhuma classe ou relação pertence a essa categoria. Da lei geral acima enunciada a respeito de funtores formadores de sentenças, concluímos que duas classes pertencem à mesma categoria se e somente se todos os seus ele-

---

sões que os representam; (2) entre as expressões da ordem $n + 1$ incluímos aqueles funtores com um número arbitrário de argumentos de ordem $\leq n$, que, junto com aqueles argumentos, formam expressões de ordem $\leq n$, mas não são, elas próprias, expressões da ordem n. Mesmo esta definição não cobre ainda todas as expressões significativas que ocorrem nas ciências dedutivas. Nenhum símbolo que 'liga' variáveis se enquadra nesta definição (assim, símbolos tais como os quantificadores universal e existencial, os símbolos 'Σ' e 'Π' da teoria de conjuntos e da análise, ou o símbolo de integral), símbolos que — ao contrário dos funtores — podem ser chamados *operadores*. (Com relação a isso, von Neumann fala de *abstrações*, ver VON NEUMANN, J. [82].) Por outro lado, a última classificação é completamente adaptada do sistema inventado por Leśniewski e esboçado por ele em LEŚNIEWSKI, S. [36] e [37]. Esse sistema não contém operadores, exceto o quantificador universal que não pertence a nenhuma categoria semântica. Posso acrescentar que, em minha opinião, a falta de operadores no sistema de Leśniewski constitui uma deficiência que restringe, em certo grau, seu caráter 'universal' (no sentido da p.79, nota 57).

§4. O conceito de sentença verdadeira em linguagens de ordem finita

mentos pertencem a uma e mesma categoria. Duas relações de dois termos pertencem à mesma categoria se e somente se seus domínios pertencem à mesma categoria e seus contradomínios pertencem à mesma categoria. Em particular, duas sequências pertencem à mesma categoria se e somente se todos os seus termos pertencem à mesma categoria. Uma classe e uma relação, ou duas relações com números diferentes de termos nunca pertencem à mesma categoria. Segue--se também que não pode haver nenhuma classe cujos elementos pertençam a duas ou mais categorias semânticas; de modo análogo, não pode haver nenhuma sequência cujos termos pertençam a categorias semânticas distintas. Indivíduos são às vezes chamados de objetos de 1ª ordem; classes de indivíduos e relações entre indivíduos, objetos de 2ª ordem, e assim por diante.

A linguagem de um sistema completo de lógica deveria conter — atual ou potencialmente — todas as categorias semânticas possíveis que ocorrem nas linguagens das ciências dedutivas. Esse fato, precisamente, dá à linguagem mencionada um certo caráter 'universal', e é um dos fatores aos quais a lógica deve sua importância fundamental para a totalidade do conhecimento dedutivo. Em vários sistemas fragmentários de lógica, bem como em outras ciências dedutivas, a multiplicidade das categorias semânticas pode sofrer restrição significativa tanto em seu número quanto em sua ordem. Como veremos, o grau de dificuldade a superar na construção de uma definição correta de verdade para uma dada linguagem concreta depende, em primeiro lugar, dessa multiplicidade das categorias semânticas que aparecem na linguagem, ou, mais exatamente, de se as expressões, e especialmente as variáveis da linguagem, pertencem a um número finito ou infinito de categorias e, no último caso, se as ordens de todas essas categorias são limitadas superiormente ou não. Desse ponto de vista, podemos distinguir quatro tipos de linguagem: (1) linguagens em que todas as variáveis pertencem a uma e mesma categoria semântica; (2) linguagens em que o número de categorias nas quais as variáveis são incluídas é maior do que 1 mas finito; (3) linguagens em que as variáveis pertencem a infinitamente muitas categorias diferentes mas a ordem dessas variáveis não excede um número natural n previamente dado; e finalmente (4) linguagens que contêm variáveis de ordem arbitrariamente alta. Denominaremos as linguagens dos primeiros três tipos *linguagens de ordem finita*, ao contrário das linguagens do quarto tipo, as *linguagens de ordem infinita*. As linguagens de ordem finita poderiam ser ainda divididas em linguagens de 1ª, 2ª ordem, e assim por diante, de acordo com a ordem mais alta das variáveis que ocorrem na linguagem. Por meio de um acréscimo ao esboço da construção de uma metateoria dado no começo desta seção, deve-se notar aqui que a metalinguagem, com base na qual a investigação é conduzida, deve ser provida ao menos de todas as categorias semânticas que estão representadas na linguagem estudada. Isso é necessário se deve ser possível traduzir qualquer expressão da linguagem na metalinguagem.[67]

Do ponto de vista da estrutura lógica, as linguagens do primeiro tipo são obviamente as mais simples. A linguagem do cálculo de classes é um exemplo típico. Vimos no §3 que, para essa linguagem, a definição da satisfação de uma função sentencial por uma sequência de objetos, e assim a definição de sentença verdadeira, não apresentam grandes dificuldades. O método de construção lá esboçado pode ser aplicado por inteiro a outras linguagens de primeira ordem. É claro que ao fazer isso podem ocorrer certos pequenos desvios nos detalhes. Entre outras coisas, pode ser necessário operar não com sequências de classes, mas com sequências de outras espécies, por exemplo, com sequências de indivíduos ou de relações, de acordo com a interpretação pretendida e com as categorias semânticas das variáveis que ocorrem na linguagem.[68]

Um exemplo particularmente simples de uma linguagem do primeiro tipo digna de atenção é a linguagem do cálculo sentencial ordinário ampliada pela introdução dos quantificadores universal e existencial. A simplicidade dessa linguagem encontra-se, entre outros aspectos, no fato de o conceito de variável coincidir com o con-

---

[67] Aqui, *mutatis mutandis*, também se aplicam as observações da p.80, nota 58.
[68] Certas complicações, que não vou discutir aqui, surgem se, em adição a variáveis, expressões compostas da mesma categoria semântica também ocorrem na linguagem investigada; a linguagem completa do cálculo de classes que foi mencionada na p.36, nota 14, serve como exemplo, ou a linguagem de um sistema de aritmética investigado em PRESBURGER, M. [48] (cf. também p.81, nota 59).

§4. O conceito de sentença verdadeira em linguagens de ordem finita

ceito de função sentencial primitiva. Na metateoria do cálculo sentencial, podem ser dadas duas definições diferentes de teorema demonstrável, cuja equivalência não é de modo algum evidente: uma é baseada no conceito de consequência e é análoga às Definições 15–17 do §2; a outra está ligada ao conceito de matriz bivalente. Em virtude dessa segunda definição, podemos facilmente determinar se alguma sentença é demonstrável desde que sua estrutura seja conhecida.[69] Se construirmos para essa linguagem uma definição de sentença verdadeira estritamente de acordo com o padrão explicitado no §3, poderemos facilmente nos convencer de que ela representa uma transformação simples da segunda dessas definições de sentença demonstrável, e assim os termos 'teorema demonstrável' e 'sentença verdadeira' adquirem neste caso a mesma extensão. Este fato nos fornece, entre outras coisas, um critério estrutural geral para a verdade das sentenças dessa linguagem. O método de construção formulado no presente trabalho poderia assim ser considerado, em certo sentido, uma generalização do método de matrizes, que é familiar às investigações do cálculo sentencial.

Dificuldades sérias surgem apenas quando consideramos linguagens de estrutura mais complexa, por exemplo, linguagens do 2º, 3º e 4º tipos. Precisamos agora analisar tais dificuldades e descrever os métodos que nos permitem, ao menos parcialmente, superá-las. Para tornar a exposição tão clara e precisa quanto possível, vou discutir de maneira um pouco mais detalhada algumas linguagens formalizadas concretas, uma de cada tipo. Tentarei escolher os exemplos mais simples, que sejam livres de todas as complicações menos essenciais e subordinadas e, ao mesmo tempo, suficientemente típicos para exibir as dificuldades mencionadas em sua extensão total e forma mais notável.

A linguagem da *lógica das relações de dois termos* servirá como exemplo de uma linguagem de segunda ordem.[70] As únicas cons-

---

[69] Cf. HILBERT, D.; ACKERMANN, W. [27], p.84–5; ŁUKASIEWICZ, J. [40], p.154ss.; TARSKI, A. [72], §4.
[70] Esse é um fragmento da linguagem da álgebra de relações cujos fundamentos são apresentados em Schröder, E. [51], v.III — um fragmento que, não obstante, é suficiente para exprimir todas as ideias que podem ser formuladas nessa linguagem.

tantes dessa linguagem são o símbolo de negação 'N', o símbolo de soma lógica 'A', e o quantificador universal 'Π'. Como variáveis, podemos usar os símbolos '$x_{\prime}$', '$x_{\prime\prime}$', '$x_{\prime\prime\prime}$', ... e '$X_{\prime}$', '$X_{\prime\prime}$', '$X_{\prime\prime\prime}$', ... O símbolo composto do símbolo 'x' e de k traços adicionais é chamado a k-ésima *variável de 1ª ordem*, e é denotado pelo símbolo 'v_k'. O símbolo analogamente construído com o símbolo 'X' é chamado a k-ésima *variável de 2ª ordem*, simbolicamente 'V_k'. As variáveis de 1ª ordem representam nomes de indivíduos, enquanto as de 2ª ordem nomes de relações de dois termos entre indivíduos. Do ponto de vista material e também — de acordo com a descrição adicional da linguagem — do ponto de vista formal, os símbolos 'v_k' e 'V_k' pertencem a duas categorias semânticas distintas. Expressões da forma 'Xyz' são consideradas funções sentenciais primitivas, enquanto que no lugar de 'X' pode aparecer qualquer variável de 2ª ordem, e em lugar de 'y' e 'z', quaisquer variáveis de 1ª ordem. Essas expressões são lidas assim: 'o indivíduo y está na relação X com o indivíduo z' e são denotadas — de acordo com a forma das variáveis — pelos símbolos '$\rho_{k,l,m}$'. Pelo uso do símbolo '$\frown$' do §2 especificamos que $\rho_{k,l,m} = (V_k \frown v_l) \frown v_m$. As definições das operações fundamentais sobre expressões, bem como aquelas de função sentencial, sentença, consequência, sentença demonstrável, e assim por diante, são inteiramente análogas às definições do §2. Mas deve-se sempre ter em mente que, nessa linguagem, aparecem duas categorias distintas de variáveis e que as expressões $\rho_{k,l,m}$ desempenham o papel das inclusões $\iota_{k,l}$. Com relação ao primeiro fato, temos de considerar não *uma* operação de quantificação (Definições 6 e 9) mas *duas* operações análogas: com respeito a uma variável de 1ª ordem, bem como com respeito a uma variável de 2ª ordem, cujos resultados são denotados pelos símbolos '$\bigcap_k' x$' e '$\bigcap_k'' x$' ou '$\bigcup_k' x$' e '$\bigcup_k'' x$', respectivamente. Em correspondência, haverá duas operações de substituição. Entre os axiomas da lógica de relações incluímos, as sentenças que satisfazem a condição (α) da Definição 13, isto é, substituições dos axiomas do cálculo sentencial, quantificações universais dessas substituições e também todas as sentenças que são quantificações universais de expressões do tipo

$$\bigcup_k'' \bigcap_l' \bigcap_m' (\rho_{k,l,m} \cdot y + \overline{\rho_{k,l,m}} \cdot \bar{y}),$$

§4. O conceito de sentença verdadeira em linguagens de ordem finita

nas quais k, l e m são quaisquer números naturais ($l \neq m$) e y qualquer função sentencial na qual a variável livre V_k não ocorre. Considerando seu significado intuitivo, os axiomas da última categoria poderiam ser denominados *pseudodefinições*.[71]

Para obter uma definição correta de satisfação com relação à linguagem que estamos considerando, devemos primeiro ampliar nosso conhecimento desse conceito. No primeiro estágio da operação, falamos da satisfação de uma função sentencial por um, dois, três objetos, e assim por diante, de acordo com o número de variáveis livres que ocorrem na função dada (cf. p.57ss). Do ponto de vista semântico, o conceito de satisfação tinha lá um caráter fortemente ambíguo: ele incluía relações com um número diverso de termos, relações cujo domínio último era uma classe de funções sentenciais, enquanto os outros domínios — no caso da linguagem do cálculo de classes — consistiam em objetos de uma e mesma categoria, a saber, classes de indivíduos. Estritamente falando, estávamos lidando não com *um* conceito, mas com um número infinito de conceitos análogos, pertencendo a diferentes categorias semânticas. Se tivéssemos formalizado a metalinguagem, teria sido necessário usar infinitamente muitos termos distintos em vez de *um* termo 'satisfaz'. A ambiguidade semântica desse conceito aumenta quando passamos a linguagens de estrutura lógica mais complexa. Se continuarmos as considerações intuitivas do §3, analisarmos os exemplos que foram dados lá e construirmos novos exemplos com o mesmo padrão, logo ficará claro que existe uma correlação semântica estrita entre as variáveis livres das funções sentenciais e os objetos que satisfazem essas funções: toda variável livre pertence à mesma categoria semântica que o nome do objeto a ela correspondente. Se, portanto, ao menos duas categorias diferentes ocorrem entre as variáveis da linguagem — como no

---

[71] Devemos esse termo a Leśniewski, que chamou atenção para a necessidade de incluir pseudodefinições entre os axiomas das ciências dedutivas naqueles casos nos quais a formalização da ciência não admite a possibilidade de construir definições adequadas (cf. p.34, nota 9). Pseudodefinições podem ser consideradas um substituto para o *axioma da redutibilidade* de WHITEHEAD, A. N.; RUSSELL, B. A. W. [85], v.I, p.55ss. Não seria difícil mostrar a conexão entre essas sentenças e um grupo de axiomas adotados em VON NEUMANN, J. [82], p.18.

caso que estamos investigando — não é suficiente restringir a consideração ao lidar com o conceito de satisfação a apenas uma única categoria de objetos. Os domínios das relações isoladas que estão na abrangência do termo 'satisfação' deixam assim de ser semanticamente não ambíguos (apenas o último domínio consiste, como antes, exclusivamente em funções sentenciais). Porém, uma vez que a categoria semântica de uma relação não depende apenas do número de domínios, isto é, do número de termos que estão na relação um com o outro, mas também da categoria desses domínios, a categoria do conceito de satisfação, ou melhor, a categoria de cada um desses conceitos, também depende de duas circunstâncias. Depende do número e também das categorias das variáveis livres que aparecem nas funções sentenciais às quais o conceito de satisfação se relaciona. Para resumir, depende daquilo que denominamos o tipo semântico da função sentencial. A funções que pertencem a dois tipos distintos correspondem sempre dois conceitos semanticamente distintos de satisfação.[72] Alguns exemplos vão tornar isso mais claro. Diremos que os objetos R, a e b satisfazem a função $\rho_{1,2,3}$ se e somente se R é uma relação, a e b são indivíduos e temos aRb (isto é, a está na relação R com b). A função $\rho_{1,2,2} \cdot \rho_{3,2,2}$ é satisfeita pelos objetos R, a e S se e somente se R e S são relações, a é um indivíduo e temos tanto aRa quanto aSa. A função $\bigcap_2' \bigcap_3' (\overline{\rho_{1,2,3}} + \rho_{1,3,2})$ é satisfeita por relações simétricas e apenas por elas, isto é, por relações tais que, para todos os indivíduos a e b, se temos aRb, então também temos sempre bRa. A função $\bigcap_1'' (\overline{\rho_{1,2,3}} + \rho_{1,3,2})$ é satisfeita por aqueles, e apenas aqueles, indivíduos a e b que satisfazem a seguinte condição: para toda relação R, se aRb, então bRa, isto é, indivíduos que são idênticos. Nos exemplos acima, temos funções sentenciais que pertencem a quatro tipos semânticos diferentes, e estamos, portanto, lidando com quatro relações de satisfação diferentes, apesar do fato de o número de variáveis livres e também o número de termos nas relações ser o mesmo nos dois primeiros exemplos.

---

[72] Além do mais, funções de *um* tipo semântico podem corresponder a vários conceitos semanticamente distintos de satisfação, desde que as variáveis livres dessas funções pertençam a pelo menos duas categorias semânticas distintas; além do número e das categorias das variáveis, seu arranjo deve ser também levado em consideração.

§4. O conceito de sentença verdadeira em linguagens de ordem finita

A ambiguidade semântica ligada ao conceito de satisfação em sua concepção original impossibilita uma caracterização exata desse conceito em uma única sentença, ou mesmo em um número finito de sentenças, e assim nos nega o uso do único método até agora conhecido por nós para construir uma definição de sentença verdadeira. A fim de evitar essa ambiguidade, ao tratar do cálculo de classes pudemos recorrer a um artifício usado por lógicos e matemáticos em situações similares. Em vez de usar infinitamente muitos conceitos de satisfação de uma função sentencial por objetos isolados, tentamos operar com o conceito semanticamente uniforme, ainda que algo artificial, de satisfação de uma função por uma sequência de objetos. Acontece que esse conceito é suficientemente mais geral que o prévio para incluí-lo — falando intuitivamente — como um caso especial (definir a natureza lógica dessa inclusão iria, contudo, ser um pouco difícil). Ver-se-á facilmente que esse método não pode ser aplicado ao presente problema sem dificuldades adicionais. Satisfação, em sua nova forma, é uma relação de dois termos, cujo domínio consiste em sequências, e cujo contradomínio, em funções sentenciais. Como antes, existe uma correlação semântica estrita entre as variáveis livres de uma função sentencial e os termos correspondentes das sequências que a satisfazem. Assim, se a linguagem da lógica de relações contém variáveis de duas categorias semânticas diferentes, devemos igualmente usar duas categorias de sequências em nossas investigações. Por exemplo, a função $\bigcap_2' \bigcap_3' (\overline{\rho_{1,2,3}} + \rho_{1,3,2})$ é satisfeita exclusivamente por sequências de relações de dois termos entre indivíduos (a saber, por aquelas, e apenas aquelas, sequências F cujo primeiro termo F_1 é uma relação simétrica). Mas a função $\bigcap_1'' (\overline{\rho_{1,2,3}} + \rho_{1,3,2})$ é satisfeita exclusivamente por sequências de indivíduos (isto é, por sequências f para as quais vale $f_2 = f_3$). O domínio da relação de satisfação e mesmo a própria relação tornam-se, assim, mais uma vez semanticamente ambíguos. Estamos novamente lidando não com um, mas com pelo menos dois conceitos diferentes de satisfação. Pior ainda, uma análise mais detalhada mostra que a nova interpretação do conceito de satisfação não pode continuar a ser mantida como um todo. Pois uma e mesma função sentencial frequentemente contém variáveis livres de duas categorias diferentes. Para lidar com tais funções, devemos operar com sequências cujos termos pertençam igualmente a duas categorias. O primeiro termo, por exemplo, da sequência que satisfaz a função $\rho_{1,2,3}$ deve ser uma relação, mas os dois seguintes devem ser indivíduos. Contudo, sabemos que a teoria das categorias semânticas não permite a existência de tais sequências heterogêneas; consequentemente, a concepção inteira colapsa. Assim, mudar a interpretação original do conceito de satisfação removeu apenas *uma* causa subsidiária de sua ambiguidade: a diversidade no número de termos nas relações que são o objeto do conceito. Outro fator bem mais importante, a diversidade semântica dos termos das relações, não perdeu nada de sua força.

No entanto, os métodos usados no §3 podem ser aplicados à linguagem agora investigada, embora com certas modificações. Nesse caso, também é possível encontrar uma interpretação do conceito de satisfação na qual essa noção perde sua ambiguidade semântica e, ao mesmo tempo, torna-se tão geral que inclui todos os casos especiais do conceito original. De fato, estão disponíveis dois métodos diferentes; vou denominá-los o *método das sequências de muitas colunas* e o *método da unificação semântica das variáveis*.

O primeiro método requer que tratemos a satisfação não como uma relação de dois termos, mas como uma relação ternária que vale entre sequências de indivíduos, entre sequências de duas relações binárias e entre funções sentenciais. Usamos o seguinte modo de expressão: 'a sequência f de indivíduos e a sequência F de relações satisfazem, juntas, a função sentencial x'. O conteúdo dessa frase pode ser facilmente visualizado por meio de exemplos concretos, como: a sequência f de indivíduos e a sequência F de relações satisfazem juntas a função $\rho_{1,2,3}$ se e somente se o indivíduo f_2 está na relação F_1 com o indivíduo f_3. Para formular uma definição geral, procedemos exatamente como na Definição 22 do §3, cuidando em lembrar que, na linguagem ora considerada, as expressões $\rho_{k,l,m}$ desempenham o papel de funções sentenciais primitivas e que, em vez de *uma* operação de quantificação sentencial, ocorrem *duas* operações relacionadas. A definição de sentença verdadeira é completamente análoga à Definição 23.

Esse método pode ser agora modificado, em certa medida, tra-

§4. O conceito de sentença verdadeira em linguagens de ordem finita 97

tando-se a satisfação como uma relação binária entre as chamadas sequências de duas colunas e as funções sentenciais. Cada par ordenado que consiste em duas sequências f e F é denominado uma *sequência de duas colunas* (ou *matriz de duas colunas*), em que o k--ésimo termo da sequência f ou da sequência F é chamado o k-ésimo termo da primeira ou segunda coluna, respectivamente, da sequência de duas colunas. No caso presente, temos de lidar com pares ordenados que consistem em uma sequência de indivíduos e em uma sequência de relações. Pode-se ver facilmente que essa modificação é puramente formal e não exerce efeito essencial na construção como um todo. É a essa modificação do método que é adaptado o termo 'método de sequências de várias colunas'.

Para compreender o método de unificação semântica das variáveis, começamos com certas considerações que não estão imediatamente ligadas à linguagem que estamos agora investigando. Sabe-se que a toda variável individual a pode ser correlacionada uma relação binária determinada a^* de tal maneira que a dois indivíduos distintos correspondam duas relações distintas. Para tal propósito é suficiente tomar como a^* um par ordenado cujos termos são idênticos com a, isto é, a relação R que vale entre dois indivíduos b e c se e somente se $b = a$ e $c = a$. Com base nessa correlação, podemos agora fazer uma correspondência um a um entre toda classe de indivíduos e uma classe de relações, entre toda relação de vários termos entre indivíduos e uma relação correspondente entre relações, e assim por diante. Por exemplo, a qualquer classe de indivíduos A corresponde uma classe A^* de todas aquelas relações a^* que estão correlacionadas com os elementos a da classe A. Assim, toda sentença a respeito de indivíduos pode ser transformada em uma sentença equivalente a respeito de relações.

Mantendo esses fatos em mente, retornamos à linguagem da lógica de relações e mudamos a interpretação intuitiva das expressões dessa linguagem sem tocar de maneira alguma sua estrutura formal. Todas as constantes reterão seu significado prévio, enquanto todas as variáveis, tanto de 1ª quanto de 2ª ordem, vão agora representar nomes de relações binárias. Às funções sentenciais primitivas do tipo 'Xyz', nas quais, em lugar de 'X', ocorre alguma variável 'V_k' e, em lugar de 'y' e 'z', ocorrem duas variáveis quaisquer v_l e v_m, atribuímos o seguinte significado: 'existem indivíduos a e b tais que a está na relação X com b, $y = a^*$ e $z = b^*$'. Dessa maneira, o significado das funções sentenciais compostas será igualmente modificado. É quase imediatamente evidente que toda sentença verdadeira ou falsa na interpretação anterior vai permanecer verdadeira ou falsa, respectivamente, na nova. Em virtude dessa nova interpretação, todas as variáveis da linguagem agora pertencem a uma e mesma categoria semântica, de fato, não do ponto de vista formal, mas do intuitivo; elas representam palavras da mesma 'parte da fala'. Em consequência, a linguagem que estamos considerando pode ser investigada exatamente pelos mesmos métodos que todas as linguagens do primeiro tipo; em particular, a satisfação pode ser tratada como uma relação binária entre sequências de relações e funções sentenciais. Ao mesmo tempo, surge uma complicação de natureza técnica — ainda que não importante. Uma vez que duas variáveis de ordens diferentes, mas de mesmo índice, por exemplo v_l e V_l, podem ocorrer na mesma função sentencial, não fica claro, sem estipulações suplementares, quais termos da sequência devem corresponder às variáveis de 1ª ordem e quais às de 2ª ordem. Para superar essa dificuldade, vamos estipular que a toda variável v_k corresponde um índice ímpar $2 \cdot k - 1$, e a toda variável V_k, um termo com um índice par $2 \cdot k$. Por exemplo, a sequência F de relações satisfaz a função $\rho_{k,l,m}$ se e somente se há indivíduos a e b tais que a está na relação $F_{2 \cdot k}$ com b, $F_{2 \cdot l - 1} = a^*$ e $F_{2 \cdot m - 1} = b^*$. Fora esse detalhe, as definições de satisfação e de sentença verdadeira não diferem em nenhum ponto essencial das definições dadas no §3.

Os dois métodos descritos podem ser aplicados a linguagens do segundo tipo.[73] Se as variáveis da linguagem estudada pertencem a

---

[73] Isso vale mesmo para linguagens nas quais ocorrem variáveis que não estão incluídas na classificação da p.87 (cf. p.87, nota 66). Não vou tratar de certas dificuldades (não particularmente importantes) que podem ocorrer aqui. Mas uso essa oportunidade para mencionar que variáveis sentenciais, mesmo se ocorrem na linguagem, não complicam a construção de modo algum, e que, em particular, não valeria a pena incluí-las no processo de unificação semântica. Sentenças que contêm tais variáveis podem ser excluídas correlacionando a cada uma delas, de um modo um para muitos, uma sentença equivalente que não contém variáveis sentenciais (cf. HILBERT, D.; ACKERMANN, W. [27], p.84–5.

§4. O conceito de sentença verdadeira em linguagens de ordem finita

n categorias semânticas diferentes, consideramos a satisfação — segundo o método das sequências de muitas colunas — como uma relação de $n + 1$ termos valendo entre n sequências das categorias correspondentes e as funções semânticas, ou como uma relação de dois termos cujo domínio consiste em sequências de n colunas (isto é, ênuplas ordenadas de sequências ordinárias) e cujo contradomínio consiste em funções sentenciais. Construções baseadas nesse método formam a generalização mais natural das construções do §3 e sua correção material parece não deixar dúvidas.

Ao aplicar o método de unificação semântica das variáveis, desempenha um papel essencial a escolha da *categoria unificadora*, isto é, aquela categoria semântica na qual todas as variáveis da linguagem estudada podem ser interpretadas. Apenas uma coisa é requerida da categoria unificadora: que, com todos os objetos de toda categoria semântica que é representada pelas variáveis da linguagem dada, objetos efetivos da categoria escolhida possam ser correlacionados em uma maneira um a um (isto é, de modo que a distintos objetos correspondam objetos distintos). Não obstante, a escolha da categoria unificadora não é sempre tão simples como no exemplo discutido acima em conexão com a linguagem da lógica de relações; essa escolha não pode sempre ser feita com base nas categorias que ocorrem na linguagem. Se, por exemplo, as variáveis da linguagem representam nomes de relações binárias entre indivíduos e nomes de classes que consistem em classes de indivíduos, então a categoria unificadora mais simples parece ser a categoria das relações binárias entre classes de indivíduos. Não proponho entrar em uma análise adicional desse problema (isso pressuporia um conhecimento de certos fatos pertencentes à teoria de conjuntos). Acrescento apenas as seguintes observações: (1) a categoria unificadora não pode ser de ordem menor que qualquer uma das categorias que ocorrem na linguagem; (2) para cada linguagem do segundo tipo, pode ser encontrada uma categoria unificadora, até mesmo infinitamente muitas tais categorias e, na verdade, entre categoria da n-ésima ordem, em que n é a mais alta ordem das variáveis que ocorrem na linguagem. Tão logo a categoria unificadora seja especificada e as funções sentenciais primitivas correspondentes interpretadas, o decurso adicional do trabalho não difere em nada dos métodos de construção usados para linguagens do primeiro tipo.

Ao contrário do método de sequências de muitas colunas, não há dúvida de que o segundo método é algo artificial. No entanto, as definições construídas por este método mostram-se, em uma análise mais detalhada, ser intuitivamente evidentes em grau pouco menor que as construções baseadas no primeiro método. Ao mesmo tempo, elas têm a vantagem de uma maior simplicidade lógica. Em particular, quando se trata da definição de sentença verdadeira, a prova da equivalência de suas duas formulações não apresenta dificuldades em nenhum caso concreto. As vantagens essenciais do método de unificação das variáveis tornam-se claras, contudo, apenas na investigação de linguagens da terceira espécie, uma vez que o método de sequências de muitas colunas mostra-se ali completamente inútil.

Como exemplo típico de uma linguagem da terceira espécie, escolhemos a linguagem da *lógica das relações de vários termos*.[74] Nessa ciência tratamos com as mesmas constantes 'N', 'A', e 'Π' e com as mesmas variáveis de 1ª ordem v_k, como na lógica das relações de dois termos. Mas também encontramos aqui variáveis de 2ª ordem em maior multiplicidade que antes. Como variáveis deste tipo, usaremos símbolos tais como 'X'_l', 'X'_{ll}', 'X'_{lll}', ..., 'X''_l', 'X''_{ll}', 'X''_{lll}', ..., 'X'''_l', 'X'''_{ll}', 'X'''_{lll}', ..., e assim por diante. O símbolo composto construído a partir do sinal 'X' com k pequenos traços abaixo e l tais traços acima será denominado o *k-ésimo funtor variável com l argumentos* e denotado por 'V^l_k'. Intuitivamente interpretadas, as variáveis v_k representam, como antes, nomes de indivíduos, enquanto que as variáveis V^l_k representam nomes de relações de l-termos entre indivíduos, em particular, para $l = 1$, nomes de relações unárias, isto é, nomes de classes. Tanto do ponto de vista intuitivo quanto do formal, os símbolos v_k, V^1_k, V^2_k, ... pertencem a infinitamente muitas categorias semânticas distintas da 1ª e da 2ª ordens, respectivamente. As funções sentenciais primitivas são expressões do tipo '$Xxy...z$', nas

---

[74] Essa é uma linguagem que se parece com a linguagem do cálculo de predicados de primeira ordem de HILBERT, D.; ACKERMANN, W. [27], p.43ss, mas é mais rica que a última porque funtores variáveis podem ocorrer nela como variáveis tanto livres quanto ligadas.

§4. *O conceito de sentença verdadeira em linguagens de ordem finita*   101

quais, em lugar de 'X' ocorre qualquer funtor variável com l argumentos e em lugar de 'x', 'y',...,'z' ocorrem variáveis de primeira ordem, em número l. Essas expressões são lidas como segue: 'a relação de l termos X vale entre os l indivíduos $x, y, \ldots, z$'. De acordo com o número e a forma das variáveis, denotamos as funções primitivas pelos símbolos '$\rho_{k,m}$', '$\rho_{k,m,n}$', ..., estabelecendo que $\rho_{k,m} = V_k^1 \frown v_m$, $\rho_{k,m,n} = (V_k^2 \frown v_m) \frown v_n$, e assim por diante. Para obter um simbolismo unificado que seja independente do número de variáveis, usaremos símbolos do tipo '$\rho_{k,p}^l$' (em que 'p' representa o nome de uma sequência finita de números naturais) cujo significado é determinado pela fórmula $\rho_{k,p}^l = (((V_k^l \frown v_{p_1}) \frown v_{p_2}) \frown \ldots) \frown v_{p_l}$.[75] As definições adicionais da metateoria não diferem de modo algum das definições análogas relacionadas com a lógica das relações binárias e mesmo com o cálculo de classes. Como operações de quantificação, introduzimos quantificação a respeito das variáveis v_k e das variáveis V_k^l e denotamos o resultado das operações pelos símbolos '$\bigcap_k x$' e '$\bigcap_k^l x$', respectivamente. A lista de axiomas inclui aqueles que satisfazem a condição (α) da Definição 13 do §2, e pseudodefinições que formam uma generalização natural das pseudodefinições da lógica das relações de dois termos. Uma descrição mais detalhada delas parece ser desnecessária.

Voltamo-nos agora para o problema de como o conceito de satisfação deve ser concebido e a definição de verdade construída para a linguagem que estamos considerando. Qualquer tentativa de aplicar o método de sequências de muitas colunas a esse caso falha completamente. Nesse método, o termo 'satisfação' — seja lá em que forma — expressa a relação de dependência entre n sequências de várias categorias e as funções sentenciais, em que n é exatamente igual ao número de categorias semânticas representadas pelas variáveis da linguagem dada. No caso que estamos investigando, o número n é indefinidamente grande, e a metalinguagem que estamos usando — como todas as outras linguagens formalizadas realmente existentes — não fornece nenhum meio para lidar com a relação de dependência mú-

---

[75] Estritamente falando, o significado do símbolo '$\rho_{k,p}^l$' deveria ser definido recursivamente.

tua entre objetos que pertencem a infinitamente muitas categorias semânticas distintas.[76]

O método de unificação semântica das variáveis pode, contudo, ser aplicado a essa linguagem com sucesso completo. Para verificar isso, é suficiente observar que podemos fazer corresponder, de maneira biunívoca, toda relação de n termos R entre indivíduos a uma classe R^* que consiste em sequências n-árias de indivíduos — a saber, a classe de todas as sequências f que satisfazem a condição seguinte: a relação R vale entre os indivíduos $f_1, f_2, \ldots, f_n$. Por exemplo, a classe de todas as sequências f com dois termos f_1 e f_2 tais que $f_1 R f_2$ corresponde à relação de dois termos R. Consequentemente, toda sentença que diz respeito a relações de muitos termos pode ser transformada em uma sentença equivalente que afirma algo sobre classes de sequências. Recordemos que por sequência de indivíduos queremos dizer relações de dois termos entre indivíduos e números naturais. De acordo com isso, todas as sequências de indivíduos, seja lá qual for o número de seus termos, pertencem a uma e mesma categoria semântica e, portanto, as classes dessas sequências, ao contrário das relações de muitos termos, pertencem igualmente a uma e mesma categoria.

Com base nessas considerações, unificamos agora parcialmente as categorias semânticas das variáveis, da maneira exposta a seguir. Às variáveis v_k atribuímos — ao menos provisoriamente — o mesmo significado que antes. Mas as variáveis V_k^l agora representam os nomes de quaisquer classes que consistem em sequências finitas de indivíduos ou outros objetos da mesma categoria (isto é, os nomes de objetos, pelo menos da 3ª ordem, de acordo com a ordem que atribuímos aos números naturais).[77] As funções primitivas da forma '$Xxy \ldots z$',

---

[76] Naqueles casos em que, nas construções lógicas e matemáticas, lidamos com a dependência mútua entre um número arbitrário de objetos, não previamente determinado, de uma e a mesma categoria semântica, o que mais usamos são sequências ordinárias. Para objetos que pertencem a um número finito de categorias distintas, as sequências de muitas colunas preenchem uma função análoga. Mas, nas linguagens formalizadas conhecidas, não encontramos nada como 'sequências com infinitamente muitas colunas' (de categorias semânticas distintas).

[77] Em sistemas de lógica matemática, por exemplo, em WHITEHEAD, A. N.; RUSSELL, B. A. W. [85], v.II, p.4ss, os números cardinais, e em particular os números naturais, são usualmente tratados como classes que consistem em classes de indi-

§4. *O conceito de sentença verdadeira em linguagens de ordem finita*

que começam com um funtor com l argumentos e, portanto, contêm l variáveis da 1ª ordem, são interpretadas por frases do tipo: 'a sequência de indivíduos cujo primeiro termo é x, o segundo y, ... e o l-ésimo (o último) é z, pertence à classe X, que consiste em sequências de l termos'. Do ponto de vista intuitivo, embora não do formal, as variáveis, de agora em diante, ainda pertencem a apenas duas categorias semânticas distintas. Em vista dessa circunstância, podemos usar, no decurso adicional de nosso trabalho, os mesmos métodos que empregamos ao investigar linguagens da 2ª espécie.

Por meio da frase 'a sequência f de indivíduos e a sequência F, cujos termos formam classes de sequências finitas de indivíduos, satisfazem juntamente a função sentencial dada', podemos fazer uso do método de sequências de muitas colunas. Para usar essa concepção consistentemente devemos primeiro estabelecer uma correlação um a um entre as variáveis V_k^l e os termos da sequência F de tal maneira que termos com índices diferentes correspondam a variáveis diferentes. Isso é facilmente realizado colocando-se toda variável V_k^l em correspondência com um termo que tenha o índice $(2, k-1) \cdot 2^{l-1}$. Por exemplo, os termos $F_1, F_3, F_5, F_2, F_6, F_4, \ldots$ correspondem às variáveis $V_1^1, V_2^1, V_3^1, V_1^2, V_2^2, V_1^3, \ldots$[78] Com essa convenção, o estabelecimento do significado da frase acima em sua aplicação a qualquer função sentencial concreta, e mesmo a construção de uma definição geral do conceito em questão, não apresenta dificuldades adicionais. Assim, a respeito das funções primitivas, aquelas e apenas aquelas sequências f e F (das categorias dadas acima) irão satisfazer conjuntamente a função $\rho_{k,m}$ que satisfaz a seguinte condição: a sequência g de indivíduos, cujo único termo g_1 é idêntico a f_m, pertence à classe $F_{2 \cdot k-1}$. De maneira análoga, aquelas funções f e F irão conjuntamente

---

víduos (ou outros objetos) — a saber, as classes de todas aquelas classes que são similares (no sentido dos *Principia Mathematica*) a uma dada classe. Por exemplo, o número 1 é definido como a classe de todas as classes que têm exatamente um elemento. Nessa concepção, os números naturais são assim objetos (pelo menos) da 3ª ordem, sequências de indivíduos, da 4ª, e classes dessas sequências, da 5ª ordem.

[78] Em lugar da função $f(k, l) = (2 \cdot k - 1) \cdot 2^{l-1}$, poderíamos usar qualquer outra função $f(k, l)$ que correlacionasse os números naturais de maneira um a um com pares ordenados de números naturais. A teoria de conjuntos apresenta muitos exemplos de tais correlações; cf. FRAENKEL, A. [18], p.30ss e 96ss.

satisfazer a função $\rho_{k,m,n}$ que satisfaz a condição seguinte: a sequência de indivíduos g com dois termos, em que $g_1 = f_m$ e $g_2 = f_n$, pertence à classe $F_{(2 \cdot k - 1) \cdot 2}$. Em geral, para que as sequências f e F satisfaçam juntas a função $\rho^l_{k,p}$, é necessário e suficiente que a sequência de indivíduos g com l termos, onde $g_1 = f_{p_1}, g_2 = f_{p_2}, \ldots, g_l = f_{p_l}$, devam pertencer à classe $F_{(2 \cdot k - 1) \cdot 2^{l-1}}$ (que consiste em sequências com o mesmo número de termos).

Se desejamos aplicar o método de unificação das variáveis, fazemos uso outra vez do fato de que uma correlação um a um pode ser estabelecida entre quaisquer indivíduos e certas classes de sequências finitas, e de maneira tal que a todo indivíduo a corresponde a classe a^*, contendo como único elemento uma sequência cujo único elemento é apenas o indivíduo dado. Começando dessa maneira, modificamos a seguir a interpretação das variáveis de 1ª ordem, exatamente na mesma direção em que modificamos anteriormente a interpretação das variáveis de 2ª ordem. Consideramos agora as funções primitivas da forma 'Xxy...z' que contêm $l + 1$ símbolos como tendo o mesmo significado que expressões do tipo 'a sequência de indivíduos g, de l termos, que satisfaz as condições: $g^*_1 = x$, $g^*_2 = y$, ..., $g^*_l = z$, pertence à classe X, que consiste em sequências de l termos'. Com essa interpretação intuitiva, todas as variáveis pertencem agora à mesma categoria semântica. A construção adicional não contém nenhum aspecto essencialmente novo, e o leitor não vai encontrar nenhuma dificuldade séria ao executá-la.

O método de unificação semântica das variáveis pode ser aplicado com igual sucesso às investigações de qualquer linguagem da 3ª espécie. Determinar a categoria unificadora pode algumas vezes ser mais difícil. Como no caso de linguagens da 2ª espécie, é impossível aqui restringir a consideração a categorias que ocorrem na linguagem estudada. Ao contrário daquelas linguagens, nunca é possível escolher entre as categorias de uma das ordens representadas na linguagem. Essa dificuldade não é, contudo, essencial e diz respeito exclusivamente a linguagens da ordem mais baixa. Pois é possível demonstrar que, para aquelas linguagens nas quais a ordem das variáveis não excede um dado número n, em que $n > 3$, qualquer categoria de ordem n pode servir como categoria unificadora.

§4. O conceito de sentença verdadeira em linguagens de ordem finita

Assim, os vários métodos à nossa disposição permitem definir o conceito de satisfação e, com ele, construir uma definição correta de verdade para qualquer linguagem de ordem finita. Veremos na próxima seção que esses métodos não se estendem mais; a totalidade de linguagens de ordem finita esgota o domínio de aplicabilidade de nossos métodos. Este é, portanto, o ponto adequado para resumir as consequências mais importantes que decorrem das definições que construímos.[†]

Primeiro, *a definição de sentença verdadeira é uma definição correta de verdade no sentido da Convenção T do §3*. Ela inclui, como casos especiais, todas as definições parciais que foram descritas na condição (α) dessa convenção e que elucidam, de maneira mais precisa e materialmente correta, o sentido de expressões do tipo 'x é uma sentença verdadeira'. Embora essa definição, sozinha, não forneça nenhum critério geral de verdade, as mencionadas definições parciais de fato permitem definidamente decidir, em muitos casos, a questão da verdade ou falsidade das sentenças investigadas.

Em particular, pode ser demonstrado — com base nos axiomas do segundo grupo adotados na metateoria (cf. p.80) — que *todos os axiomas da ciência sob investigação são sentenças verdadeiras*. De maneira similar, podemos demonstrar — fazendo uso essencial do fato de as regras de inferência empregadas na metateoria não serem logicamente mais fracas que as regras correspondentes da própria ciência — *que todas as consequências de sentenças verdadeiras são verdadeiras*. Esses dois fatos, juntos, permitem afirmar que *a classe das sentenças verdadeiras contém todas as sentenças demonstráveis da ciência investigada* (cf. Lema D e Teoremas 3 e 5 do §3).

Entre as consequências mais importantes de natureza geral que decorrem da definição de verdade devem ser mencionados o *Princípio de Contradição* e o *Princípio do Terceiro Excluído*.

Esses dois teoremas, junto com o teorema sobre as consequências de sentenças verdadeiras já mencionado, mostram que *a classe de todas as sentenças verdadeiras forma um sistema dedutivo consistente e completo* (Teoremas 1, 2 e 4).

[†] Algumas consequências adicionais desse tipo são discutidas no artigo do autor, "On undecidable statements in enlarged systems of logic and the concept of truth", *Journal of Symbolic Logic*, v.4 (1939), p.105–12; cf., em particular, a seção 9, p.111.

Como consequência imediata, embora um tanto subsidiária, desses fatos obtemos o seguinte teorema: *a classe de todas as sentenças demonstráveis forma igualmente um sistema dedutivo consistente* (embora não necessariamente completo). Dessa maneira, somos capazes de produzir uma demonstração da consistência de várias ciências para as quais podemos construir definições de verdade. Claro que uma demonstração realizada por esse método não acrescenta muito ao nosso conhecimento, uma vez que é baseada em premissas que são pelo menos tão fortes quanto as hipóteses da ciência em investigação.[79] No entanto, vale a pena notar que existe um tal método geral de prova que é aplicável a um âmbito extenso de ciências dedutivas. Veremos que, do ponto de vista dedutivo, esse método não é inteiramente trivial e que, em muitos casos, nenhum método mais simples, e de fato nenhum outro método, é conhecido.[†]

Naqueles casos nos quais a classe de sentenças demonstráveis não é apenas consistente mas também completa, é fácil mostrar que ela coincide com a classe de sentenças verdadeiras. Se, portanto, identi-

---

[79] Como Ajdukiewicz corretamente observou em um contexto algo diferente (cf. AJDUKIEWICZ, K. [2], p.39–40), disso não se segue que tal prova não seja correta do ponto de vista metodológico — que ela contenha em alguma forma uma *petitio principii*. A afirmação que demonstramos, isto é, a consistência da ciência, não ocorre de maneira alguma entre as hipóteses da prova.

[†] Com respeito ao problema discutido nos últimos três parágrafos, ver: MOSTOWSKI, A. [42] e WANG, H. [83]. A partir dos resultados desses autores vê-se que, em alguns casos, tendo tido sucesso em construir uma definição adequada de verdade para alguma teoria T em sua metateoria, podemos ainda ser incapazes de mostrar que todas as sentenças demonstráveis de T são verdadeiras no sentido dessa definição, e, assim, podemos ser também incapazes de realizar a prova de consistência para T em M. Esse fenômeno pode ser explicado mais ou menos como segue: na prova de que todas as sentenças demonstráveis de T são verdadeiras, está essencialmente envolvida uma certa forma de indução matemática, e o formalismo de M pode não ser poderoso o suficiente para garantir a validade desse argumento indutivo. Portanto, talvez seja desejável um certo esclarecimento das suposições (nas p.42ss) a respeito dos fundamentos da metateoria. Em particular, a frase 'de qualquer sistema de lógica matemática suficientemente desenvolvido' (p.38) deve ser compreendida de maneira que não prive a metateoria de quaisquer modos de inferência normalmente aplicados. Se a teoria T é de ordem finita, nosso propósito será inteiramente atingido se decidirmos prover a metateoria M de uma base lógica tão forte quanto a da teoria geral de classes discutida na seção seguinte.

§4. O conceito de sentença verdadeira em linguagens de ordem finita

ficarmos os dois conceitos — aquele de sentença verdadeira e aquele de sentença demonstrável —, obteremos uma nova definição de verdade de natureza puramente estrutural e essencialmente diferente da definição semântica original dessa noção.[80] Mesmo quando as sentenças demonstráveis não formam um sistema completo, a questão da construção de uma definição estrutural não é, *a priori*, sem esperança. Algumas vezes é possível, pelo acréscimo de certas sentenças

---

[80] No decurso deste trabalho contrastei várias vezes definições semânticas de sentença verdadeira com definições estruturais, mas isso não significa que eu pretenda especificar a distinção entre os dois tipos de definição de uma maneira exata. Do ponto de vista intuitivo, essas diferenças parecem ser toleravelmente claras. Considero a Definição 23 do §3 — bem como as outras definições construídas da mesma maneira — uma definição semântica porque, em certo sentido (que seria difícil definir) ela representa uma 'generalização natural', um 'produto lógico infinito', por assim dizer, daquelas definições parciais que descrevemos na Convenção T e que estabelecem uma correlação direta entre as sentenças da linguagem e os nomes dessas sentenças. Entre as definições estruturais, por outro lado, incluo aquelas que são construídas de acordo com o esquema seguinte. Primeiro, uma classe C de sentenças ou outras expressões é descrita de maneira tal que, com base na forma de toda a expressão, é possível saber se ela pertence à classe dada ou não. Segundo, são arroladas certas operações sobre expressões tal que, com base na forma de qualquer expressão a dada e naquelas de todos os elementos $e_1, \ldots, e_n$ que pertencem a uma dada coleção finita de expressões, podemos decidir se a pode ser obtida pela execução em $e_1, \ldots, e_n$ de qualquer uma das operações listadas. Finalmente, as sentenças verdadeiras são definidas como as que são obtidas por aplicação das operações arroladas às expressões da classe C qualquer número de vezes (deve-se notar que uma tal definição estrutural ainda não fornece um critério geral de verdade). Certas diferenças de natureza formal podem ser reconhecidas entre esses dois tipos de definição. A definição semântica requer o uso de termos de ordem mais alta que todas as variáveis da linguagem investigada, por exemplo o uso do termo 'satisfaz'; contudo, para a formulação de uma definição estrutural, os termos de talvez duas ou três das ordens mais baixas são suficientes. Na construção de uma definição semântica usamos — explícita ou implicitamente — aquelas expressões da metalinguagem que têm significado parecido com as expressões da linguagem investigada, enquanto elas não desempenham nenhum papel na construção de uma definição estrutural; é fácil ver que tal distinção desaparece quando a linguagem estudada é um fragmento da lógica. Além disso, a distinção como um todo não é muito clara e nítida, como mostra o fato de que, com respeito ao cálculo sentencial, a definição semântica pode ser vista como uma transformação formal da definição estrutural baseada no método de matrizes. Ao mesmo tempo, deve-se lembrar que a construção de definições semânticas, baseadas nos métodos que nos são conhecidos no presente, é essencialmente dependente das definições estruturais de sentença e função sentencial.

estruturalmente descritas, estender de maneira adequada o sistema axiomático de uma ciência de modo que ele se torna um sistema no qual a classe de todas as suas consequências coincida com a classe de todas as sentenças verdadeiras. Mas não se pode falar de um método geral de construção. Suspeito que a tentativa de construir uma definição estrutural, mesmo em casos relativamente simples — por exemplo, com respeito à lógica das relações de dois termos estudadas na seção precedente — encontraria sérias dificuldades, as quais certamente se tornariam muito maiores quando se tratasse de apresentar um critério estrutural geral de verdade — embora já tenhamos tratado de duas linguagens, a do cálculo de classes e a do cálculo sentencial, para as quais esse problema pôde ser resolvido de maneira relativamente fácil.[81]

Em todos os casos nos quais somos capazes de definir satisfação e a noção de sentença verdadeira, podemos, por meio de uma modificação destas definições, definir também dois conceitos ainda mais gerais de caráter relativo — a saber, os conceitos de *satisfação* e *sentença correta*, ambos *com respeito a um dado domínio de indivíduos a*.[82] Essa modificação depende de uma restrição adequada do domínio de objetos considerado. Em vez de operar com indivíduos arbitrários, classes de indivíduos, relações entre indivíduos, e assim por diante, lidamos exclusivamente com os elementos de uma dada classe *a* de indivíduos, subclasses dessa classe, relações entre elementos dessa classe, e assim por diante. É óbvio que, no caso especial em que *a* é a classe de todos os indivíduos, os novos conceitos coincidem com os anteriores (cf. Definições 24 e 25, e Teorema 26). Como já enfatizei no §3, o conceito geral de sentença correta em um dado domínio desempenha um grande papel nas pesquisas metodológicas atuais. Deve-se acrescentar, porém, que isso diz respeito apenas a pesquisas cujo objeto seja a lógica matemática e suas partes. Com respeito às ciências especiais, estamos interessados em sentenças corretas em um domínio de indivíduos bem específico, para o qual o conceito geral perde suas importância. Igualmente, é apenas com respeito a ciências que são partes

---

[81] Cf. as observações nas p.76s e 90; retornarei a esse problema no §5 (cf. p.123, nota 99).
[82] Ver p.68, nota 48.

§4. O conceito de sentença verdadeira em linguagens de ordem finita

da lógica que algumas propriedades gerais desses conceitos, que foram demonstradas no §3 para a linguagem do cálculo de classes, preservam sua validade. Por exemplo, ocorre que nessas ciências a extensão do termo 'sentença correta no domínio de indivíduos a' depende exclusivamente do número cardinal da classe a. Assim, nessas investigações podemos substituir esse termo pelo termo mais conveniente 'sentença correta em um domínio com k elementos' (Definição 26, Teorema 8). Os teoremas previamente discutidos que diziam respeito ao conceito de verdade, tais como os princípios de Contradição e do Terceiro Excluído, podem ser estendidos ao conceito de sentença correta em um dado domínio. O conceito de sentença correta em todo domínio de indivíduos (Definição 27) merece consideração especial. Em sua extensão, ele está a meio caminho entre o conceito de sentença demonstrável e o de sentença verdadeira; a classe de sentenças corretas em todo domínio contém todos os teoremas e consiste exclusivamente em sentenças verdadeiras (Teoremas 33 e 27). Essa classe é, portanto, em geral mais restrita que a classe de todas as sentenças verdadeiras; ela não contém, por exemplo, nenhuma sentença cuja validade dependa da magnitude do número de todos os indivíduos (Teorema 23). Se se deseja transformar o sistema das sentenças demonstráveis de toda ciência em um sistema completo, é necessário, no início, adicionar ao sistema sentenças que decidam a questão de quantos indivíduos existem. Mas, por várias razões, um outro ponto de vista parece estar mais bem estabelecido — a saber, a opinião de que a decisão com respeito a tais problemas deveria ser deixada às ciências dedutivas específicas, enquanto que, na lógica e em suas partes, deveríamos tentar assegurar apenas que a extensão do conceito de sentença demonstrável coincida com a de sentença correta em todo domínio de indivíduos. Para um defensor deste ponto de vista, a questão de se a extensão desses dois conceitos é realmente idêntica é de grande importância. No caso de uma resposta negativa, surge o problema de completar o sistema axiomático da ciência estudada de tal maneira que a classe de sentenças demonstráveis assim estendida coincida agora com a classe de sentenças que são corretas em todo domínio. Esse problema, que na verdade é equivalente à questão de caracterizar estruturalmente o último conceito, pode ser positivamente decidido apenas em alguns poucos casos (cf. Teorema 24).[83] De modo geral, as dificuldades apresentadas por essa questão não são menos essenciais que aquelas a respeito do problema análogo de uma definição estrutural de sentença verdadeira. Encontramos dificuldades similares quando tentamos definir estruturalmente o conceito de sentença correta em um domínio com k elementos. Apenas no caso em que k é um número finito é fácil apresentar um método geral, modelado no método de matrizes que se fundamenta nas investigações sobre o cálculo sentencial estendido, o que torna possível uma definição estrutural desse conceito. Dessa maneira, obtemos até mesmo um critério geral que permite decidir, partindo da forma de qualquer sentença, se ela é correta em um domínio com um número finito previamente dado de elementos.[84]

Não desejo entrar aqui em uma discussão mais detalhada de investigações especiais sobre os conceitos que acabamos de considerar. Alguns resultados que são relevantes aqui, relacionados com o cálculo de classes, já foram dados como exemplos no §3. Vou apenas mencionar que, em anos recentes, numerosos resultados foram obtidos que nos capacitam a inferir da correção de certas sentenças em domínios de indivíduos especiais ou de suas propriedades estruturais sua correção em todo domínio e assim sua verdade.[85] É evidente

---

[83] No caso do cálculo funcional de primeira ordem, esse problema, levantado em HILBERT, D.; ACKERMANN, W. [27], p.68, foi recentemente decidido por Gödel, ver Gödel, K. [19].

[84] Cf. BERNAYS, P.; SCHÖNFINKEL, M. [6], p.352.

[85] De acordo com os bem conhecidos teoremas de Löwenheim e Skolem, certas categorias de sentença são corretas em todo domínio desde que sejam corretas em todos os domínios finitos e enumeráveis. Essas sentenças incluem, por exemplo, todas as sentenças da lógica de relações de dois ou de muitos termos, descritas nesta seção, que são generalizações de funções sentenciais nas quais variáveis de 2ª ordem ocorrem exclusivamente como variáveis livres. No caso das sentenças do cálculo de classes, esse resultado — como é mostrado nos Teoremas 15 e 19 do §3 — pode ser substancialmente acentuado. Certos resultados de Bernays, Schönfinkel e Ackermann têm um domínio de aplicação mais restrito. Eles permitem correlacionar um número natural particular k com sentenças de uma estrutura especial de tal maneira que, partindo da correção de uma dada sentença no domínio com k elementos (assim — como já sabemos — de propriedades puramente estruturais da sentença), segue-se sua correção em todos os domínios. Cf. ACKERMANN, W. [1], BERNAYS, P.;

que todos esses resultados apenas recebem um conteúdo claro, e podem então ser exatamente demonstrados, se uma definição concreta e precisamente formulada de sentença correta for aceita como base da investigação.

§5. O CONCEITO DE SENTENÇA VERDADEIRA EM LINGUAGENS DE ORDEM INFINITA

Chegamos agora às linguagens da 4ª espécie; portanto, àquelas de ordem infinita e que estão, assim, além do escopo dos métodos de construção esboçados na seção precedente. A linguagem da *teoria geral das classes* servirá como exemplo. Essa linguagem é digna de nota porque, apesar de sua estrutura elementar e de sua pobreza em formas gramaticais, ela é suficiente para a formulação de toda ideia que possa ser expressa na linguagem completa da lógica matemática. É difícil imaginar uma linguagem mais simples que pudesse fazer isso.[86]

SCHÖNFINKEL, M. [6], HERBRAND, J. [25], LÖWENHEIM, L. [39], SKOLEM, Th. [52], [53] e [54]. Para uma apresentação sistemática dos resultados nessa direção, incluindo alguns mais recentes, ver CHURCH, A. [13].

[86] A linguagem da teoria geral de classes é muito inferior à linguagem de WHITEHEAD, A. N.; RUSSELL, B. A. W. [85] em seu suprimento de categorias semânticas, e ainda mais inferior, nesse respeito, à linguagem usada por Leśniewksi em seu sistema (cf. p.79, nota 57; p.87, nota 66). Em particular, nessa linguagem não ocorre nenhuma variável sentencial, nem nomes de relações de dois ou muitos termos, nem variáveis representando esses nomes. A dispensabilidade das variáveis sentenciais depende do fato mencionado na p.98, nota 73: para toda sentença que contenha variáveis sentenciais, há uma sentença logicamente equivalente que não contém tais variáveis. Os resultados do §2, especialmente as Definições 13–17, são suficientes para mostrar como tais variáveis devem ser evitadas no estabelecimento de listas de axiomas e na derivação de teoremas; cf. também VON NEUMANN, J. [82] (especialmente nota 9, p.38). A possibilidade de eliminar relações de dois termos resulta da seguinte consideração: a toda relação *R*, podemos correlacionar, em uma maneira um a um, uma classe de pares ordenados, a saber, a classe de todos os pares ordenados cujos termos *x* e *y* satisfazem a fórmula *xRy*. Se a relação é homogênea, isto é, se o domínio e o contradomínio dessa relação pertencem à mesma categoria semântica, então o par ordenado pode ser interpretado de maneira diferente daquela que fizemos na p.39, a saber, como classes tendo duas classes como elementos: a classe cujo único elemento é *x* e a classe que consiste nos dois elementos *x* e *y*. Para aplicar um método análogo a relações não homogêneas devemos primeiro correlacionar a elas relações homogêneas, em uma maneira um a um, e isso

Na teoria geral de classes, ocorrem as mesmas constantes que nas ciências previamente investigadas, isto é, os símbolos de negação e de soma lógica, bem como o quantificador universal. Como variáveis, usamos símbolos tais como 'X'_k', 'X''_k', 'X'''_k', e assim por diante, isto é, símbolos compostos do símbolo 'X' e um número de pequenos traços acima e abaixo. O símbolo com n traços acima e k abaixo é denominado a k-ésima variável da n-ésima ordem e é denotado pelo símbolo 'V_k^n'. As variáveis $V_k^1, V_k^2, V_k^3, \ldots$ representam, respectivamente, nomes de indivíduos, objetos de 1ª ordem; classes de indivíduos, objetos de 2ª ordem; classes de tais classes, objetos de 3ª ordem, e assim por diante. Essas variáveis obviamente pertencem a infinitamente muitas categorias semânticas. Como funções sentenciais primitivas, temos expressões do tipo 'XY' em que, no lugar de 'X', ocorre qualquer variável da $n + 1$-ésima ordem e, em vez de 'Y', uma variável de ordem n. Essa expressão é lida assim: 'a classe X (de ordem $n + 1$) tem como elemento o objeto Y (de ordem n)', ou 'o objeto Y tem a propriedade X'. Para a designação das funções primitivas, empregamos o símbolo $\epsilon_{k,l}^n$, estabelecendo que $\epsilon_{k,l}^n = V_k^{n+1} \frown V_l^n$. O desenvolvimento adicional da ciência não difere de modo essencial daquele da lógica das relações de dois ou de muitos termos. As quantificações das funções sentenciais x com respeito às variáveis V_k^n são denotadas pelos símbolos '$\bigcap_k^n x$' e '$\bigcup_k^n x$'. Os axiomas consistem em: (1) sentenças que satisfazem a condição (α) da Definição 13 do §2, que são assim derivadas dos axiomas do cálculo sentencial por substituição, algumas vezes também seguidas de generalização; (2) pseudodefinições, isto é, enunciados que são quantificações de funções sentenciais do tipo

$$\bigcup_k^{n+1} \bigcap_l^n (\epsilon_{k,l}^n \cdot y + \overline{\epsilon_{k,l}^n} \cdot \overline{y}),$$

em que y é qualquer função sentencial que não contém a variável livre V_k^{n+1}; (3) as *leis de extensionalidade*, isto é, sentenças da forma

---

não apresenta grandes dificuldades. Procedemos de maneira análoga com relações de muitos termos. Assim, todo enunciado sobre relações, de categoria arbitrária, de dois ou de mais termos pode ser transformado em um enunciado equivalente sobre indivíduos, classes de indivíduos, classes de tais classes, e assim por diante. Cf. KURATOWSKI, C. [35], p.171, e CHWISTEK, L. [15], especialmente p.722.

§5. *O conceito de sentença verdadeira em linguagens de ordem infinita* 113

$$\bigcap_{k}^{p+2} \bigcap_{l}^{p+1} \bigcap_{m}^{p+1} (\bigcup_{n}^{p} (\epsilon_{l,n}^{p} \cdot \overline{\epsilon_{l,n}^{p}} \cdot \epsilon_{m,n}^{p}) + \overline{\epsilon_{k,l}^{p+1}} + \epsilon_{k,m}^{p+1}),$$

que afirmam que duas classes que não diferem em seus elementos não diferem em nenhuma de suas propriedades e são, assim, idênticas. Para obter nessa ciência uma base suficiente para o estabelecimento de várias partes da matemática, e em particular de toda a aritmética teórica, devemos adicionar ainda mais um axioma aos axiomas acima: (4) o *axioma do infinito*, isto é, a sentença

$$\bigcup_{1}^{3} (\bigcup_{1}^{2} \epsilon_{1,1}^{2} \cdot \bigcap_{1}^{2} (\overline{\epsilon_{1,1}^{2}} + \bigcup_{2}^{2} (\epsilon_{1,2}^{2} \cdot \bigcap_{1}^{1} (\epsilon_{1,1}^{1} + \overline{\epsilon_{2,1}^{1}}) \cdot \bigcup_{1}^{1} (\epsilon_{1,1}^{1} \cdot \overline{\epsilon_{2,1}^{1}})))),$$

que garante a existência de infinitamente muitos indivíduos.[87] Na derivação de consequências dos axiomas, aplicamos as operações de substituição, destacamento e a introdução e remoção do quantificador universal, análogas às operações descritas nas condições (γ)–(ζ) da Definição 15 no §2.

Quando tentamos definir o conceito de satisfação com respeito à linguagem presente, encontramos dificuldades que não podemos superar. Diante da infinita diversidade de categorias semânticas que são representadas na linguagem, o uso do método de sequências de muitas colunas está excluído a princípio, exatamente como aconteceu no caso da lógica de relações de muitos termos. Mas a situação aqui é ainda pior, porque o método de unificação semântica das variáveis também falha. Como aprendemos no §4, a categoria unificadora não pode ser de ordem mais baixa que qualquer uma das variáveis da linguagem estudada. Sequências cujos termos pertençam a essa categoria, e mais ainda a relação de satisfação, que vale entre tais sequências e as funções sentenciais correspondentes, devem ser assim de ordem mais alta que todas aquelas variáveis. Na linguagem com a qual estamos agora lidando ocorrem variáveis de ordem (finita) arbitrariamente altas: em consequência, ao aplicar o método de unificação, seria necessário operar com expressões de 'ordem infinita'. Contudo, nem a metalinguagem que forma a base das presentes investigações nem qualquer outra das linguagens existentes contêm tais

---

[87] Ao adotar o axioma do infinito abandonamos o postulado de acordo com o qual apenas as sentenças que são corretas em todo domínio de indivíduos devem ser as sentenças demonstráveis da lógica (cf. p.109).

expressões. De fato, não está claro, de modo algum, que significado intuitivo poderia ser dado a tais expressões.

Essas considerações parecem mostrar que é impossível construir um conceito geral e semanticamente não ambíguo de satisfação para a linguagem que estamos estudando que seja aplicável a todas as funções sentenciais independentemente de seu tipo semântico. Por outro lado, parece não haver dificuldades que tornem em princípio impossível uma aplicação consistente do conceito de satisfação em sua formulação original, ou melhor — em vista da ambiguidade semântica dessa formulação — de um número infinito de tais conceitos. Cada um desses conceitos, do ponto de vista semântico, já está especificado e estaria relacionado exclusivamente a funções de um tipo semântico específico (por exemplo, a funções que contêm como única variável livre uma variável de 1ª ordem). Na verdade — independentemente da estrutura lógica da linguagem — o sentido intuitivo de nenhuma dessas expressões levanta alguma dúvida. Para cada função sentencial particular, podemos de fato definir esse significado exatamente pela construção, para toda frase do tipo 'os objetos a, b, c ... satisfazem a função sentencial dada', de uma frase intuitivamente equivalente que é expressa inteiramente em termos da metalinguagem. Não obstante, o problema da construção de uma definição correta para cada um desses conceitos mais uma vez apresenta dificuldades de natureza essencial. Com base na linguagem que estudamos previamente, era fácil obter cada conceito especial de satisfação por uma certa especialização do conceito geral; no caso presente, esse caminho está claramente inviabilizado. Uma breve reflexão mostra que a ideia de usar o método recursivo de modo análogo à definição de função sentencial demonstra-se, apesar de sua naturalidade, inadequada. Vê-se facilmente que as funções compostas de um tipo semântico particular não podem sempre ser formadas a partir de funções mais simples do mesmo tipo. Ao contrário, se desejamos construir funções arbitrárias de um dado tipo, devemos usar, para esse propósito, todos os tipos semânticos possíveis.[88] Seria necessário, portanto, na definição

---

[88] Uma expressão externa desse estado de coisas é que, na definição de satisfação, não apenas é essencial levar em conta as variáveis livres, mas também todas as va-

§5. O conceito de sentença verdadeira em linguagens de ordem infinita

recursiva de qualquer um dos conceitos especiais de satisfação, cobrir, num mesmo processo recursivo, infinitamente muitos conceitos análogos, e isso está além das possibilidades da linguagem.

O problema central de nosso trabalho, a construção da definição de verdade, está intimamente relacionado com essas considerações. Se fôssemos bem sucedidos ao definir, se não o geral, pelo menos algum dos conceitos especiais de satisfação, então este problema não ofereceria a menor dificuldade.[89] Por outro lado, não conhecemos nenhum método de construção que — direta ou indiretamente — não pressuponha uma definição prévia do conceito de satisfação. Portanto, podemos dizer — considerando a falha das tentativas prévias — que, no presente, não é possível construir nenhuma definição correta e materialmente adequada de verdade para a linguagem sob investigação.[†]

Diante desse estado de coisas, surge a questão de se nossa falha é acidental e de alguma maneira relacionada com defeitos nos métodos

---

riáveis ligadas da função em questão, embora estas variáveis não tenham influência no tipo semântico da função; e a validade da relação de satisfação não depende, de maneira alguma, dos termos da sequência que correspondem a essas variáveis (cf. Definição 22 do §3, condição (δ)). Deve ser lembrado que dificuldades análogas àquelas mencionadas no texto apareceram antes na tentativa de construir uma definição recursiva de verdade por uma rota direta (cf. p.57).

[89] Por exemplo, imaginemos que tenhamos tido sucesso, de alguma maneira, em definir o conceito de satisfação no caso de funções sentenciais que contêm como única variável livre uma variável de 1ª ordem. Poderíamos então operar livremente com frases do tipo 'o indivíduo a satisfaz a função sentencial y'. Se considerarmos agora alguma função sentencial concreta, por exemplo, $\bigcup_1^2 \epsilon_{1,1}^1$, que é satisfeita por todo indivíduo arbitrário, obtemos imediatamente a seguinte definição de sentença verdadeira: x é uma sentença verdadeira se e somente se todo indivíduo a satisfaz a função $x \cdot \bigcup_1^2 \epsilon_{1,1}^1$ (isto é, a conjunção da sentença x e da função $\bigcup_1^2 \epsilon_{1,1}^1$). De maneira exatamente análoga, podemos passar de todo conceito específico de satisfação ao conceito de verdade.

[†] O problema da possibilidade de definir satisfação e verdade para a linguagem sob investigação será consideravelmente esclarecido pela discussão no Pós-escrito. Deveria ser mencionado que o método de definir verdade recentemente sugerido em MCKINSEY, J. C. C. [41] não é baseado em uma definição preliminar de satisfação. Em vez disso, McKinsey tem de considerar linguagens formalizadas com não enumeravelmente muitas constantes e tem de usar uma metalinguagem que é suprida com um aparato muito forte da teoria de conjuntos.

usados, ou se obstáculos de espécie fundamental desempenham um papel relacionado com a natureza dos conceitos que desejamos definir, ou daqueles com cujo auxílio tentamos construir as definições requeridas. Se a segunda suposição for a correta, todos os esforços que pretendem melhorar os métodos de construção seriam claramente infrutíferos. Para responder a essa questão, devemos primeiro dar-lhe uma forma menos indefinida. Lembremos que, na Convenção T do §3, as condições que decidem a correção material de qualquer definição de sentença verdadeira são exatamente estipuladas. A construção de uma definição que satisfaça estas condições forma de fato o objetivo principal de nossa investigação. Desse ponto de vista, o problema que estamos agora considerando toma uma forma precisa: é uma questão de *se, com base na metateoria da linguagem que estamos considerando, é em princípio possível a construção de uma definição correta de verdade no sentido da Convenção T*. Como veremos, nessa forma o problema pode ser definitivamente resolvido, mas em um *sentido negativo*.

Não é difícil ver que esse problema excede os limites de nossa discussão prévia. Ele pertence ao campo da meta-metateoria. Sua solução definitiva, até mesmo sua formulação correta, requereria um novo aparato de investigação e, especialmente, a formalização da metalinguagem e da metateoria que a usa. Mas, sem ir tão longe e ainda evitando várias complicações técnicas, acredito ser capaz de dar uma explicação bastante clara de tudo de natureza positiva que possa presentemente ser estabelecido com relação ao problema acima.

Ao operar com a metalinguagem, devemos aderir ao simbolismo apresentado nos §§2 e 3. Para simplificar os desenvolvimentos posteriores e evitar possíveis equívocos, suporemos que a metalinguagem é construída de tal maneira que a linguagem em estudo forme um fragmento dela; toda expressão da linguagem é ao mesmo tempo uma expressão da metalinguagem, mas não vice-versa. Isso permite, em certos casos (por exemplo, na formulação da condição (α) da Convenção T), falar simplesmente das expressões da própria linguagem, em vez de expressões da metalinguagem que tenham o mesmo significado.

Depois dessas reservas e convenções, passamos à formulação e à prova do resultado fundamental.

§5. *O conceito de sentença verdadeira em linguagens de ordem infinita* 117

Teorema I. (α) *Qualquer que seja o modo em que o símbolo 'Tr', denotando uma classe de expressões, for definido na metateoria, será possível derivar dele a negação de uma das sentenças que foram descritas na condição (α) na Convenção T;*

(β) *supondo que a classe de todas as sentenças demonstráveis da metateoria seja consistente, é impossível construir uma definição adequada de verdade no sentido da Convenção T com base na metateoria.*

A ideia da prova desse teorema pode ser expressa nas seguintes palavras:[90] (1) estabelece-se uma interpretação particular da metalinguagem na própria linguagem e correlaciona-se, assim, a toda sentença da metalinguagem, de maneira um para muitos, uma sentença da linguagem que é equivalente (com referência ao sistema axiomático adotado na metateoria) à primeira; dessa maneira, a metalingua-

---

[90] Devemos o método aqui usado a Gödel, que o empregou para outros propósitos em seu trabalho recentemente publicado, GÖDEL, K. [21], cf. especialmente p.174–5 ou 187–99 (prova do Teorema VI). Esse artigo, extremamente importante e interessante, não está diretamente relacionado com o tema de nosso trabalho — ele trata de problemas estritamente metodológicos: a consistência e a completude de sistemas dedutivos; contudo, poderemos utilizar os métodos e, em parte, também os resultados das investigações de Gödel para o nosso propósito.

Aproveito esta oportunidade para mencionar que o Teorema I e o esboço de sua prova foram acrescentados ao presente trabalho apenas depois de ele já ter sido encaminhado para a impressão. Naquela época, quando o trabalho foi apresentado na Sociedade Científica de Varsóvia (21 de março de 1931), o artigo de Gödel — tanto quanto eu saiba — não havia ainda aparecido. Neste ponto, portanto, eu havia originalmente expresso, em vez de resultados positivos, apenas certas suposições que iam na mesma direção e que se baseavam em parte em minhas próprias investigações e em parte no breve relatório, GÖDEL, K. [20], publicado alguns meses antes.

Depois de tomar conhecimento do artigo acima mencionado, convenci-me, entre outras coisas, de que a teoria dedutiva que Gödel escolhera como objeto de seus estudos, por ele denominada o 'sistema P', era notavelmente similar à teoria geral de classes considerada na presente seção. À parte certas diferenças de natureza 'caligráfica', a única distinção encontra-se no fato de que, no sistema P, além de três constantes lógicas, também ocorrem certas constantes pertencentes à aritmética dos números naturais (uma analogia de amplas consequências também existe entre o sistema P e o sistema de aritmética esboçado em meu artigo [74] (ver p.113–15)). Consequentemente, os resultados obtidos para o sistema P podem ser facilmente transportados para a presente discussão. Além do mais, o caráter abstrato dos métodos usados por Gödel torna a validade de seus resultados independente em alto grau das peculiaridades específicas da ciência investigada.

gem contém, além de toda sentença particular, um nome individual, se não para aquela sentença ao menos para a sentença que está a ela correlacionada e lhe é equivalente. (2) Caso tenhamos êxito em construir na metalinguagem uma definição correta de verdade, então a metalinguagem — com referência à interpretação acima — adquiriria aquele caráter universal que era a fonte primária das antinomias semânticas na linguagem coloquial (cf. p.32). Seria então possível reconstruir a antinomia do mentiroso na metalinguagem, formando na própria linguagem uma sentença x tal que a sentença da metalinguagem correlacionada a x afirmasse que x não é uma sentença verdadeira. Seria, então, possível, aplicando o procedimento diagonal[91] da teoria de conjuntos, evitar todos os termos que não pertencem à metalinguagem, bem como as premissas de natureza empírica que haviam desempenhado um papel nas formulações anteriores da antinomia do mentiroso.[92]

Vamos esboçar a prova de modo um pouco mais exato.[93]

Concordemos por um momento em usar o símbolo 'n' em lugar de '$\mathcal{X}'''$'. A quantificação existencial da função sentencial y com respeito à variável 'n' será denotada, como antes, pelo símbolo '$\bigcup_1^3 y$'. A variável 'n', assim, representa nomes de classes cujos elementos são classes de indivíduos. Entre estas classes encontramos, entre outras coisas, os números naturais e, de modo geral, os números cardinais.[94]

---

[91] Cf. FRAENKEL, A. [18], p.48ss.

[92] Se analisarmos o esboço da prova apresentada a seguir, notamos facilmente que uma reconstrução análoga poderia ser realizada mesmo com base na linguagem coloquial, e que, em consequência dessa reconstrução, a antinomia do mentiroso realmente se aproxima da antinomia da expressão 'heterológico'. Para uma reconstrução assaz simples da antinomia do mentiroso nessa direção, ver TARSKI, A. [65], nota 11, p.371. Parece interessante que nessa reconstrução são evitados todos os artifícios técnicos usados na prova do Teorema 1 (tais como a interpretação da metalinguagem na aritmética ou o procedimento diagonal). Com respeito ao último parágrafo do texto, cf. as observações finais do §1, p.32s, e, em particular, p.32, nota 7.

[93] Por simplicidade, vamos nos expressar, em muitos pontos, como se essa demonstração pertencesse à metateoria, e não à meta-metateoria; em particular, em vez de dizer que uma dada sentença é demonstrável na metateoria, afirmaremos simplesmente a própria sentença. De qualquer maneira, não se deve esquecer que aqui é apresentado apenas um esboço da prova, o qual está longe de ser completo.

[94] Ver p.102, nota 77.

§5. *O conceito de sentença verdadeira em linguagens de ordem infinita* 119

Já mencionei que todos os fatos pertencentes à aritmética dos números naturais podem ser expressos na linguagem da teoria geral das classes. Em particular, se é dado um número natural k, constrói-se facilmente nessa linguagem uma função sentencial ι_k que contém o símbolo n como a única variável livre e que afirma que a classe cujo nome é representado por esse símbolo é idêntica ao número k (isto é, à classe que consiste em apenas aquelas classes de indivíduos que têm exatamente k elementos).[95] Por exemplo:

$$\iota_1 = \bigcap_1^2 (\epsilon_{1,1}^2 \cdot \bigcup_1^1 \bigcap_2^1 \bigcap_2^2 (\epsilon_{1,1}^1 \cdot (\overline{\epsilon_{1,2}^1} + \overline{\epsilon_{2,1}^1} + \epsilon_{2,2}^1)) + \overline{\epsilon_{1,1}^2} \cdot \bigcap_1^1 \bigcup_2^1 \bigcup_2^2 (\overline{\epsilon_{1,1}^1} + \epsilon_{1,2}^1 \cdot \epsilon_{1,2}^1 \cdot \overline{\epsilon_{2,2}^1})).$$

Uma definição geral recursiva da sequência de funções ι_k dentro da metalinguagem não apresenta grande dificuldade.

Como já indiquei no §2 (p.52), uma correspondência um para um entre as expressões da linguagem e os números naturais pode ser estabelecida sem muita dificuldade; podemos definir na metalinguagem uma sequência infinita ϕ de expressões na qual toda expressão da linguagem ocorre uma e apenas uma vez. Dessa maneira, podemos correlacionar com toda operação sobre expressões uma operação sobre números naturais (que possuem as mesmas propriedades formais), com toda classe de expressões uma classe de números naturais, e assim por diante. Assim, a metalinguagem recebe uma interpretação na aritmética dos números naturais e, indiretamente, na linguagem da teoria geral das classes.

Suponhamos que tenhamos definido a classe *Tr* de sentenças na metalinguagem. Corresponderia então a essa classe uma classe de números naturais definida exclusivamente nos termos da aritmética. Consideremos a expressão '$\bigcup_1^3 (\iota_n \cdot \phi_n) \notin Tr$'. Essa é uma função sentencial da metalinguagem que contém 'n' como a única variável livre. Das observações prévias, decorre que podemos correlacionar a essa função uma outra função equivalente para qualquer valor de 'n', mas que é completamente expressa em termos da aritmética. Vamos escrever a nova função na forma esquemática '$\psi(n)$'. Temos assim:

(1)   *para todo n, $\bigcup_1^3 (\iota_n \cdot \phi_n) \notin Tr$ se e somente se $\psi(n)$.*

---
[95] Ver p.102, nota 77.

Uma vez que a linguagem da teoria geral de classes é suficiente para a fundamentação da aritmética dos números naturais, podemos supor que '$\psi(n)$' é uma das funções dessa linguagem. A função '$\psi(n)$' será, assim, um termo da sequência ϕ, por exemplo, o termo com o índice k, '$\psi(n)$' = ϕ_k. Se substituirmos 'n' por 'k' na sentença (1), obteremos:

(2) $\qquad \bigcup_1^3 (\iota_k \cdot \phi_k) \notin Tr$ se e somente se $\psi(k)$.

O símbolo '$\bigcup_1^3 (\iota_k \cdot \phi_k)$' denota, é claro, uma sentença da linguagem sob investigação. Aplicando a essa sentença a condição (α) da Convenção T, obtemos uma sentença da forma '$x \in Tr$ se e somente se p', em que 'x' deve ser substituído por um nome estrutural-descritivo ou algum outro nome individual do enunciado $\bigcup_1^3 (\iota_k \cdot \phi_k)$, mas '$p$' por esse próprio enunciado ou por qualquer outro enunciado equivalente a ele. Em particular, podemos substituir 'x' por '$\bigcup_1^3 (\iota_k \cdot \phi_k)$' e por '$p$' — em vista do significado do símbolo 'ι_k' — o enunciado 'há um n tal que $n = k$ e $\psi(n)$', ou simplesmente '$\psi(k)$'. Assim, obtemos a seguinte formulação:

(3) $\qquad \bigcup_1^3 (\iota_k \cdot \phi_k) \in Tr$ se e somente se $\psi(k)$.

As sentenças (2) e (3) estão em contradição palpável uma com a outra; a sentença (2) é de fato diretamente equivalente à negação de (3). Dessa maneira, demonstramos a primeira parte do teorema. Demonstramos que, entre as consequências da definição do símbolo 'Tr', deve aparecer a negação de uma das sentenças mencionadas na condição (α) da Convenção T. Disso decorre imediatamente a segunda parte do teorema.

A suposição de consistência que aparece na parte (β) desse teorema é essencial. Se a classe de todas as sentenças demonstráveis da metateoria contivesse uma contradição, então toda definição na metateoria teria, entre suas consequências, todas as sentenças possíveis (uma vez que todas seriam demonstráveis na metateoria), em particular aquelas descritas na Convenção T. Por outro lado, como agora sabemos,[96] não há nenhuma perspectiva de demonstrar, com

---

[96] Cf. GÖDEL, K. [21], p.196 (Teorema XI).

§5. O conceito de sentença verdadeira em linguagens de ordem infinita

base na meta-metateoria, a consistência da metateoria na qual estamos trabalhando. Deve-se notar que, em vista da existência de uma interpretação da metateoria na própria ciência (um fato que desempenhou um papel tão essencial na demonstração acima esboçada), a suposição da segunda parte do Teorema I é equivalente à suposição da consistência da própria ciência investigada e, do ponto de vista intuitivo, tão evidente quanto.

O resultado obtido no Teorema I talvez pareça, à primeira vista, incomumente paradoxal. Tal impressão será sem dúvida enfraquecida tão logo recordemos a distinção fundamental entre o conteúdo de um conceito a ser definido e a natureza daqueles conceitos que estão à nossa disposição para a construção da definição.

A metalinguagem na qual realizamos a investigação contém exclusivamente termos estruturais-descritivos, tais como nomes de expressões da linguagem, propriedades estruturais dessas expressões, relações estruturais entre expressões, e assim por diante, bem como expressões de caráter lógico entre as quais encontramos (no caso presente) todas as expressões da linguagem estudada. O que chamamos de metateoria é, fundamentalmente, a *morfologia da linguagem* — uma ciência da forma das expressões — um correlato de partes da gramática tradicional, tais como morfologia, etimologia e sintaxe.

O fato de a linguagem estudada e a ciência dedutiva realizada nessa linguagem serem formalizadas ocasionou um interessante fenômeno: foi possível reduzir a conceitos estruturais-descritivos certas outras noções de caráter totalmente diferente, que são distintas da anterior tanto em sua origem quanto em seu significado usual — a saber, o conceito de consequência junto com uma série de noções relacionadas.[97] Foi possível estabelecer o que pode ser chamado a *lógica da ciência dada* como parte da morfologia.

---

[97] A redução do conceito de consequência a conceitos pertencentes à morfologia da linguagem é um resultado do método dedutivo em seus mais recentes estágios de desenvolvimento. Quando, na vida cotidiana, dizemos que uma sentença decorre de outras sentenças, sem dúvida queremos dizer algo bem diferente da existência de certas relações estruturais entre essas sentenças. Em vista dos mais recentes resultados de Gödel, parece duvidoso se essa redução foi efetuada sem deixar um resto.

Encorajados por esse sucesso, tentamos ir além e construir na metalinguagem definições de certos conceitos pertencentes a um outro domínio: aquele chamado a *semântica da linguagem* — isto é, conceitos tais como satisfação, denotação, verdade, definibilidade, e assim por diante. Um aspecto característico dos conceitos semânticos é que eles dão expressão a certas relações entre as expressões da linguagem e os objetos a respeito dos quais essas expressões falam, ou que, por meio de tais relações, eles caracterizam certas classes de expressões ou outros objetos. Podíamos também dizer (fazendo uso da *suppositio materialis*) que esses conceitos servem para estabelecer a correlação entre os nomes de expressões e as próprias expressões.

Por um longo tempo, os conceitos semânticos tiveram uma má reputação entre os especialistas no estudo da linguagem. Eles resistiram a todas as tentativas de definir exatamente seu significado, e as propriedades desses conceitos, aparentemente tão claras em seu conteúdo, levaram a paradoxos e antinomias. Por essa razão, a tendência de reduzir esses conceitos a conceitos estruturais-descritivos parece bastante natural e bem fundada. O fato a seguir parecia favorecer a possibilidade de realizar tal tendência: sempre foi possível substituir toda frase contendo esses termos semânticos, e que diz respeito a expressões particulares da linguagem, estruturalmente descritas, por uma frase equivalente em conteúdo e livre de tais termos. Em outras palavras, é possível formular infinitamente muitas definições parciais para todo conceito semântico, que exaurem em sua totalidade todos os casos de aplicação do conceito a expressões concretas e das quais são exemplos as sentenças citadas na condição (α) da Convenção T. Foi justamente com esse fim que, como regra, incluímos na metalinguagem, com respeito ao conteúdo dos conceitos semânticos, não apenas os nomes de expressões mas todas as expressões da própria linguagem ou expressões com o mesmo significado (mesmo quando essas expressões não fossem de caráter lógico, cf. p.79s), embora um tal enriquecimento da metalinguagem não tenha vantagens para a persecução da morfologia 'pura' da linguagem.

Por si, o fato mencionado não tem importância decisiva; ele não apresenta nenhum caminho pelo qual seja possível uma transição automática das definições parciais a uma definição geral, que inclua to-

§5. O conceito de sentença verdadeira em linguagens de ordem infinita 123

das elas como casos especiais e forme seu produto lógico infinito.[98] Apenas graças aos métodos especiais de construção que desenvolvemos nos §§3 e 4 foi possível sucesso em realizar a necessária redução dos conceitos semânticos, e mesmo assim apenas para um grupo especificado de linguagens pobres em formas gramaticais e com um equipamento restrito de categorias semânticas — a saber, as linguagens de ordem finita. Recordemos que os métodos lá aplicados requerem a utilização, na metalinguagem, de categorias de ordem mais alta que todas as categorias da linguagem estudada e que são, por isso, fundamentalmente diferentes de todas as formas gramaticais dessa linguagem. A análise da prova do Teorema I esboçada acima mostra que essa circunstância não é acidental. Sob certas suposições gerais, demonstra-se ser impossível construir uma definição correta de verdade se forem utilizadas apenas as categorias que aparecem na linguagem sob consideração.[99] Por essa razão, a situação mudou fun-

---

[98] No decurso de nossa investigação, encontramos repetidamente fenômenos similares: a impossibilidade de apreender a dependência simultânea entre objetos que pertencem a infinitamente muitas categorias semânticas; a falta de termos de 'ordem infinita'; a impossibilidade de incluir infinitamente muitos conceitos em *um* processo de definição, e assim por diante (p.56s, 101s, 113, 115). Não acredito que esses fenômenos possam ser vistos como sintoma da incompletude formal das linguagens realmente existentes — sua causa deve ser procurada bem mais na natureza da própria linguagem: a linguagem, que é um produto da atividade humana, necessariamente possui um caráter 'finitista', e não pode servir como ferramenta adequada para a investigação de fatos ou para a construção de conceitos de caráter eminentemente 'infinitista'.

[99] A partir disso, ou, imediatamente, a partir de certos resultados contidos em GÖDEL, K. [21] (p.187–91), pode-se facilmente inferir que uma definição estrutural de verdade — no sentido discutido na p.105ss, especialmente na p.107, nota 80 — não pode ser construída nem mesmo para a maioria das linguagens de ordem finita. De outras investigações desse autor (op.cit., p.193, Teorema IX) segue-se que, em certos casos elementares nos quais podemos construir uma tal definição, é mesmo assim impossível apresentar um critério estrutural geral para a verdade de uma sentença. O primeiro desses resultados se aplica, por exemplo, à lógica das relações de dois e de muitos termos discutida no §4. O segundo resultado aplica-se, por exemplo, ao cálculo de predicados de primeira ordem (*engere Funktionenkalkül*) de Hilbert–Ackermann [27], p.43ss; neste caso, contudo, o resultado é aplicado, não à noção de sentença verdadeira, mas à noção relacionada de uma função sentencial universalmente válida (*allgemeingültig*).

Neste ponto gostaríamos de chamar a atenção à íntima conexão entre as noções

damentalmente quando passamos para as linguagens 'ricas' de ordem infinita. Os métodos anteriormente usados demonstraram-se inaplicáveis; todos os conceitos e formas gramaticais da metalinguagem encontraram uma interpretação na linguagem e, assim, pudemos mostrar conclusivamente que a semântica da linguagem não podia ser estabelecida como parte de sua morfologia. A importância dos resultados alcançados reduz-se exatamente a isso.

Mas, além disso, o Teorema I acarreta importantes consequências de natureza metodológica. Ele mostra que é impossível definir na metateoria uma classe de sentenças da linguagem estudada que consista exclusivamente em sentenças materialmente verdadeiras e seja ao mesmo tempo completo (no sentido da Definição 20 do §2). Em particular, se aumentarmos de qualquer maneira a classe de sentenças demonstráveis da ciência investigada — seja fazendo acréscimos à lista de axiomas ou liberalizando as regras de inferência — então ou adicionamos sentenças falsas a essa classe ou obtemos um sistema incompleto. Isso é ainda mais interessante na medida em que a ampliação da classe de sentenças demonstráveis para formar um sistema completo e consistente não apresenta, em si, dificuldade alguma.[100]

Uma interpretação do Teorema I que fosse além dos limites dados não seria justificada. Em particular, seria incorreto inferir a impossibilidade de operar, de modo consistente e em concordante com a intuição, com conceitos semânticos, especialmente com o conceito de verdade. Contudo, uma vez que um dos possíveis caminhos para a construção dos fundamentos científicos da semântica está fechado, devemos procurar outros métodos. Surge naturalmente a ideia de estabelecer a semântica como uma ciência dedutiva especial que comporta um sistema de morfologia como sua subestrutura lógica. Para

---

de 'definição estrutural de verdade' e de 'critério estrutural geral de verdade' discutido neste trabalho, e as noções de enumerabilidade recursiva e recursividade geral conhecidas da literatura recente (ver, por exemplo, MOSTOWSKI, A. [43], cap.5). De fato, sempre que for demonstrado que o conjunto de sentenças verdadeiras de uma dada teoria formalizada é recursivamente enumerável, podemos dizer que há uma definição estrutural de verdade para a teoria. Por outro lado, dizemos que há um critério estrutural geral de verdade se, e somente se, o conjunto de todas as sentenças verdadeiras é recursivo (geral).

[100] Cf. TARSKI, A. [73], p.98, Teorema 56, um resultado de Lindenbaum.

§5. O conceito de sentença verdadeira em linguagens de ordem infinita

esse propósito, seria necessário introduzir na morfologia a noção semântica dada como um conceito não definido e estabelecer suas propriedades fundamentais por meio de axiomas. A experiência advinda do estudo de conceitos semânticos com respeito à linguagem coloquial alerta para os grandes riscos que podem acompanhar o uso desse método. Por essa razão, torna-se especialmente importante a questão de como podemos nos certificar de que o método axiomático não levará, neste caso, a complicações e antinomias.

Ao discutir essa questão, vou me restringir à teoria da verdade e, em primeiro lugar, vou estabelecer o seguinte teorema, que é consequência da discussão na seção precedente:

Teorema II. *Para um número natural arbitrário k, previamente dado, é possível construir uma definição do símbolo 'Tr' com base na metateoria que tem, entre suas consequências, todas aquelas sentenças da condição (α) da Convenção T nas quais, em lugar do símbolo 'p', ocorrem sentenças com variáveis no máximo da k-ésima ordem (e, além disso, a sentença citada na condição (β) dessa convenção).*

Como prova, é suficiente observar que esse teorema não mais diz respeito à linguagem estudada em sua extensão total, mas apenas ao fragmento dela que inclui todas aquelas expressões que não contêm variáveis de ordem maior que a *k*-ésima. Tal fragmento é claramente uma linguagem de ordem finita e, de fato, uma linguagem da 2ª espécie. Podemos, portanto, construir facilmente a definição requerida aplicando um dos dois métodos descritos no §4. Deve-se notar que a definição assim obtida (junto com as consequências apresentadas no Teorema II) gera uma série de teoremas de natureza geral, como os Teoremas 1–5 do §3, por exemplo, se as formulações desses teoremas forem adequadamente enfraquecidas, restringindo o domínio de sua aplicabilidade a sentenças com variáveis de no máximo a *k*-ésima ordem.

Assim, veremos que, ao contrário da teoria da verdade em sua totalidade, os fragmentos isolados dessa teoria (cujos objetos de investigação são sentenças que contêm apenas variáveis de ordem limitada superiormente) podem ser estabelecidos como fragmentos da metateoria. Se, portanto, a metateoria for consistente, não encontraremos nesses fragmentos uma contradição. O último resultado pode ser estendido, em certo sentido, à teoria inteira da verdade, como mostra o seguinte teorema:

Teorema III. *Se a classe de todas as sentenças demonstráveis da metateoria for consistente, e se acrescentarmos à metateoria o símbolo 'Tr' como um novo símbolo primitivo e todos os teoremas descritos nas condições (α) e (β) da Convenção T como novos axiomas, então a classe das sentenças demonstráveis na metateoria, aumentada dessa maneira, também será consistente.*

Para demonstrar esse teorema, notamos que a condição (α) contém infinitamente muitas sentenças que são tomadas como axiomas da teoria da verdade. Um número finito desses axiomas — mesmo em união com o único axioma da condição (β) — não pode levar a uma contradição (na medida em que já não haja uma contradição na metateoria). Na realidade, no número finito de axiomas obtido de (α) aparece apenas um número finito de sentenças da linguagem estudada e nessas sentenças encontramos um número finito de variáveis. Deve, portanto, haver um número natural k tal que a ordem de nenhuma dessas variáveis exceda k. Disso se segue, pelo Teorema II, que uma definição do símbolo 'Tr' pode ser construída na metateoria tal que os axiomas em questão tornem-se consequências desta definição. Em outras palavras: esses axiomas, com uma interpretação adequada do símbolo 'Tr', tornam-se sentenças demonstráveis da metateoria (esse fato pode também ser estabelecido diretamente, isto é, independentemente do Teorema II). Se alguma classe de sentenças contém uma contradição, é fácil mostrar que a contradição deve aparecer em uma parte finita da classe.[101] Uma vez que, contudo, nenhuma parte finita do sistema axiomático descrito no Teorema III contém uma contradição, o sistema como um todo é consistente, como queríamos demonstrar.

O valor do resultado obtido é consideravelmente diminuído pelo fato de os axiomas mencionados no Teorema III apresentarem um poder dedutivo muito restrito. Uma teoria da verdade neles fundamentada seria um sistema altamente incompleto, carecendo dos mais

---

[101] Cf. TARSKI, A. [73], p.41, Teorema 48.

§5. O conceito de sentença verdadeira em linguagens de ordem infinita

importantes e mais frutíferos teoremas gerais. Vamos mostrar isso em mais detalhe com um exemplo concreto. Consideremos a função sentencial '$x \notin Tr$ ou $\bar{x} \notin Tr$'. Se nessa função substituirmos a variável 'x' por nomes estruturais-descritivos de sentenças, obteremos um número infinito de teoremas, cuja prova com base no número infinito de axiomas obtidos da Convenção T não apresenta a menor dificuldade. Mas a situação muda fundamentalmente tão logo passemos à quantificação universal dessa função sentencial, isto é, ao princípio geral de contradição. Do ponto de vista intuitivo, a verdade de todos esses teoremas já é, ela própria, uma prova do princípio geral; esse princípio representa, por assim dizer, um 'produto lógico infinito' daqueles teoremas especiais. Mas isso não significa, de modo algum, que possamos realmente derivar o princípio de contradição dos axiomas ou teoremas mencionados por meio dos modos normais de inferência usualmente empregados. Pelo contrário, através de uma pequena modificação na prova do Teorema III pode-se mostrar que o princípio de Contradição não é uma consequência (ao menos no sentido considerado da palavra) do sistema axiomático descrito.

Poderíamos, é claro, ampliar agora o sistema axiomático acima acrescentando a ele uma série de sentenças gerais independentes desse sistema. Poderíamos tomar como novos axiomas os princípios de Contradição e do Terceiro Excluído, bem como aquelas sentenças que afirmam que as consequências de sentenças verdadeiras são verdadeiras, e também que todas as sentenças primitivas da ciência investigada pertencem à classe das sentenças verdadeiras. O Teorema III poderia ser estendido ao sistema axiomático ampliado desta maneira.[102] Mas damos pouca importância a esse procedimento, pois parece que toda ampliação semelhante do sistema axiomático tem um caráter acidental, dependendo de fatores não muito essenciais, tais como o estado atual de conhecimento nesse campo. Em qual-

---

[102] No entanto, para esse propósito, devemos modificar em certa medida as premissas do teorema, pressupondo que a classe de todas as sentenças demonstráveis na metateoria não é apenas consistente, mas também ω-consistente no sentido de GÖDEL, K. [21], p.187, ou, em outras palavras, que essa classe permanece consistente depois de uma única aplicação da regra de indução infinita, que será discutida a seguir.

quer caso, vários critérios objetivos que desejaríamos aplicar na escolha de axiomas adicionais mostram-se inteiramente inaplicáveis. Assim, parece natural requerer que os axiomas da teoria da verdade, junto com os axiomas originais da metateoria, devam constituir um sistema categórico.[103] Pode-se mostrar que, no caso presente, esse postulado coincide com um outro postulado, segundo o qual o sistema axiomático da teoria da verdade deve determinar de modo não ambíguo a extensão do símbolo '*Tr*' que nela ocorre, e no seguinte sentido: se introduzirmos na metateoria, junto com este símbolo, um outro sinal primitivo, por exemplo o símbolo '*Tr'*', e estabelecermos axiomas análogos para ele, então o enunciado '*Tr* = *Tr'*' deverá ser demonstrável. Mas esse postulado não pode ser satisfeito, pois não é difícil demonstrar que, no caso contrário, o conceito de verdade poderia ser definido exclusivamente por meio de termos pertencentes à morfologia da linguagem, o que estaria em palpável contradição com o Teorema I. Por outras razões, de natureza mais geral, não pode haver um sistema axiomático que seja completo e, consequentemente, seja suficiente para a solução de todo problema no domínio da teoria sob consideração. Essa é uma consequência metodológica imediata do Teorema I, aplicado não à linguagem da teoria geral de classes, mas à linguagem mais rica da metateoria e da teoria da verdade (cf. as observações na p.123).

Há, contudo, uma maneira bem diferente na qual os fundamentos da teoria da verdade podem ser essencialmente reforçados. O fato de que não podemos inferir, da correção de todas as substituições de uma função sentencial tal como '$x \notin Tr$ ou $\bar{x} \notin Tr$', a correção da sentença que é a generalização dessa função pode ser encarado como sintoma de uma certa imperfeição nas regras de inferência até aqui usadas nas ciências dedutivas. Para remediar esse defeito, poderíamos adotar uma nova regra, a chamada *regra da indução infinita*, que, aplicada à metateoria, poderia ser formulada mais ou menos como se segue: se uma dada função sentencial contém o símbolo 'x', que pertence à mesma categoria semântica que os nomes de expressões, como sua única variável livre, e se toda sentença, que surge da dada função

---

[103] Ver p.42, nota 22.

§5. O conceito de sentença verdadeira em linguagens de ordem infinita

pela substituição da variável 'x' pelo nome estrutural-descritivo de alguma expressão da linguagem investigada, for um teorema demonstrável da metateoria, então a sentença que obtemos da frase '*para todo x, se x é uma expressão, então p*' pela substituição do símbolo '*p*' pela função dada pode também ser adicionada aos teoremas da metateoria. Pode-se também dar a essa regra uma outra formulação, que difere da precedente apenas pelo fato de que nela, em vez de falarmos sobre expressões, falamos de números naturais e, em vez de nomes estruturais-descritivos de expressões, lidamos com os chamados símbolos de números naturais, isto é, símbolos tais como '0', '1', '1 + 1', '1 + 1 + 1', e assim por diante. Nesta forma, a regra de indução infinita lembra o Princípio de Indução Completa, que ela supera consideravelmente em força lógica. Uma vez que é possível estabelecer efetivamente uma correspondência um a um entre expressões e os números naturais (cf. a prova do Teorema I), é fácil ver que as duas formulações são equivalentes com base na metateoria. Porém, na segunda formulação, não ocorre absolutamente nenhum conceito específico da metalinguagem, e por essa razão ela é aplicável a muitas outras ciências dedutivas. No caso em que estivermos tratando de uma ciência em cuja linguagem não há símbolos específicos para os números naturais, essa formulação requer certas modificações externas. Por exemplo, para formular a regra para a teoria geral de classes, no lugar de substituições de uma dada função sentencial devemos operar com expressões do tipo '$\bigcup_1^3 (\iota_k \cdot p)$', nas quais a função em questão ocorre no lugar de '*p*' e o símbolo 'ι_k' tem o mesmo significado que na prova do Teorema I.[104]

Devido à sua natureza não finitista, a regra de indução infinita difere fundamentalmente das regras normais de inferência. Em cada ocasião de seu uso, devem ser levadas em consideração infinitamente

---

[104] No ano 1926, já indiquei a importância da regra de indução infinita. Num relatório ao Segundo Congresso Polonês de Filosofia, em 1927, apresentei, entre outras coisas, um exemplo simples de um sistema dedutivo consistente que, depois de uma única aplicação dessa regra, deixa de ser consistente, e não é, portanto, ω-consistente (cf. p.127, nota 1; ver também TARSKI, A. [76], p.282, nota 2). Algumas observações sobre essa regra podem ser encontradas em HILBERT, D. [26], p.491–2.

muitas sentenças, embora em momento algum no desenvolvimento de uma ciência seja de fato dado um tal número de teoremas previamente demonstrados. Pode-se bem duvidar se há algum lugar para o uso de uma tal regra dentro dos limites da concepção existente do método dedutivo. A questão de se essa regra não leva a contradições apresenta dificuldades não menos sérias que o problema análogo a respeito das regras existentes, mesmo se assumirmos a consistência das regras existentes e permitirmos o uso da nova regra não apenas na teoria mas também na metateoria correspondente e, em particular, em qualquer tentativa de demonstrar consistência. No entanto, do ponto de vista intuitivo, a regra de indução infinita parece ser tão confiável quanto as regras normalmente aplicadas: ela sempre leva de sentenças verdadeiras a sentenças verdadeiras. Com respeito a linguagens de ordem finita, esse fato pode ser estritamente demonstrado por meio da definição de verdade construída para essas linguagens. O fato de essa regra possibilitar a resolução de muitos problemas que não são solúveis com base nas velhas regras é um ponto favorável para a aceitação da nova regra, não apenas na teoria mas também na metateoria. Pela introdução dessa regra, a classe de sentenças demonstráveis é ampliada em muito maior extensão que por qualquer complementação da lista de axiomas.[105] No caso de certas ciências dedutivas elementares, tal ampliação é tão grande que a classe de teoremas torna-se um sistema completo e coincide com a classe de sentenças verdadeiras. A teoria elementar de números fornece um exemplo — a saber, a ciência na qual todas as variáveis representam nomes de números naturais ou inteiros e as constantes são os símbolos dos cálculos sentencial e de predicados, sendo os símbolos para zero, um, igualdade, soma, produto e possivelmente outros definidos com auxílio destes.[†]

---

[105] Assim, por exemplo, se adotarmos essa regra na metalinguagem sem incluí-la na linguagem, podemos demonstrar que a classe de sentenças demonstráveis da ciência é consistente, o que antes não era possível. Com respeito a esse problema, cf. GÖDEL, K. [21], p.187–91 e 196.

[†] A última observação permite construir uma definição de verdade bastante simples para a teoria elementar de números sem usar nosso método geral. A definição assim construída pode ser adicionalmente simplificada. De fato, podemos primeiro descrever estruturalmente todas as sentenças verdadeiras que não contêm variáveis

§5. O conceito de sentença verdadeira em linguagens de ordem infinita

Se tivermos decidido adotar a regra de indução infinita na metateoria, então o sistema axiomático ao qual o Teorema III se refere já forma um fundamento suficiente para o desenvolvimento da teoria da verdade. A prova de qualquer um dos teoremas conhecidos nesse campo não apresentará então dificuldade alguma, em particular os Teoremas 1–6 do §3 e o teorema de acordo com o qual a regra de indução infinita, quando aplicada a sentenças verdadeiras, sempre gera sentenças verdadeiras. Mais importante ainda: esses axiomas, junto com os axiomas gerais da metateoria, formam um sistema categórico (embora não completo) e determinam de maneira não ambígua a extensão do símbolo 'Tr' que ocorre neles.

Nessas circunstâncias, a questão de se a teoria erigida nessas fundações não contém nenhuma contradição interna adquire uma importância especial. Infelizmente, essa questão não pode ser decidida de forma definitiva no presente. O Teorema I mantém sua validade plena: apesar do reforço dos fundamentos da metateoria, a teoria da verdade não pode ser construída como parte da morfologia da linguagem. Por outro lado, não podemos, por ora, demonstrar o Teorema III para a metalinguagem ampliada. A premissa que desempenhou o papel mais essencial na prova original, isto é, a redução da consistência do sistema axiomático infinito à consistência de cada parte finita desse sistema, perde agora completamente sua validade — como se pode facilmente verificar — em face do conteúdo da regra recém-adotada. A possibilidade de a questão não poder ser decidida em qualquer direção não está excluída (ao menos com base em um sistema 'normal' da meta-metateoria, construído de acordo com os princípios apresentados no início do §4 e que não contém a semântica da metalinguagem). Por outro lado, a possibilidade de mostrar que o Teorema III em sua nova interpretação é falso parece ser pouco provável do ponto de vista intuitivo. Um fato parece claro: a antinomia do mentiroso não pode ser reconstruída diretamente, seja na formulação encontrada no §1, seja na forma na qual ela apareceu na prova do Teorema I, pois aqui os axiomas adotados na teoria da ver-

---

(ou quantificadores), e então definir uma sentença arbitrária como verdadeira se e somente se ela puder ser obtida dessas sentenças elementares verdadeiras pela aplicação da regra de indução infinita um número arbitrário de vezes.

dade claramente possuem, ao contrário do que ocorre na linguagem coloquial, o caráter de definições parciais. Através da introdução do símbolo 'Tr' a metalinguagem não se torna de modo algum semanticamente universal, não coincide com a própria linguagem e não pode ser interpretada nessa linguagem (cf. p.26 e 118).[106]

Nenhum obstáculo sério encontra-se no caminho da aplicação dos resultados obtidos a outras linguagens de ordem infinita. Isso é especialmente verdadeiro a respeito do mais importante desses resultados: o Teorema I. As linguagens de ordem infinita, graças à variedade de expressões significativas nelas contidas, fornecem meios suficientes para a formulação de toda sentença pertencente à aritmética dos números naturais e, em consequência, permitem que a metalinguagem seja interpretada na própria linguagem. É graças justamente a essa circunstância que o Teorema I mantém sua validade para todas as linguagens desse tipo.[107]

---

[106] Este último problema é equivalente a um problema aparentemente mais geral, de natureza metodológica, que pode ser formulado como segue. Pressupomos a consistência da metateoria complementada pela regra de indução infinita. Consideramos uma sequência infinita t de sentenças da metateoria; além disso, tomamos na metateoria um novo símbolo primitivo 'N', e adicionamos como axiomas aquelas e apenas aquelas sentenças que são obtidas do esquema '$n \in N$ se e somente se p' substituindo-se o símbolo 'n' pelo k-ésimo símbolo específico dos números naturais (isto é, a expressão composta de k símbolos '1' separados uns dos outros pelos símbolos '+') e o símbolo 'p' pelo k-ésimo termo da sequência t (k sendo aqui um número natural arbitrário). Surge agora a questão de se a classe das sentenças demonstráveis da metateoria, quando assim ampliada, permanece consistente. Esse problema pode ser denominado o *problema das definições indutivas infinitas*. O sistema axiomático nela descrito pode — do ponto de vista intuitivo — ser considerado uma definição *sui generis* do símbolo 'N', distinta das definições normais apenas pelo fato de ser formulada em infinitamente muitas sentenças. Em vista desse caráter dos axiomas, a possibilidade de uma solução negativa do problema não parece muito provável. Do Teorema II e da interpretação da metateoria na própria teoria, não é difícil inferir que esse problema pode ser resolvido em um sentido positivo naqueles casos em que a ordem de todas as variáveis que ocorrem nas sentenças da sequência t seja limitada superiormente. É então até mesmo possível construir uma definição do símbolo 'N' na metateoria tal que todos os axiomas mencionados decorrem dela. Este problema obviamente não depende das propriedades específicas da metateoria como tal; ele também pode ser apresentado na mesma forma, ou em uma forma algo modificada, para outras ciências dedutivas, por exemplo para a teoria geral de classes.

[107] Um cuidado é necessário aqui: se escolhermos como ponto de partida a classi-

§5. O conceito de sentença verdadeira em linguagens de ordem infinita

Algumas observações podem ser acrescentadas a respeito daqueles casos nos quais são investigadas não linguagens isoladas, mas classes inteiras de linguagens. Como já enfatizei na Introdução, o conceito de verdade depende essencialmente, no que diz respeito tanto à extensão quanto ao conteúdo, da linguagem ao qual ele é aplicado. Podemos apenas dizer significativamente de uma expressão que ela é verdadeira ou não se tratarmos essa expressão como parte de uma linguagem concreta. Tão logo a discussão diga respeito a mais de uma linguagem, a expressão 'sentença verdadeira' passa a ser ambígua. Se queremos evitar essa ambiguidade, devemos substituí-la pela expressão relativa 'uma sentença verdadeira com respeito à linguagem dada'. Para precisar o sentido dessa expressão, aplicamos a ela essencialmente o mesmo procedimento que antes: construímos uma metalinguagem comum para todas as linguagens da classe dada; dentro da metalinguagem, tentamos definir a expressão em questão com auxílio dos métodos desenvolvidos nos §§3 e 4. Se não tivermos sucesso, acrescentamos essa expressão às expressões fundamentais da metalinguagem e, pelo método axiomático, determinamos seu significado de acordo com as instruções do Teorema III desta seção. Devido à relativização desse expressão, devemos, não obstante, esperar *a priori* que, ao executar o plano acima esboçado, as dificuldades anteriores sejam significativamente aumentadas e que possam surgir complicações inteiramente novas (relacionadas, por exemplo, com a necessidade de definir a palavra 'linguagem'). Não

---

ficação de categorias semânticas esboçada na p.87, nota 66, encontraremos outra vez linguagens de ordem infinita para as quais o Teorema I perde sua validade. Um exemplo típico é fornecido pela linguagem da *Prototética* de Leśniewski (cf. LEŚNIEWSKI, S. [36]). Em consequência do caráter 'finitista' de todas as categorias semânticas dessa linguagem, é fácil construir, na metalinguagem, uma definição correta de verdade, escolhendo o modelo do método de matrizes do cálculo sentencial ampliado. Além do mais, uma tal definição pode ser obtida de outras maneiras: como Leśniewski mostrou, a classe de sentenças demonstráveis da prototética é completa e, portanto, o conceito de sentença demonstrável coincide em extensão com aquele de sentença verdadeira. O Teorema I, por outro lado, aplica-se sem restrição a todas as linguagens nas quais a ordem das categorias semânticas do domínio da *Ontologia* de Leśniewski (cf. LEŚNIEWSKI, S. [37]) não seja limitado superiormente.

pretendo discutir mais detalhadamente os problemas aqui levantados, pois as perspectivas para tais investigações parecem ser presentemente bastante limitadas. Em particular, seria incorreto supor que a relativização do conceito de verdade — na direção acima mencionada — fosse abrir caminho para alguma teoria geral desse conceito que incluísse todas as linguagens possíveis, ou ao menos todas as linguagens formalizadas. A classe de linguagens escolhida como objeto de estudo simultâneo não deve ser muito ampla. Se, por exemplo, incluirmos nessa classe a metalinguagem, que forma o campo de investigações e já contém o conceito de verdade, criamos automaticamente as condições que permitem a reconstrução da antinomia do mentiroso. A linguagem da teoria geral de verdade conteria então uma contradição, exatamente pela mesma razão que a linguagem coloquial.

Em conclusão, pode-se mencionar que os resultados obtidos podem ser estendidos a outros conceitos semânticos, por exemplo ao conceito de satisfação. Para cada um desses conceitos pode ser estabelecido um sistema de postulados que (1) contém definições parciais análogas aos enunciados descritos na condição (α) da Convenção T que determinam o significado do conceito dado com respeito a todas as expressões concretas, estruturalmente descritas, de uma dada classe (por exemplo, com respeito a sentenças ou funções sentenciais de um tipo semântico específico), e (2) contém um postulado adicional que corresponde à sentença da condição (β) da mesma convenção e estipula que o conceito em questão pode ser aplicado apenas a expressões da classe dada. Devemos estar preparados para considerar materialmente adequada uma tal definição do conceito estudado se suas consequências incluírem todos os postulados do sistema acima. Métodos similares àqueles descritos nos §§3 e 4 permitem construir a definição requerida em todos os casos em que estivermos lidando com linguagens de ordem finita, ou, mais geralmente, em que o conceito semântico estudado diz respeito exclusivamente a expressões linguísticas nas quais a ordem das variáveis é superiormente limitada (cf. Teorema II). Nos casos remanescentes, pode-se mostrar — segundo o padrão da prova do Teorema I — que nenhuma definição com as propriedades mencionadas pode ser formulada na metalinguagem.[108] Para construir também nesses casos a teoria do conceito estudado, ele deve ser incluído no sistema de conceitos primitivos, e o postulado descrito acima deve ser incluído no sistema axiomático da metateoria. Um procedimento análogo à prova do Teorema III demonstra que o sistema da metalinguagem assim complementado permanece internamente consistente. O poder dedutivo dos postulados acrescentados, contudo, é muito restrito: eles não são suficientes para a prova dos mais importantes teoremas gerais que dizem respeito ao conceito em questão, não determinam sua extensão de maneira não ambígua, e o sistema obtido não é completo nem categórico. Para eliminar esse defeito, devemos reforçar os fundamentos da própria metateoria, adicionando às suas regras de inferência a regra de indução infinita. Contudo, a prova de consistência apresentaria então grandes dificuldades, as quais não somos capazes de superar no momento.

§6. Resumo

Os principais resultados deste artigo podem ser resumidos nas seguintes teses:

A. *Para cada linguagem formalizada de ordem finita, pode ser construída na metalinguagem uma definição formalmente correta e materialmente adequada de sentença verdadeira, fazendo-se uso apenas de expressões de caráter lógico geral, de expressões da própria linguagem bem como de termos pertencentes à morfologia da linguagem, isto é, de nomes de expressões linguísticas e das relações estruturais existentes entre elas.*

---

[108] Isso diz respeito especialmente ao conceito de definibilidade (embora, nesse caso, tanto a formulação do próprio problema quanto o método de solução requeiram certas modificações em comparação com o esquema proposto no texto). Em [74], exprimi a conjectura de que é impossível definir esse conceito em sua extensão total com base nas metalinguagens. Posso agora provar essa conjectura com exatidão. O fato é tanto mais notável na medida em que é possível — como mostrei no artigo mencionado — construir as definições dos casos particulares do conceito de definibilidade que se aplicam não apenas à linguagem inteira mas a qualquer um de seus fragmentos de ordem finita, não apenas na metalinguagem mas também na própria linguagem.

B. Para linguagens formalizadas de ordem infinita, a construção de uma tal definição é impossível.

C. Por outro lado, mesmo com respeito a linguagens formalizadas de ordem infinita, o uso consistente e correto do conceito de verdade torna-se possível com a inclusão desse conceito no sistema de conceitos primitivos da metalinguagem e a determinação de suas propriedades fundamentais por meio do *método axiomático* (a questão de se a teoria da verdade assim estabelecida não contém contradições permanece sem resposta).

Uma vez que os resultados obtidos podem ser facilmente estendidos a outros conceitos semânticos, as teses acima podem ser apresentadas em uma forma mais geral:

A'. *A semântica de qualquer linguagem formalizada de ordem finita pode ser construída como parte da morfologia da linguagem, baseada em definições correspondentemente construídas.*

B'. *É impossível estabelecer dessa maneira a semântica das linguagens formalizadas de ordem infinita.*

C'. *Mas a semântica de qualquer linguagem formalizada de ordem infinita pode ser estabelecida como uma ciência independente baseada em seus próprios conceitos primitivos e em seus próprios axiomas, tendo como fundamento lógico um sistema da morfologia da linguagem* (embora uma garantia total de que a semântica construída por tal método não contenha contradições internas esteja faltando no presente).

Do ponto de vista formal, as investigações precedentes foram realizadas dentro dos limites da metodologia das ciências dedutivas. Alguns resultados, por assim dizer, incidentais serão talvez de interesse para especialistas nesse campo. Chamo a atenção para o fato de que, com a definição de sentença verdadeira para ciências dedutivas de ordem finita, foi obtido um método geral para provar sua consistência (um método que, no entanto, não adiciona muita coisa ao nosso conhecimento). Observo também que foi possível definir, para linguagens de ordem finita, os conceitos de sentença correta em um domínio de indivíduos dado e em um domínio de indivíduos arbitrário — conceitos que desempenham importante papel em recentes estudos metodológicos.

§6. Resumo

Contudo, em suas partes essenciais, o presente trabalho desvia-se da corrente principal de investigações metodológicas. Seu problema central — a construção da definição de sentença verdadeira e o estabelecimento dos fundamentos científicos da teoria da verdade — pertence à teoria do conhecimento e constitui um dos problemas principais desse ramo da filosofia. Espero, portanto, que este trabalho desperte o interesse do estudante da teoria do conhecimento acima de tudo, e que ele seja capaz de analisar criticamente os resultados aqui contidos e julgar seu valor para pesquisas adicionais nesse campo, sem permitir-se ficar desencorajado pelo aparato de conceitos e métodos aqui usados, os quais, além de difíceis em certos pontos, não haviam sido usados até agora no campo em que trabalha.

Para concluir, mais uma comentário. Filósofos que não estão acostumados a usar métodos dedutivos em seu trabalho diário tendem a encarar todas as linguagens formalizadas com certa depreciação, porque eles contrastam essas construções 'artificiais' com a única linguagem natural: a linguagem coloquial. Por essa razão, o fato de que os resultados obtidos dizem respeito quase exclusivamente às linguagens formalizadas diminuirá grandemente o valor das investigações precedentes na opinião de muitos leitores. Seria difícil para mim compartilhar dessa visão. Em minha opinião, as considerações do §1 provam enfaticamente que o conceito de verdade (bem como outros conceitos semânticos), quando aplicado à linguagem coloquial em conjunção com as leis normais da lógica, leva inevitavelmente a confusões e contradições. Quem quer que deseje, apesar de todas as dificuldades, perseguir a semântica da linguagem coloquial com o auxílio de métodos exatos será levado primeiro a empreender a tarefa ingrata de uma reforma dessa linguagem. Ele achará necessário definir sua estrutura, superar a ambiguidade dos termos que ocorrem nela e, finalmente, dividir a linguagem em uma série de linguagens de cada vez maior extensão, cada uma das quais está na mesma relação para a próxima na qual uma linguagem formalizada está com sua metalinguagem. Pode-se, contudo, duvidar se a linguagem da vida cotidiana, depois de ter sido 'racionalizada' dessa maneira, iria ainda preservar sua naturalidade e se ela não iria, ao invés disso, tomar aspectos característicos das linguagens formalizadas.

§7. Pós-escrito

Ao escrever o presente artigo, eu tinha em mente apenas linguagens formalizadas que possuíssem uma estrutura harmônica com a teoria das categorias semânticas e, especialmente, com seus princípios básicos. Esse fato exerceu uma influência essencial na construção do trabalho inteiro e na formulação de seus resultados finais. Parecia-me então que "a teoria das categorias semânticas penetra de modo tão profundo em nossas intuições fundamentais quanto à significatividade das expressões, que dificilmente é possível imaginar uma linguagem científica cujas sentenças possuam um significado intuitivo claro mas cuja estrutura não possa ser posta em harmonia com a teoria em questão em uma de suas formulações" (cf. p.84).* Hoje em dia, não posso mais defender de maneira decisiva o ponto de vista que havia então adotado a respeito dessa questão. Parece-me agora interessante e importante investigar quais seriam as consequências, para os problemas básicos do presente trabalho, se incluíssemos no campo em consideração linguagens formalizadas para as quais não mais valem os princípios fundamentais da teoria de categorias semânticas. A seguir, vou considerar brevemente essa questão.

Embora por essa via o campo a ser coberto seja essencialmente ampliado, não pretendo — não mais que antes — considerar todas as linguagens possíveis que alguém poderia em algum momento construir. Pelo contrário, vou me restringir exclusivamente a linguagens que — à parte as diferenças relacionadas com a teoria das categorias semânticas — exibem em sua estrutura a maior analogia possível com as linguagens previamente estudadas. Em particular, por razões de simplicidade, vou considerar apenas aquelas linguagens nas quais ocorrem, além dos quantificadores universal e existencial e as constantes do cálculo sentencial, apenas nomes individuais e as variáveis que os representam, bem como constantes e functores formadores de sentença variáveis com números arbitrários de argumentos. À maneira do procedimento adotado nos §§2 e 4, tentamos especificar para cada uma dessas linguagens os conceitos de função sentencial

---

* A sentença aqui citada por Tarski não corresponde exatamente ao texto da p.84; essa diferença já ocorre no original em inglês. (N.T.)

§7. Pós-escrito

primitiva, operações fundamentais em expressões, função sentencial em geral, axioma, consequência, e teorema demonstrável. Assim, por exemplo, incluímos como regra entre os axiomas — justamente como na linguagem da teoria geral de classes no §5 — as substituições dos axiomas do cálculo sentencial, as pseudodefinições e a lei de extensionalidade (talvez também outras sentenças, de acordo com as peculiaridades específicas da linguagem). Ao determinar o conceito de consequência tomamos como modelo a Definição 15 do §2.

O conceito de ordem de uma expressão, introduzido no §4, desempenha um papel não menos essencial que antes na construção da linguagem que estamos ora considerando. É aconselhável atribuir aos nomes de indivíduos e às variáveis que os representam a ordem 0 (e não, como antes, a ordem 1). A ordem de um funtor formador de sentenças de uma função sentencial (primitiva) arbitrária não é mais determinada de modo não ambíguo pelas ordens de todos os argumentos dessa função. Uma vez que os princípios da teoria das categorias semânticas não mais valem, pode acontecer que um e mesmo símbolo desempenhe o papel de um funtor em duas ou mais funções sentenciais nas quais argumentos, ocupando respectivamente os mesmos lugares, pertençam, não obstante, a ordens diferentes. Assim, para fixar a ordem de qualquer símbolo, devemos tomar em consideração as ordens de todos os argumentos em todas as funções sentenciais nas quais esse símbolo é um funtor formador de sentenças. Se a ordem de todos esses argumentos for menor que um número natural particular n, e se ocorrer em ao menos uma função sentencial um argumento que é exatamente de ordem $n - 1$, então atribuiremos ao símbolo em questão a ordem n. Todos os tais funtores formadores de sentença — bem como os nomes de indivíduos e as variáveis que os representam — são incluídos entre os símbolos de ordem finita. Mas deve-se também tomar em consideração a possibilidade de outros funtores formadores de sentença poderem ocorrer na linguagem, aos quais deverá ser atribuída uma ordem infinita. Se, por exemplo, um símbolo for um funtor formador de sentenças apenas daquelas funções sentenciais cujos argumentos todos são de ordem finita, em que, contudo, essas ordens não são superiormente limitadas por nenhum número natural, então esse símbolo será de ordem infinita.

Para classificar os símbolos de ordem infinita, utilizamos a noção de *número ordinal*, tomada da teoria de conjuntos, que é uma generalização do conceito usual de número natural.[109] Como é bem sabido, os números naturais são os menores números ordinais. Uma vez que, para toda sequência infinita de números ordinais, há números maiores que todo termo da sequência, há, em particular, números maiores que todos os números naturais. Nós os denominamos *números ordinais transfinitos*. É sabido que, em toda classe não vazia de números ordinais, há um menor número. Em particular, há um menor número transfinito, que é denotado pelo símbolo 'ω'. O número maior imediatamente a seguir é $\omega+1$; seguem-se então os números $\omega+2$, $\omega+3$, ..., $\omega \cdot 2$, $\omega \cdot 2 + 1$, $\omega \cdot 2 + 2$, ..., $\omega \cdot 3$, ..., e assim por diante. A esses símbolos de ordem infinita, que são funtores de funções sentenciais contendo exclusivamente argumentos de ordem finita, atribuímos como ordem o número ω. Um símbolo que é um funtor apenas naquelas funções sentenciais nas quais os argumentos são ou de ordem finita ou de ordem ω (e nas quais pelo menos *um* argumento de uma função é realmente de ordem ω) é da ordem $\omega + 1$. A definição recursiva geral de ordem é: a ordem de um símbolo particular é o menor número ordinal que é maior que as ordens de todos os argumentos em todas as funções sentenciais nas quais o símbolo dado ocorre como um funtor formador de sentenças.[110]

Exatamente como no §4, podemos distinguir linguagens de ordem finita e infinita. Podemos, de fato, atribuir a toda linguagem um número ordinal bem específico como sua ordem — a saber, o menor número ordinal que excede as ordens de todas as variáveis que ocorrem nessa linguagem (as linguagens anteriores de *n*-ésima ordem — como se pode facilmente mostrar — retêm sua ordem anterior sob essa convenção porque a ordem dos nomes de indivíduos foi diminuída. A linguagem da teoria geral de classes tem a ordem ω).

Não se segue absolutamente dessas estipulações que toda variável que ocorra nas linguagens em questão seja de ordem definida. Pelo contrário, parece-me (por causa de tentativas e outras considerações)

---

[109] Cf. FRAENKEL, A. [18], p.185ss.
[110] Cf. a introdução do sistema de níveis em CARNAP, R. [8], p.139ss (p.186 na tradução inglesa).

§7. Pós-escrito

quase certo que não podemos nos restringir ao uso de variáveis de ordem definida se quisermos obter linguagens realmente superiores às linguagens precedentes na abundância dos conceitos exprimíveis por seus meios, e cujo estudo poderia lançar uma nova luz sobre os problemas que aqui nos interessam. Devemos introduzir nas linguagens variáveis de ordem indefinida que, por assim dizer, 'passam por' todas as ordens possíveis, que podem ocorrer como funtores ou argumentos em funções sentenciais sem consideração da ordem dos símbolos remanescentes que ocorrem nessas funções, e que, ao mesmo tempo, podem ser tanto funtores quanto argumentos nas mesmas funções sentenciais. Com tais variáveis, devemos prosseguir com o maior cuidado se não quisermos ficar emaranhados em antinomias como a famosa antinomia da classe de todas as classes que não são elementos de si mesmas. Cuidado especial deve ser tomado na formulação da regra de substituição para linguagens que contenham tais variáveis e na descrição dos axiomas que chamamos pseudodefinições. Mas não podemos entrar em detalhes aqui.[111]

Não há obviamente nenhum obstáculo à introdução de variáveis

---

[111] Das linguagens que acabamos de considerar, apenas um passo leva a linguagens de outra espécie que constituem um aparato muito mais conveniente e, de fato, muito mais frequentemente aplicado para o desenvolvimento da lógica e da matemática. Nessas novas linguagens, todas as variáveis são de ordem indefinida. Do ponto de vista formal, essas são linguagens de estrutura muito simples; de acordo com a terminologia estabelecida no §4, elas devem ser classificadas entre as linguagens da primeira espécie, uma vez que todas as suas variáveis pertencem a uma e mesma categoria semântica. Entretanto, como é mostrado pelas investigações de E. Zermelo e seus sucessores (cf. SKOLEM, Th. [54], p.1–12), com uma adequada escolha de axiomas é possível construir a teoria de conjuntos e toda a matemática clássica com base nessa linguagem. Nela podemos expressar, por assim dizer, toda ideia que pode ser formulada nas linguagens de ordem finita e infinita previamente estudadas. Para as linguagens discutidas aqui, o conceito de ordem de modo algum perde sua importância; contudo, ele não mais se aplica às expressões da linguagem, mas ou aos objetos denotados por elas ou à linguagem como um todo. Indivíduos, isto é, objetos que não são conjuntos, denominamos objetos de ordem 0; a ordem de um conjunto arbitrário é o menor número ordinal maior que as ordens de todos os elementos desse conjunto; a ordem da linguagem é o menor número ordinal que excede a ordem de todos os conjuntos cuja existência decorre dos axiomas adotados na linguagem. Nossa exposição adicional também se aplica sem restrições às linguagens que acabamos de discutir.

de ordem transfinita não apenas na linguagem que é o objeto investigado, mas também na metalinguagem na qual a investigação é executada. Em particular, é sempre possível construir a metalinguagem de maneira tal que ela contenha variáveis de ordem mais alta que todas as variáveis da linguagem estudada. A metalinguagem torna-se então uma linguagem de ordem mais alta e, assim, uma que é essencialmente mais rica em formas gramaticais que a linguagem em investigação. Esse é um fato da maior importância do ponto de vista dos problemas nos quais estamos interessados, pois, com ele, a distinção entre linguagens de ordem finita e infinita desaparece — uma distinção que era tão proeminente nos §§4 e 5 e fortemente expressa nas teses A e B formuladas no Resumo. De fato, o estabelecimento de uma definição correta de verdade para linguagens de ordem infinita seria, em princípio, possível, desde que tivéssemos à disposição na metalinguagem expressões de ordem mais alta que todas as variáveis da linguagem investigada. A ausência de tais expressões na metalinguagem tornou impossível a extensão desses métodos de construção a linguagens de ordem infinita. Mas agora estamos em condições de definir o conceito de verdade para qualquer linguagem de ordem finita ou infinita, desde que tomemos como base da investigação uma metalinguagem cuja ordem seja maior, pelo menos por 1, que aquela da linguagem estudada (um papel essencial é desempenhado aqui pela presença na metalinguagem de variáveis de ordem indefinida). É talvez interessante enfatizar que a construção da definição fica então, em certa medida, simplificada. Podemos aderir estritamente ao método delineado no §3 sem aplicar o artifício que fomos compelidos a usar no §4 no estudo de linguagens da 2ª e 3ª espécies. Não precisamos nem aplicar sequências de muitas colunas nem executar a unificação semântica das variáveis, pois, tendo abandonado os princípios da teoria das categorias semânticas, podemos operar livremente com sequências cujos termos são de ordens diferentes. Por outro lado, as considerações feitas no §5 a respeito do Teorema I não perdem nada de sua importância e podem ser estendidas a linguagens de qualquer ordem. É impossível dar uma definição adequada de verdade para uma linguagem na qual a aritmética dos números naturais possa ser construída, se a ordem da metalinguagem na qual as investigações

§7. Pós-escrito

são executadas não exceder a ordem da linguagem investigada (cf. a observação relevante na p.123).

Finalmente, as considerações precedentes mostram a necessidade de revisar, em uma extensão importante, as Teses A e B apresentadas nas conclusões deste trabalho, as quais contêm um sumário de seus principais resultados:

A. *Para toda linguagem formalizada pode ser construída na metalinguagem uma definição formalmente correta e materialmente adequada de sentença verdadeira apenas com o auxílio de expressões lógicas gerais, de expressões da própria linguagem e de termos da morfologia da linguagem — mas sob a condição de que a metalinguagem seja de uma ordem mais alta que a linguagem que é o objeto de investigação.*

B. *Se a ordem da metalinguagem for no máximo igual àquela da própria linguagem, uma tal definição não pode ser construída.*

De uma comparação da nova formulação das duas teses com a anterior, ver-se-á que o âmbito dos resultados obtidos foi essencialmente ampliado e que, ao mesmo tempo, as condições para sua aplicação tornaram-se mais precisas.

Em vista da nova formulação da Tese A, a antiga Tese C perde sua importância, apresentando um certo valor apenas quando as investigações são executadas em uma metalinguagem com a mesma ordem que a linguagem estudada e quando, tendo-se abandonado a construção de uma definição de verdade, faz-se a tentativa de construir a teoria da verdade pelo método axiomático. É fácil ver que uma teoria da verdade construída dessa maneira não pode conter uma contradição interna, desde que seja livre de contradições a metalinguagem de ordem mais alta em cuja base pode ser estabelecida uma definição adequada de verdade e na qual podem ser derivados aqueles teoremas que são adotados como axiomas na teoria da verdade.[112]

Justamente como na conclusão deste trabalho, podemos dar às Teses A e B uma formulação mais geral, estendendo-as a outros conceitos semânticos:

---

[112] Em particular, a questão mencionada na p.131 tem uma resposta positiva. O mesmo vale também para o problema das definições indutivas infinitas mencionadas na p.132, nota 106.

A′. A semântica de qualquer linguagem formalizada pode ser estabelecida como parte da morfologia da linguagem baseada em definições adequadamente construídas, desde que, contudo, a linguagem na qual a morfologia é realizada tenha uma ordem mais alta que a linguagem da qual ela é a morfologia.

B′. É impossível estabelecer a semântica de uma linguagem dessa maneira se a ordem da linguagem de sua morfologia for no máximo igual àquela da própria linguagem.

Em sua nova forma generalizada, a Tese A é de não pouca importância para a metodologia das ciências dedutivas. Suas consequências correm em paralelo com os importantes resultados que Gödel relatou nesse campo em anos recentes. A definição de verdade permite que a consistência de uma ciência dedutiva seja demonstrada com base em uma metateoria que é de ordem mais alta que a própria teoria (cf. p.68 e 105). Por outro lado, segue-se das investigações de Gödel que é em geral impossível demonstrar a consistência de uma teoria se a prova é buscada com base em uma teoria de ordem igual ou mais baixa.[113] Além do mais, Gödel apresentou um método para construir sentenças que — supondo-se que a teoria em questão seja consistente — não podem ser decididas em nenhuma direção nesta teoria. Todas as sentenças construídas de acordo com o método de Gödel possuem a propriedade de que pode ser estabelecido se elas são verdadeiras ou falsas com base na metateoria de ordem mais alta que tem uma definição correta de verdade. Consequentemente, é possível obter uma decisão a respeito dessas sentenças, isto é, elas podem ser ou demonstradas ou refutadas. Além disso, uma decisão pode ser alcançada dentro da própria ciência, sem fazer uso dos conceitos e suposições da metateoria — desde, é claro, que tenhamos previamente enriquecido a linguagem e os fundamentos lógicos da teoria em questão pela introdução de variáveis de ordem mais alta.[114]

Vamos tentar explicar isso com mais precisão. Consideremos uma ciência dedutiva arbitrária na qual possa ser construída a aritmética dos números naturais, e comecemos provisoriamente a investigação

---

[113] Cf. GÖDEL, K. [21], p.196 (Teorema IX).
[114] Cf. GÖDEL, K. [21], p.187ss e, em particular, p.191, nota 48a.

§7. Pós-escrito

com base em uma metateoria da mesma ordem que a própria teoria. O método de Gödel de construir sentenças indecidíveis foi delineado implicitamente na prova do Teorema I no §5 (p.118ss). Em todo lugar, tanto na formulação do teorema quanto em sua prova, substituímos o símbolo 'Tr' pelo símbolo 'Pr' que denota a classe de todas as sentenças demonstráveis da teoria sob consideração e que pode ser definido na metateoria (cf., por exemplo, a Definição 17 no §2). De acordo com a primeira parte do Teorema I, podemos obter a negação de uma das sentenças na condição (α) da Convenção T do §3 como consequência da definição do símbolo 'Pr' (desde que substituamos 'Tr' nesta convenção por 'Pr'). Em outras palavras, podemos construir uma sentença x da ciência em questão que satisfaz a seguinte condição:

não é verdade que x ∈ Pr se e somente se p

ou, em uma formulação equivalente,

(1) $\quad x \notin Pr$ *se e somente se p*

em que o símbolo 'p' representa a sentença x inteira (de fato, podemos escolher a sentença $\bigcup_1^3 (\iota_k \cdot \phi_k)$ construída na prova do Teorema I como x).

Vamos mostrar que a sentença x é realmente indecidível e ao mesmo tempo verdadeira. Para tal propósito, vamos passar a uma metateoria de ordem mais alta; o Teorema I então obviamente permanece válido. De acordo com a Tese A, podemos construir, com base na metateoria enriquecida, uma definição correta de verdade que diga respeito a todas as sentenças da teoria estudada. Se denotarmos a classe de todas as sentenças verdadeiras pelo símbolo 'Tr' então — de acordo com a Convenção T — a sentença x que construímos vai satisfazer a condição seguinte:

(2) $\quad x \in Tr$ *se e somente se p* ;

de (1) e (2) obtemos imediatamente

(3) $\quad x \notin Pr$ *se e somente se* $x \in Tr$.

Além disso, se denotarmos a negação da sentença x pelo símbolo '$\bar{x}$' podemos derivar os seguintes teoremas da definição de verdade (cf. Teoremas 1 e 5 no §3):

(4) $\qquad ou\ x \notin Tr\ ou\ \bar{x} \notin Tr;$
(5) $\qquad se\ x \in Pr,\ então\ x \in Tr;$
(6) $\qquad se\ \bar{x} \in Pr,\ então\ \bar{x} \in Tr.$

De (3) e (5) inferimos sem dificuldade que

(7) $\qquad\qquad x \in Tr$

e que

(8) $\qquad\qquad x \notin Pr.$

Em vista de (4) e (7) temos $\bar{x} \notin Tr$, que, junto com (6), dá a fórmula

(9) $\qquad\qquad \bar{x} \notin Pr.$

As fórmulas (8) e (9), juntas, expressam o fato de que x é uma sentença indecidível; além disso, de (7) segue-se que x é uma sentença verdadeira.

Ao estabelecer a verdade da sentença x também, *eo ipso*, demonstramos — em virtude de (2) — a própria x na metateoria. Uma vez que, além disso, a metateoria pode ser interpretada na teoria enriquecida por variáveis de ordem mais alta (cf. p.52), e uma vez que nessa interpretação a sentença x, que não contém nenhum termo específico da metateoria, é seu próprio correlato, a demonstração da sentença x dada na metateoria pode automaticamente ser transportada para a própria teoria: a sentença x, que é indecidível na teoria original, torna-se um sentença decidível na teoria enriquecida.

Gostaria de chamar a atenção aqui para um resultado análogo. Para toda ciência dedutiva na qual a aritmética está contida, é possível especificar noções aritméticas que, por assim dizer, pertencem intuitivamente a essa ciência, mas que não podem ser definidas com

§7. Pós-escrito

base nessa ciência. Não obstante, com o auxílio de métodos que são completamente análogos aos usados na construção da definição de verdade, é possível mostrar que esses conceitos podem ser definidos desde que a ciência seja enriquecida pela introdução de variáveis de ordem mais alta.[115]

Para concluir, pode-se afirmar que a definição de verdade e, mais geralmente, o estabelecimento da semântica permite confrontar alguns resultados negativos importantes, que foram obtidos na metodologia das ciências dedutivas, com resultados positivos paralelos, e assim preencher em alguma medida as lacunas lá reveladas no método dedutivo e no edifício do próprio conhecimento dedutivo.

OBSERVAÇÕES HISTÓRICAS. Durante o período de seis anos que teve início em 1929, quando cheguei à formulação final da definição de verdade junto com a maioria dos demais resultados apresentados neste trabalho, e que terminou em 1935, quando o trabalho inteiro apareceu pela primeira vez em uma língua internacionalmente aceita para o intercâmbio de ideias científicas, o problema aqui investigado foi discutido várias vezes. Assim, na língua alemã, além de meu resumo, Tarski, A. [58], apareceram trabalhos de Carnap nos quais ideias bastante similares foram desenvolvidas (cf. Carnap [9], 1934, e Carnap [11], 1935).

Era de esperar que, em consequência desse lapso de seis anos, da natureza do problema, e talvez também da língua do texto original de meu trabalho, poderiam ocorrer erros a respeito das conexões históricas. E, de fato, Carnap escreve, no segundo dos artigos acima mencionados, a respeito de minhas investigações que elas haviam sido realizadas "... em conexão com aquelas de Gödel...". Não será, portanto, supérfluo se eu fizer aqui algumas observações sobre a dependência ou independência de meus estudos.

Posso dizer, de modo bem geral, que todos os meus métodos e resultados, com exceção dos pontos onde expressamente enfatizei isso — cf. notas de rodapé, p.22 e 117 — foram obtidos por mim de maneira inteiramente independente. As datas indicadas na nota de rodapé, p.22, fornecem, creio, base suficiente para testar esta asserção. Posso mencionar, além disso, que

---

[115] Cf. meu resumo, "Über definierbare Mengen reeller Zahlen", *Annales de la Societé Polonaise de Mathématique*, t. IX, année 1930, Cracóvia, 1931, p.206–7 (relatório sobre uma conferência realizada em 16 de dezembro de 1930 na Seção Lemberg da Sociedade Matemática Polonesa); as ideias lá esboçadas foram em parte desenvolvidas mais tarde em [74]. Cf. TARSKI, A. [74], p.110, nota bibliográfica.

meu artigo publicado em francês ([74]), sobre o qual eu já havia feito um relato em dezembro de 1930 (cf. o relato em alemão em TARSKI, A. [56]), contém precisamente aqueles métodos de construção que foram usados lá para outros propósitos, mas usados no presente trabalho para a construção da definição de verdade.

Gostaria de enfatizar a independência de minhas investigações a respeito dos seguintes pontos detalhados: (1) a formulação geral do problema de definir a verdade, cf. especialmente p.55–56; (2) a solução positiva do problema, isto é, a definição do conceito de verdade para o caso em que os meios disponíveis na metalinguagem são suficientemente ricos (para linguagens lógicas, essa definição torna-se aquela do termo 'analítico' usado por Carnap), cf. p.194 e 236; (3) o método de demonstrar consistência com base na definição de verdade, cf. p.68 e 105; (4) a construção axiomática do metassistema, cf. p.41ss, e, a esse respeito, (5) as discussões das p.52s sobre a interpretação do metassistema na aritmética, que já contém o chamado 'método de aritmetizar a metalinguagem' que foi desenvolvido de modo muito mais completo e bem independentemente por Gödel. Além disso, eu gostaria de chamar a atenção a resultados relacionados não com o conceito de verdade, mas com um outro conceito semântico, o de definibilidade, relatado na p.146.

No único ponto no qual o meu trabalho está em conexão com as ideias de Gödel — na solução negativa do problema da definição de verdade para o caso em que a metalinguagem não é mais rica que a linguagem investigada — eu naturalmente enfatizei o fato de maneira expressa (cf. p.117, nota 90); pode ser mencionado que o resultado assim alcançado, que muito completou meu trabalho, foi o único subsequentemente adicionado a uma investigação em outros aspectos já acabada.

II

O ESTABELECIMENTO DA SEMÂNTICA CIENTÍFICA[†,*]

A palavra 'semântica' é usada aqui em um sentido mais específico que o habitual. Vamos entender por semântica a totalidade das considerações que dizem respeito aos conceitos que, de modo geral, expressam certas conexões entre as expressões de uma linguagem e os objetos e estados de coisas a que se referem tais expressões. Como exemplos típicos de conceitos semânticos, podemos mencionar os conceitos de *denotação, satisfação* e *definição*, que aparecem, por exemplo, nos seguintes enunciados:

> A expressão 'o vencedor de Jena' denota Napoleão; a neve satisfaz a condição 'x é branco'; a equação '$x^3 = 2$' define (determina unicamente) a raiz cúbica do número 2.

O conceito de verdade também deve ser incluído aqui — e isso não é geralmente reconhecido —, pelo menos em sua interpretação clássica, de acordo com a qual 'verdadeiro' significa o mesmo que 'corresponde à realidade'.

Os conceitos do domínio da semântica, tradicionalmente, desempenharam um papel proeminente nas discussões dos filósofos, lógicos

---

[†] NOTA BIBLIOGRÁFICA. Este artigo é um resumo da comunicação que foi feita no Congresso Internacional de Filosofia Científica, em Paris, 1935. O artigo apareceu primeiro em polonês com o título "O ugruntowaniu naukowej semantyki", em *Przeglad Filozoficzny*, v.39 (1936), p.50–7, e depois em alemão, com o título "Grundlegung der wissenschaftlichen Semantik", em *Actes du Congrès International de Philosophie Scientifique*, v.3 (Actualités Scientifiques et Industrielles, v.390), Paris, 1936, p.1–8.

[*] [Tradução: Luiz Henrique de A. Dutra; revisão da tradução: Cezar A. Mortari.] A presente tradução brasileira é baseada no texto considerado definitivo do artigo, a tradução inglesa publicada no volume *Logic, Semantics, Metamathematics*, que apareceu pela primeira vez em 1956, e que foi revisada em 1983. (N.T.)

e filólogos. Entretanto, eles foram por muito tempo encarados com certo ceticismo. Do ponto de vista histórico, esse ceticismo é bem fundado, pois, apesar de o conteúdo dos conceitos semânticos ser suficientemente claro, tal como eles ocorrem na linguagem coloquial, todas as tentativas de caracterizar esse conteúdo de modo mais preciso falharam, e diversas discussões nas quais esses conceitos aparecem, e que estavam baseadas em premissas inteiramente plausíveis e convenientemente evidentes, com frequência levaram a paradoxos e antinomias. Basta mencionar aqui a antinomia do mentiroso, a antinomia dos termos heterológicos, de Grelling–Nelson, e a antinomia da definibilidade, de Richard.

A principal fonte das dificuldades encontradas parece residir no seguinte: não se teve sempre em mente que os conceitos semânticos têm um caráter relativo, que eles devem sempre estar relacionados com uma linguagem particular.* As pessoas não se deram conta de que a linguagem *da qual* falamos não precisa coincidir, de forma alguma, com a linguagem *na qual* falamos. Fez-se a semântica de uma linguagem na própria linguagem e, de modo geral, procedeu-se como se houvesse apenas uma linguagem no mundo. A análise das antinomias mencionadas mostra, ao contrário, que os conceitos semânticos simplesmente não têm lugar na linguagem à qual eles se relacionam, que a linguagem que contém sua própria semântica, e na qual valem as leis usuais da lógica, inevitavelmente deve ser inconsistente. Apenas nos últimos anos se prestou atenção a esses fatos (pelo que sei, Leśniewski foi o primeiro a se dar conta deles por inteiro).

Tão logo reconheçamos completamente as circunstâncias acima, e evitemos os erros até aqui cometidos, não apresenta nenhuma outra dificuldade insuperável o trabalho de lançar os fundamentos de uma semântica científica, isto é, de caracterizar de maneira precisa os conceitos semânticos e de estabelecer um modo logicamente inobjetável e materialmente adequado de utilizar tais conceitos. Claro que, ao fazer isso, devemos proceder com cautela, utilizando largamente o apa-

---

* Embora o termo inglês 'language' possa ser traduzido para os vocábulos 'língua' ou 'linguagem', em português, dependendo do contexto, optamos por traduzi-lo sempre por 'linguagem', por ser mais genérico, podendo incluir tanto as línguas naturais quanto as linguagens formalizadas. (N.T.)

rato que a lógica moderna fornece e preenchendo cuidadosamente os requisitos da metodologia atual. Na solução desse problema, podemos distinguir diversos passos. Devemos começar pela descrição da linguagem cuja semântica desejamos construir. Em particular, devemos enumerar os termos primitivos da linguagem, e fornecer as regras de definição por meio das quais novos termos, distintos dos primitivos, possam ser introduzidos na linguagem. Em seguida, devemos distinguir as expressões da linguagem que são denominadas sentenças, separar os axiomas da totalidade das sentenças e, finalmente, formular as regras de inferência por meio das quais os teoremas podem ser derivados daqueles axiomas. A descrição de uma linguagem é exata e clara apenas se ela é puramente estrutural, ou seja, se empregamos nela somente os conceitos relacionados com a forma e o arranjo dos signos e expressões compostas da linguagem. Nem toda linguagem pode ser descrita dessa maneira puramente estrutural. As linguagens para as quais se pode dar uma tal descrição são chamadas *linguagens formalizadas*. Ora, uma vez que o grau de exatidão de toda ulterior investigação depende essencialmente da clareza e precisão dessa descrição, *apenas a semântica das linguagens formalizadas pode ser construída por métodos exatos*.

O próximo passo é a construção da linguagem na base da qual a semântica daquela linguagem dada deverá ser desenvolvida e que, para ser breve, vamos denominar *metalinguagem*. O ponto mais importante nessa construção é o problema de conferir à metalinguagem um vocabulário suficientemente rico. Mas a solução desse problema segue a natureza particular dos conceitos semânticos. De fato, eles expressam certas relações entre objetos (e estados de coisas) referidos pela linguagem discutida e as expressões da linguagem que se referem àqueles objetos. Logo, os enunciados que estabelecem as propriedades essenciais dos conceitos semânticos devem conter tanto a designação dos objetos referidos (assim, as expressões da própria linguagem) quanto os termos que são utilizados na descrição estrutural da linguagem. Estes últimos pertencem ao domínio da chamada *morfologia da linguagem*, e são as designações de expressões individuais da linguagem, de propriedades estruturais das expressões, das relações estruturais entre as expressões, e assim por diante. A metalinguagem que deve formar a base das investigações semânticas deve, assim, conter os dois tipos de expressão: as expressões da linguagem original e as expressões da morfologia da linguagem. Além disso, a metalinguagem, assim como toda outra linguagem, deve conter uma reserva maior ou menor de expressões puramente lógicas. Ora, a questão é se a metalinguagem, que é provida exclusivamente de expressões dos tipos mencionados, forma uma base suficiente para as investigações semânticas. Voltaremos depois a essa questão.

Nossa próxima tarefa é determinar as condições sob as quais poderíamos encontrar um modo de utilizar os conceitos semânticos de uma forma materialmente adequada e de acordo com seu uso ordinário. Vamos explicar isso de modo mais exato com relação ao conceito de verdade. Entendemos a verdade de uma sentença como sua 'correspondência com a realidade'. Esta frase um tanto vaga, que pode certamente levar a vários enganos e, frequententemente, o fez no passado, é interpretada da seguinte maneira. Vamos tomar como válidos todos os enunciados tais como:

> *a sentença 'está nevando' é verdadeira se e somente se está nevando; a sentença 'a guerra mundial vai começar no ano de 1963' é verdadeira se e somente se a guerra mundial vai começar no ano de 1963.*

De forma bem geral, vamos aceitar como válida toda sentença da forma:

> *a sentença x é verdadeira se e somente se p,*

na qual 'p' deve ser substituída por qualquer sentença da linguagem sob investigação e 'x' por qualquer nome individual dessa sentença, desde que esse nome ocorra na metalinguagem. (Na linguagem coloquial, tais nomes são normalmente formados por meio de aspas.) Os enunciados dessa forma podem ser encarados como definições parciais do conceito de verdade. Eles explicam de modo preciso, e em conformidade com o uso comum, o sentido de todas as expressões especiais do tipo: *a sentença x é verdadeira*. Ora, se formos bem-sucedidos em introduzir o termo 'verdadeiro' na metalinguagem de modo que todo enunciado da forma discutida possa ser provado com base nos axiomas e nas regras de inferência da metalinguagem, então, diremos que o modo de utilizar o conceito de verdade que foi assim estabelecido é *materialmente adequado*. Em particular, se formos bem sucedidos em introduzir um tal conceito de verdade por meio de uma definição, então diremos também que a definição correspondente é materialmente adequada. Podemos aplicar um método análogo também a qualquer outro conceito semântico. Para cada um desses conceitos, formulamos um sistema de enunciados que são expressos na forma de equivalências e têm o caráter de definições parciais. No que diz respeito a seu conteúdo, esses enunciados determinam o sentido do conceito em questão com respeito a todas as expressões concretas, estruturalmente descritas, da linguagem que está sendo investigada. Concordamos, então, em considerar um modo de utilizar os conceitos semânticos em questão (ou uma definição deles) como materialmente adequados se isso nos habilita a provar na metalinguagem todas as definições parciais que acabamos de mencionar. Para ilustrar, damos aqui uma tal definição parcial do conceito de satisfação:

João e Pedro satisfazem a função sentencial 'X e Y são irmãos' se e somente se João e Pedro são irmãos.

Deve-se notar também que, estritamente falando, as convenções descritas (a respeito da adequação material do uso de conceitos semânticos) são formuladas na metametalinguagem, e não na própria metalinguagem.

Todos os problemas até aqui foram de natureza preparatória e auxiliar. Apenas depois dessas preliminares podemos abordar nosso problema principal. Este é o estabelecimento de um modo materialmente correto de utilização dos conceitos semânticos na metalinguagem. Nesse ponto, dois procedimentos são levados em consideração. No primeiro, os conceitos semânticos (ou pelo menos alguns deles) são introduzidos na metalinguagem como conceitos novos, primitivos, e suas propriedades básicas são estabelecidas por meio de axiomas. Entre esses axiomas, incluem-se todos os enunciados que garantem o uso materialmente adequado dos conceitos em questão. Dessa forma, a semântica torna-se uma teoria dedutiva independente, baseada na morfologia da linguagem. Mas quando esse método, que parece fácil e simples, é especificado em detalhe, aparecem diversas objeções. O estabelecimento de um sistema axiomático suficiente para o desenvolvimento de toda a semântica apresenta dificuldades consideráveis. Por algumas razões, as quais não vamos explicitar aqui, a escolha de axiomas tem sempre um caráter bastante acidental, dependendo de fatores não essenciais (como, por exemplo, do estado real de nosso conhecimento). Diversos critérios que gostaríamos de utilizar para isso se mostram inaplicáveis. Além do mais, surge a questão sobre a consistência da semântica axiomaticamente construída. O problema da consistência aparece, claro, onde quer que o método axiomático for empregado, mas aqui ele adquire importância especial, como vemos nas experiências ruins que tivemos com os conceitos semânticos na linguagem coloquial. Além do problema de consistência, um método para construir uma teoria não parece ser muito natural do ponto de vista psicológico se nesse método o papel dos conceitos primitivos — dos conceitos cujo significado pareceria, pois, evidente — é desempenhado por conceitos que levaram a diversos equívocos no passado. Finalmente, se esse método se mostrasse o único possível, e não fosse encarado como um estágio meramente transitório, surgiriam certas dúvidas de um ponto de vista filosófico e geral. Parece-me que seria difícil harmonizar esse método com os postulados de unidade da ciência e do fisicalismo (uma vez que os conceitos da semântica não seriam nem lógicos nem físicos).

No segundo procedimento, que não apresenta nenhuma das desvantagens acima, os conceitos semânticos são definidos em termos dos conceitos usuais da metalinguagem, e são, assim, reduzidos a conceitos puramente lógicos, os conceitos da linguagem que está sendo investigada e os conceitos específicos da morfologia da linguagem. Dessa forma, a semântica torna-se uma parte da morfologia da linguagem, se esta for compreendida em um sentido suficientemente amplo. Surge a questão geral da aplicabilidade desse método. Parece-me que esse problema pode agora ser considerado definitivamente resolvido. Ele se mostra intimamente relacionado com a teoria dos tipos lógicos. O principal resultado relevante para essa questão pode ser formulado da seguinte maneira:

É possível construir na metalinguagem definições metodologicamente corretas e materialmente adequadas dos conceitos semânticos se e somente se a metalinguagem for dotada de variáveis de tipo lógico superior ao de todas as variáveis da linguagem que é tema de investigação.

Seria impossível provar aqui, mesmo em linhas gerais, a tese que se acaba de formular. Pode-se apenas notar que, ao definir os conceitos semânticos, mostrou-se útil lidar primeiro com o conceito de satisfação, e isso por dois motivos: primeiro, a definição desse conceito apresenta relativamente poucas dificuldades; segundo, os conceitos semânticos remanescentes são facilmente redutíveis a ela. Deve-se notar também que diversos teoremas importantes de natureza geral, a respeito dos conceitos definidos, podem ser derivados das definições dos conceitos semânticos. Por exemplo, com base na definição de verdade, podemos demonstrar as leis de Contradição e do Terceiro Excluído (em sua formulação metalógica).

Com isso, fica completamente resolvido o problema de estabelecer a semântica em uma base científica. Apenas o futuro pode dizer definitivamente se outras investigações nesse campo vão se mostrar profícuas para a filosofia e para as ciências especiais, e que lugar a semântica vai alcançar na totalidade do conhecimento. Mas parece que os resultados atingidos até aqui justificam algum otimismo a esse respeito. O próprio fato de ter sido possível definir os conceitos semânticos, pelo menos para linguagens formalizadas, de maneira correta e adequada parece ser não inteiramente sem importância do ponto de vista filosófico. O problema da definição da verdade, por exemplo, tem sido enfatizado como um dos problemas fundamentais da teoria do conhecimento. Também certas aplicações da semântica, e especialmente da teoria da verdade, no domínio da metodologia das ciências dedutivas, ou metamatemática, parecem-me merecer atenção. Utilizando a definição de verdade, estamos em posição de executar a demonstração de consistência para as teorias dedutivas nas quais apenas sentenças (materialmente) verdadeiras são (formalmente) demonstráveis. Isso pode ser feito mediante a condição de que a metalinguagem na qual a demonstração de consistência é realizada seja dotada de variáveis de tipo superior ao de todas as variáveis que ocorrem nas sentenças da teoria discutida. Uma tal demonstração, reconhecidamente, não possui grande valor cognitivo, uma vez que ela repousa sobre premissas mais fortes que as pressuposições da teoria cuja consistência é demonstrada. Entretanto, o resultado parece ser de algum interesse pela razão de que ele não pode ser melhorado. Pois resulta das investigações de Gödel que a demonstração de consistência não pode ser realizada se a metalinguagem não contém nenhuma variável de tipo superior. A definição de verdade possui ainda uma outra consequência que está igualmente ligada às investigações de Gödel. Como se sabe bem, Gödel desenvolveu um método que torna possível, em toda teoria que inclua a aritmética dos números naturais como uma parte sua, construir sentenças que não são nem demonstráveis nem refutáveis nessa teoria. Mas ele também indicou que as sentenças indecidíveis construídas por esse método tornam-se decidíveis se a teoria sob investigação for enriquecida com a adição de variáveis de tipo superior. A demonstração de que as sentenças realmente envolvidas desse modo tornam-se decidíveis também repousa na definição de verdade. De forma similar — como mostrei por meio dos métodos empregados no desenvolvimento da semântica —, para qualquer teoria dedutiva dada, é possível indicar conceitos que não podem ser definidos nessa teoria — embora, por seu conteúdo, eles pertençam a essa teoria e que se tornam definíveis nela se a teoria for enriquecida com a introdução de tipos superiores. Em suma, podemos dizer que o estabelecimento da semântica científica e, em particular, a definição de verdade, permitem contrabalançar os resultados negativos no campo da metamatemática com resultados positivos correspondentes, e de forma que preencham em certa medida as falhas que se revelaram no método dedutivo e na própria estrutura da ciência dedutiva.[1]

---

[1] Informações mais detalhadas sobre muitos dos problemas discutidos neste artigo podem ser encontrados em "O conceito de verdade nas linguagens formalizadas". Devo também chamar a atenção para meu artigo mais recente, "A concepção semântica da verdade". Enquanto a primeira parte desse artigo está próxima deste quanto a seu conteúdo, a segunda parte contém observações polêmicas a respeito das diversas objeções que foram levantadas contra minhas investigações no campo da semântica. Ele também inclui algumas observações sobre a aplicabilidade da semântica às ciências empíricas e sua metodologia.

III

A CONCEPÇÃO SEMÂNTICA DA VERDADE E OS FUNDAMENTOS DA SEMÂNTICA[*]

Este artigo consiste em duas partes. A primeira tem um caráter expositivo e a segunda, ao contrário, é polêmica.

Na primeira parte, desejo resumir de maneira informal os principais resultados de minhas investigações a respeito da definição de verdade e o problema mais geral dos fundamentos da semântica. Esses resultados foram incorporados em um trabalho publicado há vários anos.[1] Embora minhas investigações digam respeito a conceitos tratados pela filosofia clássica, ocorre que eles são relativamente pouco conhecidos nos círculos filosóficos, talvez em razão de seu caráter estritamente técnico. Por isso, espero ser desculpado por retomar o assunto uma vez mais.[2]

---

[*] [Tradução: Luiz Henrique de A. Dutra; revisão da tradução: Cezar A. Mortari.] Traduzido de "The Semantic Conception of Truth and the Foundations of Semantics", Linsky, L. (org.) 1970, *Semantics and the Philosophy of Language* (Chicago: The University of Chicago Press): 13–47. Este artigo foi publicado pela primeira vez em *Philosophy and Phenomenological Research*, 4 (1944). Salvo indicação em contrário, as demais notas abaixo são da edição de 1970. (N.T.)

[1] Cf. TARSKI, A. [60]. Esse trabalho pode ser consultado para uma apresentação mais detalhada e formal do assunto do artigo, especialmente do material incluído nas seções 6 e 9–13. Ele contém também referências a minhas publicações anteriores sobre os problemas da semântica (uma comunicação em polonês, 1930; o artigo TARSKI, A. [57] em francês, 1931; uma comunicação em alemão, 1932; e um livro em polonês, 1933). A parte expositiva do presente artigo, por seu caráter, está relacionada com TARSKI, A. [61]. Minhas investigações sobre a noção de verdade e sobre a semântica teórica foram examinadas e discutidas por HOFSTADTER, A. [29], VON JUHOS, B. [81], KOKOSZYŃSKA, M. [31] e [32], KOTARBIŃSKI, T. [34], SCHOLZ, H. [50], WEINBERG, J. [84], *et al.*

[2] Pode-se esperar que o interesse pela semântica vá crescer agora, como resultado da recente publicação da importante obra de CARNAP, R. [12].

Desde que meu trabalho foi publicado, várias objeções, de desigual importância, foram levantadas contra minhas investigações. Algumas delas foram publicadas e outras foram manifestadas em discussões públicas e privadas das quais tomei parte.[3] Na segunda parte do artigo, gostaria de expressar minha opinião a respeito dessas objeções. Espero que as observações que serão feitas nesse contexto não venham a ser consideradas de caráter puramente polêmico, mas que contenham alguma contribuição construtiva ao assunto.

Na segunda parte do artigo, fiz extenso uso do material colocado graciosamente a minha disposição pela dra. Marja Kokoszyńska (Universidade de Lwów). Sou especialmente grato aos professores Ernest Nagel (Universidade Colúmbia) e David Rynin (Universidade da Califórnia, Berkeley), e a eles devo muito, por sua ajuda na preparação do texto final e por diversas observações críticas.

I. Exposição

1. O PROBLEMA PRINCIPAL — UMA DEFINIÇÃO SATISFATÓRIA DE VERDADE. Nossa discussão vai se concentrar em torno da noção[4] de *verdade*. O problema principal é o de dar uma *definição satisfatória* dessa noção, isto é, uma definição que seja *materialmente adequada* e *formalmente correta*. Mas tal formulação do problema, devido a sua generalidade, não pode ser considerada inequívoca, e requer alguns comentários adicionais.

---

[3] Isso diz respeito, em particular, às discussões públicas durante o I Congresso Internacional para a Unidade da Ciência (Paris, 1935) e a Conferência dos Congressos Internacionais para a Unidade da Ciência (Paris, 1937); cf., por exemplo, NEURATH, O. [47] e GONSETH, F. [23].

[4] As palavras 'noção' e 'conceito' são usadas neste artigo com toda a vaguidade e ambiguidade com as quais ocorrem na literatura filosófica. Assim, às vezes, elas se referem simplesmente a um termo, às vezes àquilo que se quer dizer com o termo e, em outros casos, ao que é denotado pelo termo. Algumas vezes, é irrelevante qual dessas interpretações se pretende e, em certos casos, talvez nenhuma delas se aplique adequadamente. Ainda que, em princípio, eu compartilhe da tendência de evitar essas palavras em qualquer discussão exata, não achei necessário fazê-lo nesta apresentação informal.

Para evitar qualquer ambiguidade, devemos primeiro especificar as condições sob as quais a definição de verdade será considerada adequada do ponto de vista material. A desejada definição não busca especificar o significado de uma palavra conhecida, usada para denotar uma nova noção. Ao contrário, ela procura apreender o significado real de uma velha noção. Devemos, então, caracterizar essa noção com a precisão suficiente para permitir a qualquer um determinar se a definição realmente alcança seus objetivos.

Em segundo lugar, devemos determinar de que depende a correção formal da definição. Assim, devemos especificar as palavras ou conceitos que desejamos empregar para definir a noção de verdade. E devemos também fornecer as regras formais com as quais a definição deve se conformar. Falando de modo mais geral, devemos descrever a estrutura formal da linguagem na qual a definição será dada.

A discussão desses pontos ocupará uma porção considerável da primeira parte do artigo.

2. A EXTENSÃO DO TERMO 'VERDADEIRO'. Começamos com algumas observações a respeito da extensão do conceito de verdade que aqui temos em mente.

O predicado 'verdadeiro' é algumas vezes utilizado para fazer referência a fenômenos psicológicos tais como juízos ou crenças, às vezes a certos objetos físicos — a saber, expressões linguísticas e especificamente sentenças — e às vezes a certas entidades ideais denominadas 'proposições'. Por 'sentença' entendemos aqui o que se quer dizer usualmente na gramática por 'sentença declarativa'. No que diz respeito ao termo 'proposição', seu significado é notoriamente um assunto de longas disputas de vários filósofos e lógicos, e parece nunca ter sido tornado inteiramente claro e não ambíguo. Por diversas razões, parece mais conveniente *aplicar o termo 'verdadeiro' a sentenças*, e vou escolher essa opção.[5]

Consequentemente, devemos sempre associar a noção de verdade, assim como a de sentença, a uma linguagem específica, pois é óbvio

---
[5] Para nossos propósitos presentes, é um tanto mais conveniente entender por 'expressões', 'sentenças' etc. não inscrições individuais, mas classes de inscrições de forma similar (assim, não coisas físicas individuais, mas classes de tais coisas).

que a mesma expressão que é uma sentença verdadeira em uma linguagem pode ser falsa ou sem significado em outra.

Com certeza, o fato de estarmos interessados aqui principalmente na noção de verdade para sentenças não exclui a possibilidade de uma subsequente extensão dessa noção a outros tipos de objetos.

3. O SIGNIFICADO DO TERMO 'VERDADEIRO'. Dificuldades muito mais sérias estão relacionadas com o problema do significado (ou intensão) do conceito de verdade.

A palavra 'verdadeiro', como outras palavras de nossa linguagem cotidiana, certamente não está isenta de ambiguidade. E não me parece que os filósofos que discutiram esse conceito tenham ajudado a diminuir sua ambiguidade. Em obras e discussões dos filósofos, encontramos muitas concepções diferentes de verdade e falsidade, e devemos indicar que concepção será a base de nossa discussão.

Gostaríamos que nossa definição fizesse justiça às intuições que seguem a *concepção clássica aristotélica da verdade* — intuições que encontram sua expressão nas palavras bem conhecidas da *Metafísica* de Aristóteles:

> Dizer do que é que não é, ou do que não é que é, é falso, enquanto que dizer do que é que é, ou do que não é que não é, é verdadeiro.

Se quiséssemos nos adaptar à terminologia filosófica moderna, poderíamos talvez expressar essa concepção por meio da conhecida fórmula:

> A verdade de uma sentença consiste em sua concordância (ou correspondência) com a realidade.

(Para uma teoria da verdade que se baseie na última formulação, foi sugerida a expressão 'teoria da correspondência'.)

Se, por outro lado, decidíssemos estender o uso popular do termo 'designar', aplicando-o não apenas a nomes mas também a sentenças, e se concordássemos em dizer que o que é designado pelas sentenças são 'estados de coisas', poderíamos possivelmente usar para o mesmo propósito a seguinte frase:

Uma sentença é verdadeira se ela designa um estado de coisas existente.[6]

Contudo, todas essas formulações podem levar a várias confusões, pois nenhuma delas é suficientemente precisa e clara (embora isso se aplique muito menos à formulação original de Aristóteles do que a qualquer uma das outras). De qualquer modo, nenhuma delas pode ser considerada uma definição satisfatória de verdade. Cabe-nos procurar uma expressão mais precisa para nossas intuições.

4. UM CRITÉRIO PARA A ADEQUAÇÃO MATERIAL DA DEFINIÇÃO.[7] Comecemos por um exemplo concreto. Consideremos a sentença '*a neve é branca*'. Perguntamos em que condições essa sentença é verdadeira ou falsa. Parece claro que, se nos basearmos na concepção clássica de verdade, diremos que a sentença é verdadeira se a neve é branca, e que ela é falsa se a neve não é branca. Assim, se a definição de verdade tem de se conformar à nossa concepção, ela deve implicar a seguinte equivalência:

A sentença 'a neve é branca' é verdadeira se, e somente se, a neve é branca.

---

[6] Para a formulação aristotélica, cf. ARISTÓTELES [5], Γ, 1, 27. As outras duas formulações são muito comuns na literatura, mas não sei de quem elas provêm. Uma discussão crítica das várias concepções de verdade pode ser encontrada, por exemplo, em KOTARBIŃSKI, T. [33] (disponível ainda apenas em polonês), p.123ss, e RUSSELL, B. [49], p.362ss.

[7] Para a maior parte das observações contidas nas seções 4 e 8, sou grato ao falecido S. Leśniewski, que as desenvolveu em suas conferências não publicadas, na Universidade de Varsóvia (em 1919 e depois). Contudo, Leśniewski não antecipou a possibilidade de um desenvolvimento rigoroso da teoria da verdade, e menos ainda da definição dessa noção. Logo, embora indique equivalências da forma (T) como premissas na antinomia do mentiroso, ele não as concebeu como quaisquer condições suficientes para um uso adequado (ou definição) da noção de verdade. Também as observações na seção 8, a respeito da ocorrência de uma premissa empírica na antinomia do mentiroso, e a possibilidade de eliminar essa premissa, não provêm dele.

Observemos que a frase '*a neve é branca*' ocorre do lado esquerdo dessa equivalência entre aspas, e do lado direito, sem aspas. Do lado direito, temos a própria sentença, e do lado esquerdo, o nome da sentença. Empregando a terminologia lógica medieval, poderíamos também dizer que, do lado direito, as palavras '*a neve é branca*' ocorrem sob *suppositio formalis* e, do lado esquerdo, sob *suppositio materialis*. Não é tão necessário explicar por que devemos ter o nome da sentença, e não a própria sentença, no lado esquerdo da equivalência. Pois, em primeiro lugar, do ponto de vista da gramática de nossa língua, uma expressão da forma '*X é verdadeiro*' não se tornaria uma sentença significativa se nela substituíssemos '*X*' por uma sentença ou por qualquer coisa diferente de um nome — uma vez que o sujeito de uma sentença pode ser apenas um substantivo ou uma expressão que funcione como um substantivo. E, em segundo lugar, as convenções fundamentais a respeito do uso de qualquer linguagem requerem que, em qualquer proferimento que façamos a respeito de um objeto, é o nome do objeto que deve ser empregado, e não o próprio objeto. Consequentemente, se quisermos dizer algo de uma sentença, por exemplo, que ela é verdadeira, devemos utilizar o nome dessa sentença, e não a própria sentença.[8]

Devemos acrescentar que colocar uma sentença entre aspas não é, de forma alguma, o único modo de construir seu nome. Por exemplo, supondo a ordem usual das letras em nosso alfabeto, podemos empregar a seguinte expressão como o nome (a descrição) da sentença '*a neve é branca*':

> *a sentença constituída pelas quatro palavras, a primeira das quais consiste na primeira letra, a segunda nas 13^a, 5^a, 21^a e 5ª letras, a terceira na 5ª letra [com acento agudo], e a quarta nas 2^a, 17^a, 1^a, 13^a, 3^a e 1ª letras do alfabeto português.**

---

[8] A respeito dos vários problemas lógicos e metodológicos envolvidos nesse artigo, o leitor pode consultar TARSKI, A. [64].

* Fizemos aqui, obviamente, uma adaptação para o português, uma vez que a sentença original, empregada por Tarski, em inglês, é '*snow is white*'. (N.T.)

Generalizemos agora o procedimento que empregamos acima. Consideremos uma sentença qualquer. Vamos substituí-la pela letra 'p'. Formamos o nome dessa sentença e o substituímos por uma outra letra, 'X', digamos. Perguntamos agora qual é a relação lógica entre as duas sentenças 'X é verdadeira' e 'p'. É claro que, do ponto de vista de nossa concepção básica da verdade, essas sentenças são equivalentes. Em outras palavras, vale a seguinte equivalência:

(T) X é verdadeira se e somente se p.

Denominaremos qualquer equivalência desse tipo (com 'p' substituída por qualquer sentença da linguagem à qual a palavra 'verdadeiro' se refere, e 'X' substituída por um nome dessa sentença) uma 'equivalência da forma (T)'.

Agora podemos finalmente colocar de uma forma precisa as condições sob as quais consideraremos o uso e a definição do termo 'verdadeiro' como adequados do ponto de vista material: queremos usar o termo 'verdadeiro' de tal maneira que todas as equivalências da forma (T) possam ser afirmadas, e *diremos que uma definição de verdade é 'adequada' se todas essas equivalências dela se seguem*.

Devemos enfatizar que nem a própria expressão (T) (que não é uma sentença, mas apenas um esquema de sentença) nem qualquer instância particular da forma (T) pode ser compreendida como uma definição de verdade. Podemos apenas dizer que toda equivalência da forma (T), obtida ao se substituir 'p' por uma sentença particular, e 'X' por um nome dessa sentença, pode ser considerada uma definição parcial de verdade, que explica em que consiste a verdade dessa sentença individual. A definição geral tem de ser, em certo sentido, uma conjunção lógica de todas essas definições parciais.

(Esta última observação requer alguns comentários. Uma linguagem pode admitir a construção de infinitamente muitas sentenças. E, assim, o número das definições parciais de verdade referentes a sentenças dessa linguagem também será infinito. Logo, para dar à nossa observação um sentido preciso, teríamos de explicar o que se quer dizer por uma 'conjunção lógica de infinitamente muitas sentenças'. Mas isso nos levaria demasiado longe nos problemas técnicos da lógica moderna.)

5. A VERDADE COMO UM CONCEITO SEMÂNTICO.

Gostaria de propor o nome 'a concepção semântica da verdade' para a concepção de verdade que acaba de ser discutida.

A *semântica* é uma disciplina que, de modo geral, *trata de certas relações entre expressões de uma linguagem e os objetos* (ou 'estados de coisas') '*a que se referem*' *tais expressões*. Como exemplos típicos de conceitos semânticos, podemos mencionar os conceitos de *designação, satisfação*, e *definição*, tal como eles ocorrem nos seguintes exemplos:

a expressão 'o pai de seu país' designa (denota) George Washington;
a neve satisfaz a função sentencial (a condição) 'x é branca';
a equação '2 · x = 1' define (determina unicamente) o número 1/2.

Enquanto as palavras 'designa', 'satisfaz' e 'define' expressam relações (entre certas expressões e os objetos 'referidos' por essas expressões), a palavra 'verdadeiro' é de uma natureza lógica diferente: ela expressa uma propriedade (ou denota uma classe) de certas expressões, a saber, de sentenças. Contudo, vê-se facilmente que todas as formulações fornecidas antes, e que procuravam explicar o significado dessa palavra (cf. seções 3 e 4), referiam-se não apenas às próprias sentenças mas também a objetos 'dos quais se falava' por meio dessas sentenças, ou possivelmente a 'estados de coisas' descritos por elas. E, além disso, resulta que a maneira mais simples e natural de obter uma definição exata de verdade é aquela que envolve o uso de outras noções semânticas, por exemplo, da noção de satisfação. É por essas razões que consideramos o conceito de verdade aqui discutido entre os conceitos semânticos; e o problema de definir a verdade se mostra intimamente relacionado com o problema mais geral de estabelecer os fundamentos da semântica teórica.

Vale talvez dizer que a semântica, tal como concebida neste artigo (e em artigos anteriores do autor), é uma disciplina sóbria e modesta, que não tem nenhuma pretensão de ser um remédio universal para todos os males e doenças da humanidade, sejam imaginários, sejam reais. Não encontraremos na semântica nenhum alívio para dentes cariados, ou mania de grandeza, ou lutas de classes. E a semântica também não é um dispositivo para estabelecer que todo mundo, exceto o falante e seus amigos, está falando bobagem.

Desde a Antiguidade até os dias de hoje, os conceitos da semântica desempenharam um papel importante nas discussões de filósofos, lógicos e filólogos. Entretanto, esses conceitos foram tratados por muito tempo com alguma suspeição. Em uma perspectiva histórica, essa suspeição deve ser considerada completamente justificada, pois, embora o significado dos conceitos semânticos, como são usados na linguagem cotidiana, pareça bastante claro e compreensível, todas as tentativas de caracterizar esse significado de maneira geral e exata fracassaram. E, o que é pior, diversos argumentos nos quais esses conceitos estavam envolvidos, e que de outro modo pareciam inteiramente corretos e baseados em premissas aparentemente óbvias, com frequência levaram a paradoxos e antinomias. É suficiente mencionar aqui a *antinomia do mentiroso*, a *antinomia da definibilidade* (por meio de um número finito de palavras) de Richard, e a *antinomia dos termos heterológicos* de Grelling-Nelson.[9]

Acredito que o método esboçado neste artigo ajude a superar essas dificuldades e assegure a possibilidade de um uso consistente dos conceitos semânticos.

6. LINGUAGENS COM UMA ESTRUTURA ESPECIFICADA. Diante da possível ocorrência de antinomias, o problema de especificar a estrutura formal e o vocabulário de uma linguagem na qual as definições dos conceitos semânticos serão dadas torna-se especialmente sério. Voltamo-nos agora para esse problema.

Há certas condições gerais sob as quais se considera que a estrutura de uma linguagem está *exatamente especificada*. Assim, para especificar a estrutura de uma linguagem, devemos caracterizar sem ambiguidade a classe das palavras e expressões que serão consideradas *significativas*. Em particular, devemos indicar todas as palavras que decidimos usar sem definição, e que são chamadas '*termos não definidos (ou primitivos)*', e apresentar as chamadas *regras de definição* para introduzir *termos definidos* ou novos. Além disso, devemos

---

[9] A antinomia do mentiroso (atribuída a Eubúlides ou a Epimênides) é discutida aqui nas seções 7 e 8. Para a antinomia da definibilidade (devida a J. Richard), cf., por exemplo, HILBERT, D.; BERNAYS, P. [28], v.2, p.263ss; para a antinomia dos termos heterológicos, cf. GRELLING, K.; NELSON, L. [24], p.307.

estabelecer os critérios para distinguir, na classe de expressões, aquelas que denominaremos 'sentenças'. Finalmente, devemos formular as condições sob as quais uma sentença pode ser *afirmada*; em particular, devemos indicar todos os *axiomas* (ou *sentenças primitivas*), isto é, as sentenças que decidimos afirmar sem prova. E devemos fornecer as chamadas *regras de inferência* (ou *regras de demonstração*) por meio das quais podemos deduzir novas sentenças, afirmadas a partir de outras sentenças previamente afirmadas. Os axiomas, assim como as sentenças deles deduzidas por meio das regras de inferência, são chamados 'teoremas' ou 'sentenças demonstráveis'.

Se, ao especificar a estrutura de uma linguagem, referimo-nos exclusivamente à forma das expressões envolvidas, a linguagem é dita *formalizada*. Em tal linguagem, os teoremas são as únicas sentenças que podem ser afirmadas.

No momento presente, as únicas linguagens com uma estrutura especificada são as linguagens formalizadas dos vários sistemas de lógica dedutiva, possivelmente enriquecidas pela introdução de certos termos não lógicos. Contudo, o campo de aplicação dessas linguagens é bastante abrangente. Somos capazes, teoricamente, de desenvolver nelas vários ramos da ciência, por exemplo, a matemática e a física teórica.

(Por outro lado, podemos imaginar a construção de linguagens que tenham uma estrutura exata especificada sem serem formalizadas. Em uma tal linguagem, a assertabilidade das sentenças, por exemplo, nem sempre depende de sua forma, mas às vezes de outros fatores, não linguísticos. Seria interessante e, de fato, importante, construir uma linguagem desse tipo, e especialmente uma que se mostrasse suficiente para o desenvolvimento de um ramo abrangente da ciência empírica, pois isso justificaria a esperança de que as linguagens com estrutura especificada pudessem, finalmente, substituir a linguagem do cotidiano no discurso científico.)

O problema da definição de verdade ganha um significado preciso e pode ser resolvido de maneira rigorosa apenas para aquelas linguagens cuja estrutura foi especificada com exatidão. Para outras linguagens — assim, para todas as línguas naturais, 'faladas' — o significado do problema é mais ou menos vago, e sua solução pode ser apenas de caráter aproximativo. De modo geral, a aproximação consiste em substituir uma linguagem natural (ou porção dela na qual estamos interessados) por uma linguagem cuja estrutura seja especificada de forma exata e que divirja da linguagem dada 'o menos possível'.

7. A ANTINOMIA DO MENTIROSO. Para descobrir algumas das condições mais específicas que devem ser satisfeitas pelas linguagens nas quais (ou para as quais) a definição de verdade será dada, é aconselhável começar com uma discussão da antinomia que envolve diretamente a noção de verdade, a antinomia do mentiroso.

Para obter essa antinomia em uma forma clara,[10] consideremos a seguinte sentença:

A sentença impressa neste artigo, p.167, l.12, não é verdadeira.

Para ser breve, vamos substituir a sentença acima enunciada pela letra 's'.

De acordo com nossa convenção a respeito do uso adequado do termo 'verdadeiro', afirmamos a seguinte equivalência da forma (T):

(1)   's' é verdadeira se, e somente se, a sentença impressa neste artigo, na p.167, l.12, não é verdadeira.

Por outro lado, lembrando o significado do símbolo 's', estabelecemos empiricamente o seguinte fato:

(2)   's' é idêntica à sentença impressa neste artigo, na p.167, l.12.

Ora, por uma lei conhecida da teoria da identidade (a lei de Leibniz), segue-se de (2) que podemos substituir em (1) a expressão 'a sentença impressa neste artigo, na p.167, l.12' pelo símbolo ''s''. Obtemos, assim, o seguinte:

(3)   's' é verdadeira se, e somente se, 's' não é verdadeira.

Desse modo, chegamos a uma contradição patente.

A meu ver, seria inteiramente errado e arriscado, do ponto de vista do progresso científico, depreciar a importância dessa e de outras an-

---
[10] Devida ao prof. J. Łukasiewicz (Universidade de Varsóvia).

tinomias e tratá-las como piadas ou sofismas. É um fato que estamos aqui na presença de um absurdo, que fomos levados a afirmar uma sentença falsa (uma vez que (3), como uma equivalência entre duas sentenças contraditórias, é necessariamente falsa). Se tomarmos nosso trabalho a sério, não podemos aceitar esse fato. Devemos descobrir sua causa, isto é, devemos analisar as premissas nas quais a antinomia é baseada. Devemos, então, rejeitar pelo menos uma dessas premissas, e investigar as consequências que isso traz para todo o domínio de nossa pesquisa.

Enfatizemos que as antinomias desempenharam um proeminente papel no estabelecimento dos fundamentos das ciências dedutivas modernas. E, assim como as antinomias da teoria das classes, e em particular a antinomia de Russell (da classe de todas as classes que não são membros de si mesmas), foram o ponto de partida para as tentativas bem-sucedidas de uma formalização consistente da lógica e da matemática, a antinomia do mentiroso e outras antinomias semânticas dão oportunidade à construção da semântica teórica.

8. A INCONSISTÊNCIA DAS LINGUAGENS SEMANTICAMENTE FECHADAS.[11]

Se analisarmos agora os pressupostos que levaram à antinomia do mentiroso, notaremos o seguinte:

(I) Fizemos implicitamente a pressuposição de que a linguagem na qual a antinomia é construída contém, além de suas expressões, os nomes para essas expressões, assim como termos semânticos tais como 'verdadeiro', referindo-se a sentenças dessa linguagem. Também pressupomos que todas as sentenças que determinam o uso adequado desse termo podem ser afirmadas na linguagem. Uma linguagem com essas propriedades será chamada 'semanticamente fechada'.

(II) Fizemos a pressuposição de que, nessa linguagem, valem as leis ordinárias da lógica.

(III) Fizemos a pressuposição de que podemos formular e afirmar em nossa linguagem uma premissa empírica, tal como o enunciado (2), que apareceu em nosso argumento.

Acontece que a pressuposição (III) não é essencial, pois é possí-

---
[11] Cf. nota 7.

vel reconstruir a antinomia do mentiroso sem sua ajuda.[12] Mas as pressuposições (I) e (II) mostram-se essenciais. Uma vez que toda linguagem que satisfaz a ambas estas pressuposições é inconsistente, devemos rejeitar pelo menos uma delas.

Seria desnecessário salientar aqui as consequências de rejeitar a pressuposição (II), isto é, mudar nossa lógica (supondo que isso fosse possível), mesmo em suas partes mais elementares e fundamentais. Consideramos, assim, apenas a possibilidade de rejeitar a pressuposição (I). Consequentemente, decidimos *não usar nenhuma linguagem que seja semanticamente fechada*, no sentido dado.

Tal restrição seria, é claro, inaceitável para aqueles que, por razões que não me são claras, acreditam que há apenas uma linguagem 'genuína' (ou pelo menos que todas as linguagens 'genuínas' são mutuamente tradutíveis). Contudo, essa restrição não afeta as necessidades ou interesses da ciência de nenhuma forma essencial. As linguagens (ou as formalizadas, ou — o que é mais frequentemente o caso — as porções da linguagem cotidiana) que são usadas no discurso científico não têm de ser semanticamente fechadas. Isso é óbvio no caso em que fenômenos linguísticos, e em particular as noções semânticas, não entram de modo algum na consideração de uma ciência. Pois, em tal caso, a linguagem dessa ciência não precisa ser dotada de termo semântico algum. Contudo, veremos na próxima seção como podemos prescindir das linguagens semanticamente fechadas mesmo naquelas discussões científicas nas quais noções semânticas estão essencialmente envolvidas.

---

[12] Isso pode ser feito, aproximadamente, da seguinte maneira. Seja S qualquer sentença que comece com as palavras 'Toda sentença'. Correlacionamos com S uma nova sentença S*, submetendo S às seguintes duas modificações: substituímos em S a primeira palavra, 'Toda' por 'A'; e inserimos, depois da segunda palavra, '*sentença*', toda a sentença S, colocada entre aspas. Concordemos em chamar a sentença S de '(auto)aplicável' ou 'não (auto)aplicável', dependendo de ser verdadeira ou falsa a sentença correlata S*. Agora consideremos a seguinte sentença:

Toda sentença é não aplicável.

Pode-se mostrar facilmente que a sentença que acabamos de enunciar deve ser ambas as coisas, aplicável e não aplicável; portanto é uma contradição. Pode não estar inteiramente claro em que sentido essa formulação da antinomia não envolve uma premissa empírica. Contudo, não vou discorrer sobre esse ponto.

O problema surge em relação à posição da linguagem cotidiana a respeito desse ponto. À primeira vista, pareceria que essa linguagem satisfaz a ambas as pressuposições, (I) e (II), e que, portanto, ela deve ser inconsistente. Mas, de fato, o caso não é tão simples. Nossa linguagem cotidiana não é, com certeza, uma linguagem com uma estrutura especificada com exatidão. Não sabemos precisamente quais expressões são sentenças, e sabemos em grau ainda menor quais sentenças devem ser tomadas como afirmáveis. Assim, o problema da consistência não tem um significado exato com respeito a essa linguagem. No melhor dos casos, podemos apenas arriscar o palpite de que uma linguagem cuja estrutura tenha sido exatamente especificada, e que se assemelhe à nossa linguagem cotidiana o mais possível, seria inconsistente.

9. LINGUAGEM-OBJETO E METALINGUAGEM. Uma vez que concordamos em não empregar linguagens semanticamente fechadas, temos de empregar duas linguagens diferentes ao discutir o problema da definição de verdade e, de forma mais geral, de quaisquer problemas no campo da semântica. A primeira dessas linguagens é a linguagem 'a cujo respeito se fala', e que é o assunto de toda a discussão. A definição de verdade que estamos buscando se aplica a sentenças dessa linguagem. A segunda é a linguagem na qual 'falamos a respeito' da primeira, e em termos da qual desejamos, em particular, construir a definição de verdade para a primeira linguagem. Vamos nos referir à primeira linguagem como '*a linguagem-objeto*' e à segunda como '*a metalinguagem*'.

Devemos observar que esses termos, '*linguagem-objeto*' e '*metalinguagem*', têm um sentido apenas relativo. Se, por exemplo, ficamos interessados na noção de verdade que se aplique a sentenças não de nossa linguagem-objeto original, mas de sua metalinguagem, esta última torna-se automaticamente a linguagem-objeto de nossa discussão. E, para definir a verdade para esta linguagem, temos de ir para uma nova metalinguagem — por assim dizer, para uma metalinguagem de nível superior. Desse modo, chegamos a toda uma hierarquia de linguagens.

O vocabulário da metalinguagem é, em grande medida, determi-

A Concepção Semântica da Verdade

nado pelas condições já enunciadas, sob as quais a definição de verdade será considerada materialmente adequada. Essa definição, como lembramos, tem de implicar todas as equivalências da forma (T):

(T)   X é *verdadeira se, e somente se, p.*

A própria definição e todas as equivalências implicadas por ela devem ser formuladas na metalinguagem. Por outro lado, o símbolo '*p*' em (T) representa uma sentença qualquer de nossa linguagem-objeto. Logo, segue-se que toda sentença que ocorre na linguagem-objeto deve também ocorrer na metalinguagem. Em outras palavras, a metalinguagem deve conter a linguagem-objeto como uma parte sua. Isso é de qualquer forma necessário para a prova de adequação da definição — ainda que a própria definição possa, às vezes, ser formulada em uma metalinguagem menos abrangente, que não satisfaça esse requisito.

(O requisito em questão pode ser de algum modo modificado, pois é suficiente pressupor que a linguagem-objeto possa ser traduzida para a metalinguagem. Isto requer certa mudança na interpretação do símbolo '*p*' em (T). Nas discussões a seguir, vamos ignorar a possibilidade de tal modificação.)

Além disso, o símbolo 'X' em (T) representa o nome da sentença que '*p*' representa. Vemos, portanto, que a metalinguagem deve ser rica o suficiente para prover possibilidades de construção de um nome para cada sentença da linguagem-objeto.

Ainda mais, a metalinguagem deve, obviamente, conter termos de caráter lógico geral, tais como a expressão 'se, e somente se'.[13]

É desejável que a metalinguagem não contenha nenhum termo não definido, exceto como os envolvidos, explícita ou implicitamente, nas observações acima, isto é, termos da linguagem-objeto; ter-

---

[13] Os termos 'lógica' e 'lógico' são usdos neste artigo em um sentido amplo, que se tornou quase tradicional nas últimas décadas. Pressupomos aqui que a lógica compreende toda a teoria das classes e relações (isto é, a teoria matemática dos conjuntos). Por muitas razões diferentes, estou pessoalmente inclinado a empregar o termo 'lógica' em um sentido muito mais restrito, de modo a aplicá-lo apenas ao que é às vezes denominado 'lógica elementar', isto é, o cálculo sentencial e o cálculo de predicados (restrito).

mos que se refiram à forma das expressões da linguagem-objeto, usados para construir nomes para essas expressões; e termos da lógica. Em particular, desejamos que *os termos semânticos* (referindo-se à linguagem-objeto) *sejam introduzidos na metalinguagem apenas por definição*. Pois, se esse postulado for satisfeito, a definição de verdade, ou de qualquer outro conceito semântico, preencherá o que intuitivamente esperamos de toda definição, isto é, ela explicará o significado do termo a ser definido com termos cujo significado parece ser completamente claro e inequívoco. E, além disso, teremos alguma garantia de que o uso de conceitos semânticos não vai nos envolver em nenhum tipo de contradição.

Não temos nenhum outro requisito a respeito da estrutura formal da linguagem-objeto e da metalinguagem. Pressupomos que ela é similar àquela das outras linguagens formalizadas conhecidas hoje. Em particular, pressupomos que as regras formais de definição são observadas na metalinguagem.

10. CONDIÇÕES PARA UMA SOLUÇÃO POSITIVA DO PROBLEMA PRINCIPAL. Agora já temos uma ideia clara tanto das condições de adequação material, às quais a definição de verdade estará sujeita, quanto da estrutura formal da linguagem na qual essa definição deve ser construída. Nessas circunstâncias, o problema da definição de verdade adquire o caráter de um problema definido de natureza puramente dedutiva.

A solução do problema, contudo, não é de forma alguma óbvia, e eu não tentaria apresentá-la em detalhe sem utilizar toda a maquinaria da lógica contemporânea. Aqui, vou me restringir a um esboço geral da solução e à discussão de certos pontos, de interesse um pouco mais geral, que estão nela envolvidos.

A solução resulta algumas vezes positiva, outras, negativa. Isso depende de algumas relações formais entre a linguagem-objeto e sua metalinguagem ou, mais especificamente, do fato de ser ou não a metalinguagem, em sua parte lógica, '*essencialmente mais rica*' que a linguagem-objeto. Não é fácil dar uma definição geral e precisa dessa noção de 'riqueza essencial'. Se nos restringirmos a linguagens baseadas na teoria lógica dos tipos, a condição para que a metalinguagem seja 'essencialmente mais rica' que a linguagem-objeto é que ela contenha variáveis de um tipo lógico superior aos da linguagem-objeto.

Se a condição de 'riqueza essencial' não for satisfeita, pode-se geralmente demonstrar que uma interpretação da metalinguagem na linguagem-objeto é possível. Ou seja, com qualquer termo dado da metalinguagem, um termo bem determinado da linguagem-objeto pode ser correlacionado de tal modo que as sentenças afirmáveis de uma das linguagens resultem correlacionadas com sentenças afirmáveis da outra. Como resultado dessa interpretação, a hipótese de que uma definição satisfatória de verdade foi formulada na metalinguagem acaba implicando a possibilidade de reconstruir, nessa linguagem, a antinomia do mentiroso. E isso, por sua vez, nos força a rejeitar tal hipótese.

(O fato de a metalinguagem, em sua parte não lógica, ser ordinariamente mais abrangente que a linguagem-objeto não afeta a possibilidade de interpretar a primeira na segunda. Por exemplo, os nomes de expressões da linguagem-objeto ocorrem na metalinguagem, embora, para a maior parte, eles não ocorram na própria linguagem-objeto. Mas, apesar disso, pode ser possível interpretar esses nomes em termos da linguagem-objeto.)

Assim, vemos que a condição de 'riqueza essencial' é necessária para a possibilidade de uma definição satisfatória de verdade na metalinguagem. Se quisermos desenvolver a teoria da verdade em uma metalinguagem que não satisfaça essa condição, devemos abandonar a ideia de definir a verdade com a ajuda exclusiva daqueles termos que foram indicados anteriormente (na seção 8). Temos, então, de incluir o termo '*verdadeiro*', ou algum outro termo semântico, na lista dos termos não definidos da metalinguagem, e expressar propriedades fundamentais da noção de verdade em uma série de axiomas. Não há nada de essencialmente errado em tal procedimento axiomático, e ele pode se mostrar útil para diversos propósitos.[14]

Resulta, contudo, que esse procedimento pode ser evitado. Pois *a condição de 'riqueza essencial' da metalinguagem se mostra não apenas*

---
[14] Cf., contudo, TARSKI, A. [61], p.5s.

necessária, mas também suficiente para a construção de uma definição satisfatória de verdade. Isto é, se a metalinguagem satisfaz essa condição, a noção de verdade pode ser nela definida. Indicaremos, agora, em termos gerais, como essa construção pode ser realizada.

11. A CONSTRUÇÃO (EM LINHAS GERAIS) DA DEFINIÇÃO.[15] Uma definição de verdade pode ser obtida, de maneira muito simples, da definição de uma outra noção semântica, a noção de *satisfação*.

A satisfação é uma relação entre objetos quaisquer e certas expressões denominadas *'funções sentenciais'*. Estas são expressões como 'x é branco', 'x é maior que y' etc. Sua estrutura formal é análoga àquela das sentenças. Contudo, elas podem conter as chamadas variáveis livres (como 'x' e 'y' em 'x é maior que y'), que não podem ocorrer nas sentenças.

Ao definir a noção de função sentencial em linguagens formalizadas usualmente, empregamos o que é denominado 'procedimento recursivo'. Isto é, primeiro descrevemos funções sentenciais da mais simples estrutura (o que, em geral, não apresenta dificuldade alguma) e, então, indicamos as operações por meio das quais as funções compostas podem ser construídas a partir daquelas mais simples. Tal operação pode consistir, por exemplo, em formar a disjunção ou a conjunção lógica de duas funções dadas, isto é, combinando-as pela palavra 'ou' ou 'e'. Uma sentença pode, agora, ser definida simplesmente como uma função sentencial que não contém nenhuma variável livre.

No que diz respeito à noção de satisfação, poderíamos tentar defini-la dizendo que determinados objetos satisfazem uma dada função se a última se torna uma sentença verdadeira quando nela substituímos as variáveis livres por nomes dos objetos dados. Nesse sentido, por exemplo, a neve satisfaz a função sentencial 'x é branca', uma vez que a sentença 'a neve é branca' é verdadeira. Contudo, fora outras dificuldades, esse método não está a nosso alcance, pois queremos usar a noção de satisfação para definir verdade.

---

[15] O método de construção que vamos esboçar pode ser aplicado — com modificações apropriadas — a todas as linguagens formalizadas conhecidas hoje, embora isso não exclua a possibilidade de ser construída uma linguagem à qual esse método não se aplique.

A Concepção Semântica da Verdade

Para obter uma definição de satisfação temos, ao contrário, de aplicar novamente um procedimento recursivo. Indicamos quais são os objetos que satisfazem as funções sentenciais mais simples. E, então, enunciamos as condições sob as quais determinados objetos satisfazem uma função composta — pressupondo que sabemos quais objetos satisfazem as funções mais simples das quais aquela função composta foi construída. Assim, por exemplo, dizemos que determinados números satisfazem a disjunção lógica '*x é maior que y ou x é igual a y*' se eles satisfazem pelo menos uma das funções '*x é maior que y*' ou '*x é igual a y*'.

Obtida a definição geral de satisfação, observamos que ela se aplica automaticamente também àquelas funções sentenciais especiais que não contêm nenhuma variável livre, isto é, às sentenças. Resulta que, para uma sentença, apenas dois casos são possíveis: uma sentença é satisfeita ou por todos os objetos ou por nenhum deles. Logo, chegamos a uma definição de verdade e de falsidade simplesmente ao dizer que *uma sentença é verdadeira se ela é satisfeita por todos os objetos, e falsa no caso contrário.*[16]

(Pode parecer estranho que tenhamos escolhido uma maneira indireta para definir a verdade de uma sentença, em vez de tentar aplicar, por exemplo, um procedimento recursivo direto. A razão é que

---

[16] Ao desenvolvermos essa ideia, surge uma dificuldade técnica. Uma função sentencial pode conter um número qualquer de variáveis livres, e a natureza lógica da noção de satisfação varia com esse número. Assim, a noção em questão, quando aplicada a funções com uma variável, é uma relação binária entre essas funções e objetos singulares; quando aplicada a funções com duas variáveis, torna-se uma relação ternária, entre funções e pares de objetos; e assim por diante. Logo, a rigor, confrontamo-nos não com uma noção de satisfação, mas com infinitamente muitas noções. E resulta que essas noções não podem ser definidas independentemente umas das outras, mas devem todas ser introduzidas em simultâneo.

Para superar essa dificuldade, empregamos a noção matemática de sequência infinita (ou, possivelmente, de uma sequência finita com um número qualquer de termos). Concordamos em entender a satisfação não como uma relação de múltiplos termos entre funções sentenciais e um número indefinido de objetos, mas como uma relação binária entre funções e sequências de objetos. Sob essa pressuposição, a formulação de uma definição geral e precisa de satisfação não apresenta mais nenhuma dificuldade. E uma sentença verdadeira pode, agora, ser definida como aquela que é satisfeita por toda sequência.

as sentenças compostas são construídas de funções sentenciais mais simples, mas nem sempre de sentenças mais simples. Logo, nenhum método recursivo geral que se aplique especificamente a sentenças é conhecido.)

Desse esboço geral, não fica claro onde e como a pressuposição de 'riqueza essencial' da metalinguagem está envolvida na discussão. Isso fica claro apenas quando a construção é realizada de uma maneira detalhada e formal.[17]

12. CONSEQUÊNCIAS DA DEFINIÇÃO. A definição de verdade que acaba de ser esboçada acarreta diversas consequências interessantes.

Em primeiro lugar, a definição mostra-se não apenas formalmente correta, mas também materialmente adequada (no sentido estabelecido na seção 4). Em outras palavras, ela implica todas as equivalências da forma (T). A esse respeito, é importante notar que as condições para a adequação material da definição determinam unicamente a extensão do termo 'verdadeiro'. Portanto, toda definição de verdade que seja materialmente adequada seria necessariamente equivalente àquela de fato construída. A concepção semântica da verdade não nos dá, por assim dizer, nenhuma possibilidade de escolher entre diversas definições não equivalentes dessa noção.

Além disso, podemos deduzir de nossa definição várias leis de natureza geral. Em particular, podemos, com sua ajuda, demonstrar as *leis de Contradição e do Terceiro Excluído*, que são tão características da concepção aristotélica da verdade. Isto é, podemos mostrar que uma, e apenas uma, de duas sentenças contraditórias é verdadeira.

---

[17] Para definir recursivamente a noção de satisfação, temos de aplicar uma certa forma de definição recursiva que não é admitida na linguagem-objeto. Logo, a 'riqueza essencial' da metalinguagem pode simplesmente consistir em admitir esse tipo de definição. Por outro lado, um método geral que torne possível eliminar todas as definições recursivas, e substituí-las por definições normais, explícitas, é conhecido. Se tentarmos aplicar esse método à definição de satisfação, veremos que teremos ou de introduzir na metalinguagem variáveis de um tipo lógico superior ao daquelas que ocorrem na linguagem-objeto, ou então assumir axiomaticamente, na metalinguagem, a existência de classes que são mais abrangentes que todas aquelas cuja existência pode ser estabelecida na linguagem-objeto. Cf. TARSKI, A. [60], p.393ss, e TARSKI, A. [63], p.110.

A Concepção Semântica da Verdade

Essas leis semânticas não devem ser identificadas com as correlatas leis lógicas de Contradição e do Terceiro Excluído. Estas últimas pertencem ao cálculo sentencial, isto é, à parte mais elementar da lógica, e não envolvem de modo algum o termo 'verdadeiro'.

Outros resultados importantes podem ser obtidos ao se aplicar a teoria da verdade a linguagens formalizadas de uma certa classe bastante abrangente de disciplinas matemáticas. Apenas disciplinas de caráter elementar e de estrutura lógica muito elementar são excluídas dessa classe. Resulta que, para uma disciplina dessa classe, *a noção de verdade nunca coincide com a de demonstrabilidade*. Pois todas as sentenças demonstráveis são verdadeiras, mas há sentenças verdadeiras que não são demonstráveis.[18] Logo, segue-se ainda que qualquer disciplina desse tipo é consistente, mas incompleta. Isto é, de duas sentenças contraditórias, uma delas, no máximo, é demonstrável e — o mais importante — existe um par de sentenças contraditórias, das quais nenhuma é demonstrável.[19]

---

[18] Com o desenvolvimento da lógica moderna, a noção de demonstração matemática sofreu uma simplificação de longo alcance. Uma sentença de uma dada disciplina formalizada é demonstrável se ela pode ser obtida dos axiomas dessa disciplina pela aplicação de certas regras de inferência simples e puramente formais, tais como aquelas de destacamento e substituição. Logo, para mostrar que todas as sentenças demonstráveis são verdadeiras, basta demonstrar que todas as sentenças aceitas como axiomas são verdadeiras, e que as regras de inferência, quando aplicadas a sentenças verdadeiras, acarretam novas sentenças verdadeiras. E isso, geralmente, não apresenta qualquer dificuldade.

Por outro lado, tendo em vista a natureza elementar da noção de demonstrabilidade, uma definição precisa dessa definição requer apenas dispositivos lógicos bem simples. Na maioria dos casos, aqueles dispositivos lógicos que estão disponíveis na própria disciplina formalizada (com os quais a noção de demonstrabilidade está associada) são mais que suficientes para esse propósito. Sabemos, contudo, que no que diz respeito à definição de verdade, vale exatamente o oposto. Logo, como uma regra, as noções de verdade e demonstrabilidade não podem coincidir. E, uma vez que toda sentença demonstrável é verdadeira, deve haver sentenças verdadeiras que não são demonstráveis.

[19] Assim, a teoria da verdade fornece um método geral para demonstrações de consistência para disciplinas matemáticas formalizadas. Pode-se imaginar facilmente, contudo, que uma demonstração de consistência obtida por esse método possa conter algum valor intuitivo — isto é, possa nos convencer, ou reforçar nossa crença de que a disciplina sob consideração é realmente consistente — apenas no caso de sermos bem-sucedidos ao definir a verdade em termos de uma metalinguagem que não

13. EXTENSÃO DOS RESULTADOS A OUTRAS NOÇÕES SEMÂNTICAS.

A maior parte dos resultados aos quais chegamos nas seções precedentes, ao discutir a noção de verdade, pode ser estendida, com modificações apropriadas, a outras noções semânticas, por exemplo à noção de satisfação (envolvida em nossa discussão anterior), e àquelas de *designação* e *definição*.

Cada uma dessas noções pode ser analisada nos moldes adotados na análise da verdade. Assim, critérios para um uso adequado dessas noções podem ser estabelecidos. Pode-se mostrar que cada uma dessas noções, quando empregadas em uma linguagem semanticamente fechada, de acordo com esses critérios, conduz necessariamente a uma contradição.[20] Uma distinção entre a linguagem-objeto e a metalinguagem torna-se, mais uma vez, indispensável; e a 'riqueza essencial' da metalinguagem mostra-se, em cada caso, uma condição necessária e suficiente para uma definição satisfatória da noção envolvida. Logo, os resultados obtidos ao discutir uma noção semântica

---

contenha a linguagem-objeto como uma parte sua (cf. observação na seção 9). Pois apenas neste caso os pressupostos dedutivos da metalinguagem podem ser intuitivamente mais simples e mais óbvios que aqueles da linguagem-objeto – mesmo que a condição de 'riqueza essencial' seja satisfeita formalmente. Cf. também TARSKI, A. [61], p.7.

A incompletude de uma classe abrangente de disciplinas formalizadas constitui o conteúdo essencial de um teorema fundamental de Gödel; cf. GÖDEL, K. [21], p.187ss. A explicação de a teoria da verdade levar tão diretamente ao teorema de Gödel é bastante simples. Ao derivar da teoria da verdade o resultado de Gödel, fazemos um uso essencial do fato de que a definição de verdade não pode ser dada em uma metalinguagem que é apenas tão 'rica' quanto a linguagem-objeto (cf. nota 18, acima). Contudo, ao estabelecer esse fato, foi aplicado um método de raciocínio que está intimamente relacionado com aquele usado (pela primeira vez) por Gödel. Pode-se acrescentar que Gödel, em sua demonstração, foi claramente guiado por certas considerações intuitivas a respeito da noção de verdade, embora essa noção não ocorra explicitamente na demonstração; cf. GÖDEL, K. [21], p.174ss.

[20] As noções de designação e definição conduzem, respectivamente, às antinomias de Grelling-Nelson e Richard (cf. nota 9). Para obter uma antinomia para a noção de satisfação, construímos a seguinte expressão:

A função sentencial X não satisfaz X.

Uma contradição aparece quando consideramos a questão de se essa expressão, que é claramente uma função sentencial, satisfaz a si mesma ou não.

particular se aplicam ao problema geral dos fundamentos da semântica teórica.

Na semântica teórica, podemos definir e estudar algumas outras noções, cujo conteúdo intuitivo está mais envolvido, e cuja origem semântica é menos óbvia. Temos em mente, por exemplo, as importantes noções de *consequência*, *sinonímia*, e *significado*.[21]

Ocupamo-nos aqui da teoria das noções semânticas relativas a uma linguagem-objeto individual (embora nenhuma propriedade específica dessa linguagem tenha sido envolvida em nossos argumentos). Contudo, podemos também considerar o problema de desenvolver uma *semântica geral*, que se aplique a uma classe abrangente de linguagens-objeto. Uma parte considerável de nossas observações precedentes pode ser estendida a esse problema geral. Contudo, algumas dificuldades novas, que não serão discutidas aqui, surgem a esse respeito. Apenas observarei que o método axiomático (mencionado na seção 10) pode mostrar-se o mais apropriado para o tratamento do problema.[22]

II. OBSERVAÇÕES POLÊMICAS

14. A CONCEPÇÃO SEMÂNTICA DA VERDADE É A CONCEPÇÃO 'CERTA'? Gostaria de começar a parte polêmica do artigo com algumas observações gerais.

Espero que nada do que é aqui dito seja interpretado como uma alegação de que a concepção semântica da verdade seja a concepção 'certa' ou, de fato, a 'única possível'. Não tenho a mínima intenção de contribuir, de forma nenhuma, para aquelas discussões sem-fim, frequentemente ardentes, sobre o tema: "Qual é a concepção certa de

---

[21] Todas as noções mencionadas nesta seção podem ser definidas em termos de satisfação. Podemos dizer, por exemplo, que um dado termo designa um determinado objeto se esse objeto satisfaz a função sentencial '*x é idêntico a T*', em que '*T*' representa o termo dado. De maneira similar, diz-se que uma função sentencial define um dado objeto se esse é o único objeto que satisfaz essa função. Para uma definição de consequência, cf. TARSKI, A. [62], e de sinonímia, CARNAP, R. [12].
[22] A semântica geral é o assunto de CARNAP, R. [12]. Cf. também as observações em TARSKI, A. [60], p.388s.

verdade?"[23] Devo confessar que não entendo o que está em questão em tais disputas, pois o próprio problema é tão vago que nenhuma solução definitiva é possível. De fato, parece-me que nunca se fez claro o sentido no qual a frase 'a concepção certa' é empregada. Em muitos casos, tem-se a impressão de que a frase é usada em um sentido quase místico, baseado na crença de que toda palavra tem apenas um significado 'real' (um tipo de ideia platônica ou aristotélica), e de que todas as concepções concorrentes na realidade procuram apreender esse único significado. Uma vez que, contudo, elas se contradizem umas às outras, apenas uma tentativa pode ser bem-sucedida e, logo, apenas uma concepção é a 'certa'.

Disputas desse tipo não estão de modo algum restritas à noção de verdade. Elas ocorrem em todo domínio no qual — em vez de uma terminologia exata e científica — a linguagem comum, com sua vaguidade e ambiguidade, é usada. E elas são sempre destituídas de significado e, portanto, vãs.

Parece-me óbvio que a única abordagem racional a tais problemas seria a seguinte. Deveríamos aceitar o fato de que estamos diante não de um conceito, mas de diversos conceitos diferentes, que são denotados por uma palavra. Deveríamos tentar tornar esses conceitos tão claros quanto possível (por meio de definição ou de um procedimento axiomático ou de algum outro modo). Para evitar outras confusões, deveríamos concordar em usar diferentes termos para diferentes conceitos. E, então, podemos prosseguir em um estudo tranquilo e sistemático de todos os conceitos envolvidos, exibindo suas propriedades principais e relações mútuas.

Especificamente a respeito da noção de verdade, é, sem dúvida, o caso que em discussões filosóficas — e talvez também no uso cotidiano — podem ser encontradas algumas concepções incipientes dessa noção, que diferem essencialmente da concepção clássica (da qual a concepção semântica é apenas uma forma modernizada). De fato, várias concepções desse tipo foram discutidas na literatura, por exemplo, a concepção pragmática, a teoria da coerência etc.[24]

---
[23] Cf. diversas citações em NESS, A. [46], p.13ss.
[24] Cf. nota 6.

A Concepção Semântica da Verdade 181

Parece-me que nenhuma dessas concepções foi até agora colocada de forma inteligível e inequívoca. Isso, contudo, pode mudar. Pode chegar o momento em que nos encontremos diante de diversas concepções da verdade, incompatíveis mas igualmente claras e precisas. Tornar-se-á, então, necessário abandonar o uso ambíguo da palavra 'verdadeiro' e, em seu lugar, introduzir diversos termos, cada um para denotar uma noção diferente. Pessoalmente, não me sentiria magoado se um congresso mundial futuro de 'teóricos da verdade' decidisse — por maioria de votos — reservar a palavra 'verdadeiro' para uma das concepções não clássicas, e sugerisse uma outra palavra, digamos, 'ferdadeiro', para a concepção aqui considerada. Mas não posso imaginar que alguém possa apresentar argumentos fortes de que a concepção semântica esteja 'errada', e deva ser inteiramente abandonada.

15. A CORREÇÃO FORMAL DA DEFINIÇÃO DE VERDADE SUGERIDA. As objeções específicas que foram levantadas contra minhas investigações podem ser divididas em diversos grupos, cada um dos quais será discutido separadamente.

Penso que, praticamente, todas essas objeções aplicam-se não à definição especial que apresentei, mas à concepção semântica da verdade em geral. Mesmo aquelas que foram dirigidas contra a definição realmente construída poderiam estar relacionadas com qualquer outra definição que se conforme com essa concepção.

Isso vale, em particular, para aquelas objeções que dizem respeito à correção formal da definição. Tomei conhecimento de algumas objeções desse tipo. Contudo, duvido muito que alguma delas possa ser considerada seriamente.

Como exemplo típico, permitam-me citar resumidamente uma objeção desse tipo.[25] Ao formular a definição, usamos necessariamente conectivos sentenciais, isto é, expressões como 'se..., então', 'ou' etc. Elas ocorrem no *definiens*, e uma delas — a saber, a frase '*se, e somente se*' — é usualmente empregada para combinar o *definiendum* com o

---
[25] Os nomes das pessoas que levantaram as objeções não serão citados aqui, a não ser que suas objeções tenham sido publicadas.

definiens. Contudo, sabe-se bem que o significado dos conectivos sentenciais é explicado na lógica com o auxílio das palavras '*verdadeiro*' e '*falso*'. Por exemplo, dizemos que uma equivalência, isto é, uma sentença da forma '*p se, e somente se, q*', é verdadeira se ou ambos seus membros, isto é, as sentenças representadas por '*p*' e '*q*', são verdadeiros, ou se ambos são falsos. Logo, a definição de verdade envolve um círculo vicioso.

Se essa objeção fosse válida, nenhuma definição formalmente correta de verdade seria possível. Pois somos incapazes de formular qualquer sentença composta sem usar conectivos sentenciais ou outros termos lógicos definidos com seu auxílio. Felizmente, a situação não é tão ruim.

É, sem dúvida alguma, o caso que um desenvolvimento estritamente dedutivo da lógica seja, com frequência, precedido por certos enunciados que explicam as condições sob as quais as sentenças da forma '*se p, então q*' etc., são consideradas verdadeiras ou falsas. (Tais explicações são, muitas vezes, dadas esquematicamente, por meio das chamadas tabelas de verdade.) Contudo, esses enunciados estão fora do sistema de lógica, e não poderiam ser entendidos como definições dos termos envolvidos. Eles não são formulados na linguagem do sistema, mas constituem, ao contrário, consequências especiais da definição de verdade elaborada na metalinguagem. Além disso, esses enunciados não influenciam o desenvolvimento dedutivo da lógica de forma alguma. Pois, em tal desenvolvimento, não discutimos a questão sobre a verdade de determinada sentença; estamos interessados apenas no problema de sua demonstrabilidade.[26]

---

[26] Deveríamos enfatizar contudo que, no que diz respeito à questão de um alegado círculo vicioso, a situação não mudaria mesmo que tomássemos um ponto de vista diferente, representado, por exemplo, em CARNAP, R. [12]; isto é, se entendêssemos a especificação das condições sob as quais as sentenças de uma linguagem são verdadeiras como uma parte essencial da descrição dessa linguagem. Por outro lado, podemos observar que o ponto de vista representado no texto não exclui a possibilidade de usar tabelas de verdade no desenvolvimento dedutivo da lógica. Contudo, essas tabelas devem ser entendidas, então, meramente como um instrumento formal para aferir a demonstrabilidade de certas sentenças; e os símbolos 'V' e 'F' que nelas ocorrem, e que são usualmente considerados abreviaturas de '*verdadeiro*' e '*falso*', não deveriam ser interpretados de qualquer maneira intuitiva.

Por outro lado, no momento em que nos encontramos no interior de um sistema dedutivo de lógica — ou de qualquer disciplina baseada na lógica, por exemplo a semântica — ou tratamos os conectivos sentenciais como termos não definidos, ou os definimos por meio de outros conectivos sentenciais, mas nunca por meio de termos semânticos como 'verdadeiro' ou 'falso'. Por exemplo, se concordarmos em entender as expressões 'não' e 'se ..., então' (e, possivelmente, também 'se, e somente se') como termos não definidos, podemos definir o termo 'ou' dizendo que uma sentença da forma 'p ou q' é equivalente à sentença correspondente da forma 'se não p, então q'. A definição pode ser formulada, por exemplo, da seguinte maneira:

(p ou q) se, e somente se, (se não p, então q).

Essa definição, obviamente, não contém nenhum termo semântico.

Contudo, um círculo vicioso na definição surge apenas quando o *definiens* contém ou o próprio termo a ser definido, ou outros termos definidos com seu auxílio. Assim, vemos claramente que o uso dos conectivos sentenciais, ao definirmos o termo semântico 'verdadeiro', não envolve círculo algum.

Gostaria de mencionar uma outra objeção que encontrei na literatura e que também parece dizer respeito à correção formal, senão da própria definição de verdade, então, pelo menos, dos argumentos que conduzem a essa definição.[27]

O autor dessa objeção entende incorretamente o esquema (T) (da seção 4) como uma definição de verdade. Ele atribui a essa alegada definição uma "brevidade inadmissível, isto é, uma incompletude", que "não nos fornece os meios para decidir se por 'equivalência' se entende uma relação lógico-formal ou uma relação não lógica e tam-

---

[27] Cf. VON JUHOS, B. [81]. Devo admitir que não entendo claramente as objeções de von Juhos e que não sei como classificá-las. Portanto, restrinjo-me aqui a certos pontos de caráter formal. Von Juhos não parece conhecer minha definição de verdade. Ele se refere apenas a uma apresentação informal em TARSKI, A. [61], na qual a definição não é dada de modo algum. Se ele conhecesse a definição efetiva, teria de modificar seu argumento. Contudo, não tenho dúvida de que ele descobriria também nessa definição alguns "defeitos", pois acredita ter demonstrado que "por princípio, é absolutamente impossível dar uma tal definição".

bém estruturalmente não descritível". Para remover esse "defeito", ele sugere completar (T) de uma das duas seguintes maneiras:

(T′) X é verdadeira se, e somente se, p é verdadeira,

ou

(T″) X é verdadeira se, e somente se, p é o caso (isto é, se o que p enuncia é o caso).

Em seguida, ele discute essas duas novas "definições", que, supostamente, estão livres do velho "defeito" formal, mas que resultam insatisfatórias por outras razões, não formais.

Essa nova objeção parece surgir de um equívoco a respeito da natureza dos conectivos sentenciais (e, assim, estar de certo modo relacionada com aquela antes discutida). O autor dessa objeção não parece se dar conta de que a frase 'se e somente se' (em oposição a frases como 'são equivalentes' ou 'é equivalente a') não expressa nenhuma relação entre sentenças, uma vez que ela não combina nomes de sentenças.

Em geral, o argumento todo está baseado em uma confusão óbvia entre sentenças e seus nomes. Basta indicar que — em contraposição a (T) — os esquemas (T′) e (T″) não fornecem nenhuma expressão significativa se neles substituirmos 'p' por uma sentença. Pois as frases 'p é verdadeira' e 'p é o caso' (isto é, 'o que p enuncia é o caso') tornam-se destituídas de significado se 'p' for substituída por uma sentença, e não pelo nome de uma sentença (cf. seção 4).[28]

Enquanto o autor da objeção considera o esquema (T) "inadmissivelmente curto", estou inclinado, de minha parte, a achar os esquemas (T′) e (T″) como 'inadmissivelmente longos'. E penso mesmo que posso demonstrar rigorosamente esse enunciado com base na seguinte definição. Uma expressão é considerada 'inadmissivelmente

---

[28] As frases 'p é verdadeira' e 'p é o caso' (ou melhor: 'é verdadeiro que p' e 'é o caso que p'), às vezes, são usadas em discussões informais, sobretudo por razões estilísticas, mas, nessas ocasiões, elas são consideradas sinônimas das sentenças representadas por 'p'. Por outro lado, até onde entendo a situação, as frases em questão não podem ser usadas por von Juhos de forma sinônima a 'p'. Pois, caso contrário, a substituição de (T) por (T′) ou (T″) não constituiria 'melhoramento' algum.

longa' se (i) ela é destituída de significado, e (ii) foi obtida de uma expressão significativa pela inserção de palavras supérfluas.

16. A REDUNDÂNCIA DOS TERMOS SEMÂNTICOS — SUA POSSÍVEL ELIMINAÇÃO.

A objeção que vou discutir agora não diz mais respeito à correção formal da definição, mas ainda diz respeito a certos aspectos formais da concepção semântica da verdade. Vimos que essa concepção consiste essencialmente em entender que a sentença 'X é verdadeira' é equivalente à sentença denotada por 'X' (em que 'X' representa o nome de uma sentença da linguagem-objeto). Consequentemente, o termo 'verdadeiro', quando ocorre em uma sentença simples da forma 'X é verdadeira', pode facilmente ser eliminado, e a própria sentença, que pertence à metalinguagem, pode ser substituída por uma sentença equivalente da linguagem-objeto. E o mesmo se aplica a sentenças compostas, desde que o termo 'verdadeiro' ocorra nelas exclusivamente como uma parte das expressões da forma 'X é verdadeira'.

Algumas pessoas insistiram, portanto, que o termo 'verdadeiro', no sentido semântico, pode sempre ser eliminado, e que por essa razão a concepção semântica da verdade é completamente estéril e inútil. E uma vez que as mesmas considerações se aplicam a outras noções semânticas, tem-se concluído que a semântica como um todo é um jogo puramente verbal e, no melhor dos casos, um passatempo inofensivo.

Mas a questão não é realmente tão simples.[29] O tipo de eliminação aqui discutida não pode ser sempre realizado. Ele não pode ser feito no caso de enunciados universais que expressam o fato de todas as sentenças de um certo tipo serem verdadeiras, ou de todas as sentenças verdadeiras possuírem certa propriedade. Por exemplo, podemos demonstrar na teoria da verdade o seguinte enunciado:

Todas as consequências de sentenças verdadeiras são verdadeiras.

Contudo, não podemos nos livrar aqui da palavra 'verdadeiro' da forma simples que foi imaginada.

---
[29] Cf. a discussão desse problema por KOKOSZYŃSKA, M. [31], p.161ss.

Mais uma vez, mesmo no caso de sentenças particulares que tenham a forma 'X é *verdadeira*', tal eliminação simples não é sempre possível. De fato, a eliminação é possível apenas naqueles casos em que o nome da sentença que se diz ser verdadeira ocorre em uma forma que nos permite reconstruir a própria sentença. Por exemplo, nosso conhecimento histórico atual não nos confere nenhuma possibilidade de eliminar a palavra '*verdadeiro*' da seguinte sentença:

A *primeira sentença escrita por Platão é verdadeira.*

É claro que, desde que tenhamos uma definição para a verdade, e desde que toda definição nos capacite a substituir o *definiendum* por seu *definiens*, uma eliminação do termo '*verdadeiro*', em seu sentido semântico, é sempre teoricamente possível. Mas isso não seria o tipo de eliminação simples discutida acima, e não resultaria na substituição de uma sentença da metalinguagem por uma sentença da linguagem-objeto.

Se, contudo, alguém continuar a insistir que — em virtude da possibilidade teórica de eliminar a palavra '*verdadeiro*' com base em sua definição — o conceito de verdade é estéril, tal pessoa deve aceitar a conclusão adicional de que todas as noções definidas são estéreis. Mas esse resultado é tão absurdo e historicamente tão infundado que qualquer comentário a seu respeito é desnecessário. De fato, estou bastante inclinado a concordar com aqueles que sustentam que os momentos de maior avanço criativo na ciência frequentemente coincidem com a introdução de novas noções por meio de definição.

17. A CONFORMIDADE DA CONCEPÇÃO SEMÂNTICA DA VERDADE COM O USO FILOSÓFICO E DE SENSO COMUM. Foi levantada a questão a respeito da real possibilidade de se entender a concepção semântica da verdade como uma formulação precisa da concepção clássica e antiga dessa noção.

Diversas formulações da concepção clássica foram citadas na primeira parte deste artigo (na seção 3). Devo repetir que, a meu ver, nenhuma delas é inteiramente precisa e clara. Consequentemente, a única maneira segura de decidir a questão seria confrontando os autores de tais enunciados com nossa nova formulação, e perguntar-lhes se ela concorda com suas intenções. Infelizmente, esse método é impraticável, uma vez que eles morreram há muito tempo.

No que diz respeito a minha própria opinião, não tenho dúvida que nossa formulação se conforma ao conteúdo intuitivo daquela de Aristóteles. Estou menos certo a respeito das formulações mais recentes da concepção clássica, pois, de fato, elas são muito vagas.[30]

Além disso, levantaram-se dúvidas se a concepção semântica reflete a noção de verdade em seu uso diário e de senso comum. Vejo claramente (como já indiquei) que o significado comum da palavra 'verdadeiro' — como de qualquer outra palavra da linguagem cotidiana — é em certa medida vago, e que seu uso mais ou menos flutua. Logo, o problema de conferir a essa palavra um significado fixo e exato é relativamente não especificado, e toda solução para esse problema implica necessariamente certo desvio da prática da linguagem cotidiana.

Apesar de tudo isso, acontece que acredito que a concepção semântica se conforme, sim, de forma bastante considerável, com o uso de senso comum — embora eu admita prontamente que possa estar enganado. O que importa mais a esse respeito, contudo, é eu acreditar que a questão levantada possa ser decidida cientificamente, embora, é claro, não por um procedimento dedutivo, mas com o auxílio de um método de pesquisa estatística. De fato, tal pesquisa foi realizada, e alguns dos resultados foram relatados em congressos e, em parte, publicados.[31]

Gostaria de enfatizar que, a meu ver, tais investigações devem ser conduzidas com o maior cuidado. Assim, se perguntarmos a um secundarista, ou mesmo a um adulto inteligente, que não tenha nenhum treino filosófico especial, se ele entende que uma sentença é verdadeira se ela concorda com a realidade, ou se ela designa um

---

[30] A maior parte dos autores que discutiram meu trabalho sobre a noção de verdade são da opinião que minha definição se conforma, sim, com a concepção clássica dessa noção. Cf. por exemplo, KOTARBIŃSKI, T. [34] e SCHOLZ, H. [50].
[31] Cf. NESS, A. [46]. Infelizmente, os resultados daquela parte da pesquisa de Ness, que é especialmente relevante para nosso problema, não são discutidos em seu livro; cf. p.148, nota 1.

estado de coisas existente, pode resultar simplesmente que ele não entenda a questão. Consequentemente, sua resposta, qualquer que seja, não terá nenhum valor para nós. Mas sua resposta para a questão se ele admitiria que a sentença *'está nevando'* poderia ser verdadeira, embora não estivesse nevando, ou pudesse ser falsa, embora estivesse nevando, seria, naturalmente, muito significativa para nosso problema.

Portanto, não fiquei de modo algum surpreso ao saber que (em uma discussão dedicada a esses problemas), em um grupo de pessoas que foram ouvidas, apenas 15% concordaram que *'verdadeiro'* significa para elas *'concordar com a realidade'*, enquanto 90% concordaram que uma sentença tal como *'está nevando'* é verdadeira se, e somente se, está nevando. Assim, uma grande maioria dessas pessoas parecia rejeitar a concepção clássica da verdade em sua formulação 'filosófica', enquanto aceitava a mesma concepção quando formulada em palavras comuns (deixando de lado a questão sobre estar justificado aqui o uso da frase 'a mesma concepção').

18. A DEFINIÇÃO EM SUA RELAÇÃO COM 'O PROBLEMA FILOSÓFICO DA VERDADE' E COM DIVERSAS TENDÊNCIAS EPISTEMOLÓGICAS. Ouvi a observação de que a definição formal da verdade não tem nada a ver com 'o problema filosófico da verdade'.[32] Contudo, ninguém nunca me indicou, de forma inteligível o que exatamente é esse problema. Fui informado, a esse respeito, que minha definição, embora enuncie condições necessárias e suficientes para uma sentença ser verdadeira, não apreende realmente a 'essência' desse conceito. Uma vez que nunca fui capaz de entender o que é a 'essência' de um conceito, devo ser desculpado por não discutir mais esse ponto.

De modo geral, não acredito que haja uma tal coisa como 'o problema filosófico da verdade'. Acredito, sim, que existam vários pro-

---

[32] Embora tenha ouvido essa opinião diversas vezes, eu a vi publicada apenas uma vez e, muito curiosamente, em uma obra que não tem caráter filosófico — de fato, em HILBERT, D.; BERNAYS, P. [28], v.II, p.269 (onde, aliás, ela não é expressa como qualquer tipo de objeção). Por outro lado, não encontrei nenhuma observação nesse sentido em discussões de meu trabalho por filósofos profissionais (cf. nota 1).

A Concepção Semântica da Verdade 189

blemas inteligíveis e interessantes (mas não necessariamente filosóficos) a respeito da noção de verdade, mas acredito também que eles possam ser formulados de forma exata e, possivelmente, resolvidos apenas com base em uma concepção precisa dessa noções.

Enquanto, de um lado, a definição de verdade foi censurada por não ser suficientemente filosófica, de outro, foi levantada uma série de objeções, acusando essa definição de ter sérias implicações filosóficas, sempre de uma natureza muito indesejável. Discutirei agora uma objeção especial desse tipo. Um outro grupo de tais objeções será tratado na próxima seção.

Argumentou-se que — devido ao fato de uma sentença como 'a neve é branca' ser tomada como semanticamente verdadeira se a neve é, *de fato*, branca (grifos do crítico) — a lógica se encontra envolvida em um realismo muito pouco crítico.[33]

Se houvesse uma oportunidade de discutir a objeção com seu autor, eu levantaria duas questões. Primeiro, eu lhe pediria para retirar as palavras '*de fato*', que não ocorrem na formulação original, e que são enganadoras, mesmo se não afetam o conteúdo. Pois essas palavras dão a impressão de que a concepção semântica da verdade é destinada a estabelecer as condições sob as quais temos garantia para afirmar qualquer sentença dada e, em particular, qualquer sentença empírica. Contudo, uma breve reflexão mostra que essa impressão é apenas uma ilusão; e penso que o autor da objeção se torna vítima da ilusão que ele mesmo criou.

De fato, a definição semântica da verdade não implica nada a respeito de condições sob as quais uma sentença como (1):

(1)   a neve é branca

possa ser afirmada. Ela implica apenas que, em quaisquer circunstâncias em que afirmemos ou neguemos essa sentença, devemos estar prontos para afirmar ou negar a sentença correlata (2):

(2)   a sentença 'a neve é branca' é verdadeira.

Assim, podemos aceitar a concepção semântica da verdade sem

---
[33] Cf. GONSETH, F. [23], p.187s.

abandonar qualquer atitude epistemológica que possamos ter tido. Podemos permanecer realistas ingênuos, realistas críticos ou idealistas, empiristas ou metafísicos — o que quer que tenhamos sido antes. A concepção semântica é completamente neutra em relação a todas essas questões.

Em segundo lugar, tentaria obter alguma informação a respeito da concepção de verdade que (na opinião do autor da objeção) não envolva a lógica no mais ingênuo realismo. Acrescentaria que essa concepção é incompatível com a concepção semântica. Assim, deve haver sentenças que são verdadeiras em uma dessas concepções sem serem verdadeiras na outra. Suponhamos, por exemplo, que a sentença (1) seja desse tipo. A verdade dessa sentença, na concepção semântica, é determinada por uma equivalência da forma (T):

A sentença 'a neve é branca' é verdadeira se, e somente se, a neve é branca.

Logo, na nova concepção, devemos rejeitar essa equivalência e, consequentemente, devemos assumir sua negação:

A sentença 'a neve é branca' é verdadeira se, e somente se, a neve não é branca (ou talvez: a neve, de fato, não é branca).

Isso parece paradoxal. Não vejo uma tal consequência da nova concepção como absurda, mas tenho um pouco de temor que alguém, no futuro, possa acusar essa concepção de envolver a lógica no 'tipo mais sofisticado de irrealismo'. De qualquer forma, parece-me importante considerar que toda concepção da verdade que seja incompatível com a concepção semântica traga consigo consequências desse tipo.

Estendi-me um pouco sobre essa questão toda não porque a objeção discutida me pareça muito importante, mas porque certos pontos que foram levantados na discussão deveriam ser levados em consideração por todos aqueles que, por diversas razões epistemológicas, tendem a rejeitar a concepção semântica da verdade.

19. OS ALEGADOS ELEMENTOS METAFÍSICOS NA SEMÂNTICA. A concepção semântica da verdade foi acusada diversas vezes de envolver certos elementos metafísicos. Objeções desse tipo foram feitas

não apenas a respeito da teoria da verdade, mas de todo o domínio da semântica teórica.[34] Não pretendo discutir o problema geral de se a introdução de elementos metafísicos em uma ciência é de algum modo questionável. O único ponto que me interessará aqui é o que diz respeito à metafísica estar envolvida, e em que sentido, no assunto de nossa presente discussão.

A questão toda depende obviamente do que se entende por 'metafísica'. Infelizmente, essa noção é extremamente vaga e equívoca. Ao se acompanharem discussões a esse respeito, às vezes, tem-se a impressão de que o termo 'metafísico' perdeu qualquer significado objetivo, e que é usado apenas como um tipo de injúria filosófica profissional.

Para alguns, a metafísica é uma teoria geral dos objetos (ontologia) — uma disciplina a ser desenvolvida de forma puramente empírica e que difere de outras disciplinas apenas por sua generalidade. Não sei se uma tal disciplina realmente existe (alguns críticos mordazes alegam que é costume na filosofia batizar crianças que ainda não nasceram). Mas penso que, de qualquer maneira, nessa concepção, a metafísica não é questionável para ninguém e que, dificilmente, tem qualquer relação com a semântica.

Para a maioria, contudo, o termo 'metafísico' é utilizado em oposição direta — em um sentido ou outro — a 'empírico'. De qualquer forma, é usado dessa maneira por aqueles que se desagradam ao pensar que quaisquer elementos metafísicos tenham conseguido insinuar-se na ciência. Essa concepção geral de metafísica adquire diversas formas mais específicas.

Assim, alguns veem como um sintoma de elemento metafísico na ciência o fato de serem empregados métodos de investigação que não são nem dedutivos nem empíricos. Contudo, nenhum vestígio desse sintoma pode ser detectado no desenvolvimento da semântica (a não ser que alguns elementos metafísicos estejam envolvidos na linguagem-objeto à qual as noções semânticas se referem). Em parti-

---
[34] Cf. NAGEL, E. [44], e NAGEL, E. [45], p.471s. Uma observação que vai talvez na mesma direção é também encontrada em WEINBERG, J. [84], p.77. Cf., contudo, suas observações precedentes, p.75s.

cular, a semântica das linguagens formalizadas é construída de forma puramente dedutiva.

Outros sustentam que o caráter metafísico de uma ciência depende principalmente de seu vocabulário e, mais especificamente, de seus termos primitivos. Assim, um termo é considerado metafísico se ele não é nem lógico nem matemático, e se não está associado a um procedimento empírico que nos capacite a decidir se uma coisa é denotada por esse termo ou não. A respeito de uma tal concepção de metafísica, basta lembrar que uma metalinguagem inclui apenas três tipos de termos não definidos: (i) termos tomados da lógica, (ii) termos da linguagem-objeto correspondente, e (iii) nomes das expressões da linguagem-objeto. É assim óbvio que nenhum termo metafísico não definido ocorre na metalinguagem (mais uma vez, a não ser que tais termos apareçam na própria linguagem-objeto).

Há, contudo, alguns que acreditam que, mesmo que nenhum termo metafísico ocorra entre os termos primitivos de uma linguagem, eles possam ser introduzidos por definições — a saber, por aquelas definições que falham em oferecer critérios gerais para decidir se um objeto se enquadra no conceito definido. Argumenta-se que o termo 'verdadeiro' é desse tipo, uma vez que nenhum critério universal de verdade decorre imediatamente da definição desse termo; e uma vez que, em geral, acredita-se (e, em certo sentido, pode-se mesmo demonstrar) que um tal critério nunca será encontrado. Esse comentário sobre o caráter real da noção de verdade parece ser perfeitamente justo. No entanto, dever-se-ia notar que a noção de verdade não difere, a esse respeito, de muitas noções na lógica, na matemática e em partes teóricas de várias ciências empíricas, por exemplo na física teórica.

Em geral, deve-se dizer que se o termo 'metafísico' é empregado em um sentido tão vasto de modo que engloba certas noções (ou métodos) da lógica, matemática ou ciências empíricas, ele se aplicará *a fortiori* àquelas da semântica. De fato, como vimos na Parte I deste artigo, ao desenvolver a semântica de uma linguagem, recorremos a todas as noções dessa linguagem, e aplicamos mesmo um aparato lógico mais forte que o usado pela própria linguagem. Por outro lado, entretanto, posso resumir os argumentos dados acima enunciando que, em nenhuma interpretação do termo 'metafísico' que me é conhecida e mais ou menos inteligível, a semântica envolve qualquer elemento metafísico peculiar a si própria. Gostaria de fazer uma observação final a respeito desse grupo de objeções. A história da ciência apresenta muitos casos de conceitos que foram considerados metafísicos (em um sentido vago do termo, mas, de qualquer maneira, depreciativo) antes que seu significado fosse tornado preciso. Contudo, tendo eles recebido uma definição formal rigorosa, a desconfiança acerca deles desapareceu. Como exemplos típicos podemos mencionar os conceitos de números negativos e números imaginários em matemática. Espero que um destino semelhante esteja reservado ao conceito de verdade e a outros conceitos semânticos. E me parece, portanto, que aqueles que desconfiaram deles em virtude de suas alegadas implicações metafísicas deveriam dar as boas-vindas ao fato de definições precisas desses conceitos estarem agora disponíveis. Se, em consequência disso, os conceitos semânticos vierem a perder seu interesse filosófico, eles apenas compartilharão o destino de muitos outros conceitos da ciência, e isso não deve causar nenhum pesar.

20. APLICABILIDADE DA SEMÂNTICA ÀS CIÊNCIAS EMPÍRICAS ESPECIAIS. Chegamos ao último e talvez mais importante grupo de objeções. Expressaram-se algumas dúvidas sérias a respeito de as noções semânticas encontrarem, ou poderem encontrar, aplicações nos vários domínios da atividade intelectual. Na maior parte, tais dúvidas dizem respeito à aplicabilidade da semântica ao campo das ciências empíricas — seja às ciências especiais, seja à metodologia geral desse campo —, embora ceticismo semelhante tenha-se expressado em relação às aplicações possíveis da semântica às ciências matemáticas e sua metodologia.

Acredito que seja possível abrandar essas dúvidas até certo ponto, e que um certo otimismo com respeito ao valor potencial da semântica para os vários domínios do pensamento não seja sem fundamento.

Para justificar esse otimismo, creio que basta destacar dois pontos bastante óbvios. Primeiro, o desenvolvimento de uma teoria que formula uma definição precisa de uma noção e estabelece suas propriedades gerais oferece, *eo ipso*, uma base mais firme para todas as discussões nas quais essa noção está envolvida. E, portanto, ela não pode ser irrelevante para qualquer um que empregue essa noção e deseje fazê-lo de uma forma consciente e consistente. Em segundo lugar, noções semânticas estão realmente envolvidas em vários ramos da ciência e, em particular, da ciência empírica.

Os fatos de que, na investigação empírica, estejamos ocupados apenas com línguas naturais e de que a semântica teórica se aplique a essas línguas apenas com certa aproximação, não afetam o problema de forma essencial. Contudo, sem dúvida, ele apresenta o efeito de que o progresso na semântica terá senão uma influência tardia e um tanto limitada nesse campo. A situação diante da qual nos encontramos aqui não difere essencialmente daquela que ocorre quando aplicamos as leis da lógica a argumentos da vida diária — ou, em geral, quando tentamos aplicar uma ciência teórica a problemas empíricos.

Sem dúvida, as noções semânticas estão envolvidas, em maior ou menor grau, na psicologia, na sociologia e, praticamente, em todas as humanidades. Assim, um psicólogo define o chamado quociente de inteligência em termos do número de respostas *verdadeiras* (certas) e *falsas* (erradas) dadas por uma pessoa a certas questões. Para um historiador da cultura, o domínio de objetos para os quais a espécie humana, nos sucessivos estágios de seu desenvolvimento, possui *designações* adequadas pode ser um tópico de grande importância. Um estudante de literatura pode estar enormemente interessado no problema de saber se um dado autor usa sempre duas dadas palavras com o mesmo *significado*. Exemplos desse tipo podem ser multiplicados indefinidamente.

O domínio mais natural e promissor para as aplicações da semântica teórica é, claramente, a linguística — o estudo empírico das línguas naturais. Certas partes dessa ciência são mesmo denominadas 'semântica', às vezes com uma qualificação adicional. Assim, esse nome é por vezes dado àquela parte da gramática que procura classificar todas as palavras de uma língua como partes do discurso, de acordo com o que as palavras significam ou designam. O estudo da evolução dos significados, no desenvolvimento histórico de uma língua, é, às vezes, denominado 'semântica histórica'. Em geral, a totalidade das investigações sobre as relações semânticas que ocorrem em uma língua natural é denominada de 'semântica descritiva'. A relação entre a semântica teórica e a semântica descritiva é análoga àquela entre matemática pura e matemática aplicada, ou talvez àquela entre física pura e física empírica. O papel das linguagens formalizadas na semântica pode, em linhas gerais, ser comparado àquele dos sistemas isolados na física.

Talvez não seja necessário dizer que a semântica não pode encontrar nenhuma aplicação direta nas ciências naturais, tais como a física, a biologia etc., pois, em nenhuma dessas ciências, ocupamo-nos de fenômenos linguísticos e, menos ainda, de relações semânticas entre expressões e objetos aos quais essas expressões se referem. Veremos, contudo, na próxima seção, que a semântica pode exercer um tipo de influência indireta mesmo sobre aquelas ciências com as quais as noções semânticas não estão diretamente envolvidas.

21. APLICABILIDADE DA SEMÂNTICA À METODOLOGIA DA CIÊNCIA EMPÍRICA. Além da linguística, um outro domínio importante para possíveis aplicações da semântica é a metodologia da ciência. Esse termo é usado aqui em um sentido amplo, de forma que englobe a teoria da ciência em geral. Independentemente de ser uma ciência concebida como um mero sistema de enunciados ou como uma totalidade de certos enunciados e atividades humanas, o estudo da linguagem científica constitui uma parte essencial da discussão metodológica da ciência. E me parece claro que qualquer tendência de eliminar dessa discussão as noções semânticas (como aquelas de verdade e designação) torná-la-ia fragmentária e inadequada.[35] Além disso, não há razão para uma tal tendência hoje, uma vez que as principais dificuldades para o emprego de termos semânticos foram superadas. A semântica da linguagem científica deveria simplesmente ser incluída, como uma parte, na metodologia da ciência.

Não estou, de modo algum, inclinado a conferir à metodologia, e, em particular, à semântica — seja teórica, seja descritiva —, a tarefa

---

[35] Uma tal tendência era evidente nas primeiras obras de Carnap (cf., por exemplo, CARNAP, R. [9], especialmente, parte V) e nos escritos de outros membros do Círculo de Viena. Cf. KOKOSZYŃSKA, M. [31] e WEINBERG, J. [84].

de esclarecer os significados de todos os termos científicos. Essa tarefa é atribuída àquelas ciências nas quais esses termos são usados e é, de fato, realizada por elas (da mesma maneira que, por exemplo, a tarefa de esclarecer o significado do termo 'verdadeiro' é atribuída à semântica, e é por ela realizada). Pode haver, no entanto, certos problemas especiais desse tipo para os quais uma abordagem metodológica seja desejável ou, de fato, necessária (talvez o problema da noção de causalidade seja um bom exemplo aqui). E, em uma discussão metodológica de tais problemas, as noções semânticas podem desempenhar um papel essencial. Assim, a semântica pode ter alguma relação com qualquer ciência que seja.

A questão que surge é se a semântica pode ser útil para resolver problemas gerais e, por assim dizer, clássicos da metodologia. Gostaria de discutir aqui, em algum detalhe, um aspecto especial, mas muito importante, dessa questão.

Um dos principais problemas da metodologia da ciência empírica consiste em estabelecer as condições sob as quais uma teoria ou hipótese empírica seria considerada aceitável. Essa noção de aceitabilidade deve ser relativizada a um determinado estágio de desenvolvimento de uma ciência (ou a uma certa quantidade de conhecimento pressuposto). Em outras palavras, podemos considerá-la provida de um coeficiente de tempo, pois uma teoria que é hoje aceitável pode tornar-se insustentável amanhã, como resultado de novas descobertas científicas.

A priori, parece muito plausível que a aceitabilidade de uma teoria dependa, de alguma forma, da verdade de suas sentenças, e que, consequentemente, um metodologista, em suas tentativas (até aqui bastante malsucedidas) de tornar a noção de aceitabilidade precisa, espere alguma ajuda da teoria semântica da verdade. Logo, formulamos a questão seguinte. Existem quaisquer postulados que envolvam a noção de verdade e que possam ser razoavelmente impostos para a aceitação de teorias? E, em particular, perguntamos se o seguinte postulado é razoável:

Uma teoria aceitável não pode conter (ou implicar) nenhuma sentença falsa.

A Concepção Semântica da Verdade

A resposta para a última questão é claramente negativa, pois, antes de mais nada, estamos praticamente certos, com base em nossa experiência histórica, de que toda teoria empírica que é aceita hoje, mais cedo ou mais tarde, será rejeitada e substituída por uma outra teoria. É também muito provável que a nova teoria seja incompatível com a antiga, isto é, implique uma sentença contraditória com uma das sentenças contidas na antiga teoria. Logo, pelo menos uma dessas duas teorias deve incluir uma sentença falsa, apesar do fato de cada uma delas ser aceita em certo tempo. Em segundo lugar, o postulado em questão dificilmente poderia ser satisfeito na prática, pois não conhecemos, e é muito pouco provável que encontremos, qualquer critério de verdade que nos permita mostrar que nenhuma sentença de uma teoria empírica seja falsa.

O postulado em questão, no máximo, poderia ser entendido como a expressão de um limite ideal para teorias sucessivamente mais adequadas em um determinado campo de investigação. Mas, dificilmente, pode-se atribuir qualquer sentido preciso a essa ideia.

Entretanto, parece-me que há um postulado importante, envolvendo a noção de verdade, que pode ser razoavelmente imposto a teorias empíricas aceitáveis. Ele está intimamente relacionado com aquele acima discutido, mas é essencialmente mais fraco. Lembrando que a noção de aceitabilidade é provida de um coeficiente de tempo, podemos dar a esse postulado a seguinte forma:

> *Tão logo sejamos bem-sucedidos em mostrar que uma teoria empírica contém (ou implica) sentenças falsas, ela não pode mais ser considerada aceitável.*

Gostaria de fazer as observações seguintes a favor desse postulado. Acredito que todo mundo concorde que uma das razões que pode nos levar a rejeitar uma teoria empírica é a demonstração de sua inconsistência: uma teoria torna-se insustentável se somos bem-sucedidos em derivar dela duas sentenças contraditórias. Ora, podemos perguntar quais são os motivos usuais para rejeitar uma teoria em tais bases. As pessoas que têm conhecimento de lógica moderna se inclinam a responder essa questão da seguinte maneira: uma lei lógica bastante conhecida mostra que uma teoria que permite derivar duas sentenças contraditórias permite também derivar qualquer sentença; Portanto, uma tal teoria é trivial e desprovida de qualquer interesse científico.

Tenho algumas dúvidas quanto a essa resposta ser uma análise adequada da situação. Penso que as pessoas que não conhecem a lógica moderna estão tão pouco dispostas a aceitar uma teoria inconsistente quanto aquelas que estão inteiramente familiarizadas com ela. E, provavelmente, isso se aplique mesmo àqueles que entendem (como alguns ainda o fazem) a lei lógica na qual o argumento se baseia como uma questão altamente controversa, e quase como um paradoxo. Não penso que nossa atitude em face de uma teoria inconsistente mudaria mesmo que decidíssemos, por algumas razões, enfraquecer nosso sistema de lógica de tal modo que nos privássemos da possibilidade de derivar toda sentença de quaisquer duas sentenças contraditórias.

Parece-me que é outro o real motivo de nossa atitude. Sabemos (embora apenas intuitivamente) que uma teoria inconsistente deve conter sentenças falsas, e não estamos dispostos a encarar como aceitável qualquer teoria da qual se possa mostrar que contenha tais sentenças.

Há vários métodos para mostrar que uma dada teoria inclui sentenças falsas. Alguns deles estão baseados em propriedades puramente lógicas da teoria envolvida. O método que acabamos de discutir (isto é, a demonstração de inconsistência) não é o único método desse tipo, mas é o mais simples, e o mais frequentemente aplicado na prática. Com o auxílio de certas pressuposições a respeito da verdade de sentenças empíricas, podemos obter métodos, para produzir o mesmo resultado, que não são mais de natureza puramente lógica. Se decidirmos aceitar o postulado geral acima sugerido, então a aplicação bem-sucedida de qualquer método desse tipo tornará a teoria inaceitável.

22. APLICAÇÕES DA SEMÂNTICA À CIÊNCIA DEDUTIVA. No que diz respeito à aplicabilidade da semântica às ciências matemáticas e à sua metodologia, isto é, à metamatemática, estamos em uma posição muito mais favorável que no caso das ciências empíricas. Pois, em vez

A Concepção Semântica da Verdade

de alegar razões que justifiquem algumas esperanças para o futuro (e, assim, fazer um tipo de propaganda em favor da semântica), somos capazes de indicar resultados concretos já alcançados.

Continuam a se expressar dúvidas a respeito de a noção de sentença verdadeira — como uma noção distinta daquela de sentença demonstrável — ter alguma importância para as disciplinas matemáticas, assim como de desempenhar algum papel numa discussão metodológica da matemática. Parece-me, contudo, que exatamente essa noção de sentença verdadeira constitui uma das contribuições mais valiosas da semântica para a metamatemática. Já possuímos uma série de resultados metamatemáticos interessantes obtidos com o auxílio da teoria da verdade. Esses resultados dizem respeito às relações mútuas entre a noção de verdade e a noção de demonstrabilidade, estabelecem novas propriedades desta última noção (que, como sabemos, é uma das noções básicas da metamatemática), e lançam alguma luz sobre os problemas fundamentais de consistência e completude. Entre esses resultados, os mais importantes foram discutidos rapidamente na seção 12.[36]

Além disso, ao aplicar o método da semântica, podemos definir adequadamente muitas noções metamatemáticas importantes, que foram empregadas até o momento apenas de maneira intuitiva — tais como a noção de definibilidade ou a de um modelo de um sistema de axiomas. E, assim, podemos empreender um estudo sistemático dessas noções. Em particular, as investigações sobre a definibilidade já produziram alguns resultados interessantes, e prometem mais ainda no futuro.[37]

---

[36] Para outros resultados obtidos com o auxílio da teoria da verdade, cf. GÖDEL, K. [22]; TARSKI, A. [60], p.401ss; e TARSKI, A. [63], p.111s.

[37] Diz-se que um objeto — por exemplo, um número ou um conjunto de números — é definível (em um determinado formalismo) se há uma função sentencial que o define, cf. nota 21. Assim, o termo 'definível', embora seja de origem metamatemática (semântica), é puramente matemático no que diz respeito a sua extensão, pois expressa uma propriedade (denota uma classe) de objetos matemáticos. Consequentemente, a noção de definibilidade pode ser redefinida em termos puramente matemáticos, embora não no interior da disciplina formalizada à qual essa noção se refere. Contudo, a ideia fundamental da definição permanece inalterada. Cf. TARSKI, A. [57] — também para outras referências bibliográficas. Diversos outros resultados a

Discutimos as aplicações da semântica apenas à metamatemática, e não à matemática propriamente. Contudo, essa distinção entre matemática e metamatemática é um tanto sem importância, pois a própria metamatemática é uma disciplina dedutiva e, logo, de certo ponto de vista, uma parte da matemática. E sabe-se bem que — devido ao caráter formal do método dedutivo — os resultados obtidos em uma disciplina dedutiva podem ser automaticamente estendidos a qualquer outra disciplina na qual aquela dada disciplina encontra uma interpretação. Assim, por exemplo, todos os resultados metamatemáticos podem ser interpretados como resultados da teoria dos números. Também do ponto de vista prático, não há nenhuma demarcação nítida entre a metamatemática e a matemática propriamente. Por exemplo, as investigações sobre a definibilidade poderiam ser incluídas em qualquer um desses domínios.

23. OBSERVAÇÕES FINAIS. Gostaria de concluir essa discussão com algumas observações gerais e bastante vagas a respeito de toda a questão da avaliação dos resultados científicos em termos de sua aplicabilidade. Devo confessar que tenho diversas dúvidas a esse respeito.

Sendo um matemático (assim como um lógico, e talvez um filósofo de algum tipo), tive oportunidade de acompanhar muitas discussões entre especialistas em matemática, nas quais o problema das aplicações é especialmente agudo, e notei em diversas ocasiões o fenômeno seguinte. Se um matemático deseja depreciar o trabalho de um de seus colegas, digamos, A, o método mais eficaz que ele encontra para fazê-lo é o de perguntar onde os resultados podem ser aplicados. Sob pressão, pessoa questionada finalmente descobre as pesquisas de um outro matemático, B, como o lugar da aplicação de seus próprios resultados. Se, em seguida, B é incomodado com uma questão seme-

---

respeito da definibilidade podem ser encontrados na literatura, por exemplo, HILBERT, D.; BERNAYS, P. [28], v.I, p.354ss, 369ss, 456ss, etc., e em LINDENBAUM, A.; TARSKI, A. [38]. Pode-se notar que o termo 'definível' é, às vezes, usado em outro sentido metamatemático (mas não semântico). Isso ocorre, por exemplo, quando dizemos que certo termo é definível em outros termos (com base em um dado sistema de axiomas). Para uma definição de modelo para um sistema de axiomas, cf. TARSKI, A. [62].

lhante, ele se referirá a um outro matemático, C. Depois de alguns passos desse tipo, vemo-nos de volta às pesquisas de A e, desse modo, a corrente se fecha.

Falando de forma mais séria, não desejo negar que o valor do trabalho de um homem possa ser aumentado por suas aplicações na pesquisa e na prática de outros. Entretanto, acredito ser prejudicial ao progresso da ciência medir a importância de qualquer pesquisa exclusiva ou prioritariamente em termos de sua utilidade ou aplicabilidade. Sabemos da história da ciência que muitos resultados e descobertas importantes tiveram de aguardar séculos antes que pudessem ser aplicados em qualquer campo. E, a meu ver, há também outros fatores importantes que não podem ser desconsiderados ao se determinar o valor de um trabalho científico. Parece-me que há um domínio especial de necessidades humanas muito profundas e fortes relacionado com a pesquisa científica, e que são semelhantes, de muitas maneiras, a necessidades estéticas ou talvez religiosas. E também me parece que a satisfação dessas necessidades deveria ser considerada uma tarefa importante da pesquisa. Logo, acredito que a questão do valor de qualquer pesquisa não possa ser adequadamente respondida sem se levar em consideração a satisfação intelectual que seus resultados trazem àqueles que a entendem e se preocupam com ela. Pode ser impopular e fora de moda dizer, mas não penso que um resultado científico que possibilite uma melhor compreensão do mundo e o torne a nossos olhos mais harmonioso possa receber apreço menor que, digamos, uma invenção que reduza o custo da pavimentação de estradas ou que melhore o encanamento das casas.

É claro que as observações que acabo de fazer tornam-se sem sentido se a palavra 'aplicação' for usada em um sentido muito amplo e liberal. Talvez não seja menos óbvio que nada se segue dessas observações gerais a respeito dos tópicos específicos que foram discutidos neste artigo, e realmente não sei se a pesquisa na semântica acaba ganhando ou perdendo com a introdução do padrão de valor que sugeri.

IV
VERDADE E DEMONSTRAÇÃO*

O assunto deste artigo é bastante antigo. Ele tem sido frequentemente discutido na literatura lógica e filosófica recente e não seria fácil contribuir para essa discussão com algo de original. Receio que, para muitos leitores, nenhuma das ideias colocadas aqui parecerá essencialmente nova; ainda assim, espero que possam encontrar algum interesse na maneira em que o material foi arranjado e no modo como os assuntos foram articulados.

Tal como está indicado no título, pretendo discutir aqui duas noções que, embora diferentes, relacionam-se entre si: a noção de verdade e a noção de demonstração. Na realidade, este artigo está dividido em três seções: a primeira trata exclusivamente da noção de verdade; a segunda aborda primariamente a noção de demonstração; e a terceira é uma discussão acerca do relacionamento entre essas duas noções.

§1. A noção de verdade

A tarefa de explicar o significado do termo 'verdadeiro' será aqui interpretada de uma maneira restrita. A noção de verdade ocorre em muitos diferentes contextos e há várias categorias distintas de objetos aos quais o termo 'verdadeiro' é aplicado. Em uma discussão psicológica, alguém pode falar de emoções verdadeiras, bem como de crenças verdadeiras; num discurso no domínio da estética, pode-se analisar a verdade inerente a um objeto de arte. Todavia, neste artigo, estamos interessados apenas naquela que pode ser chamada a

---
* Esta é uma versão revisada da tradução de Jesus de Paula Assis, publicada nos *Cadernos de História e Filosofia da Ciência*, Campinas, Série 3, 1(1): 91–123, jan.–jul., 1991. Traduzido com permissão do *Scientific American*, © 1969. Revisão da tradução: Celso R. Braida. (N.T.)

noção lógica de verdade. De modo mais específico, iremos nos concentrar exclusivamente no significado do termo 'verdadeiro' quando usado com referência a sentenças. Este era, presumivelmente, o uso original na linguagem humana. Sentenças são aqui tratadas como objetos linguísticos, como certas sequências de sons ou de signos escritos. (Obviamente, nem toda sequência desse tipo é uma sentença.) Além disso, quando falarmos de sentenças, deveremos ter sempre em mente aquilo que, em gramática, são chamadas sentenças declarativas, e não sentenças interrogativas ou imperativas.

Sempre que se explica o significado de um termo extraído da linguagem cotidiana, deve-se ter em mente que o objetivo e o *status* lógico dessa explicação podem variar de caso para caso. Por exemplo, pode-se pretender que a explicação dê conta do uso real do termo em questão e, nesse caso, pode-se perguntar se tal explicação é de fato correta. Noutras ocasiões, uma explicação pode ser de natureza normativa, isto é, pode ser oferecida como sugestão de que o termo seja usado de forma definida, sem pretender que a sugestão esteja em conformidade com a maneira como o termo é realmente usado. Este tipo de explicação pode ser avaliado, por exemplo, do ponto de vista de sua utilidade, mas não do de sua correção. Algumas outras alternativas poderiam ainda ser arroladas.

A explicação que pretendemos dar aqui é, até certo ponto, de caráter misto. O que será oferecido pode ser tratado, em princípio, como sugestão de uma maneira definida de usar o termo 'verdadeiro'; a oferta, porém, estará acompanhada da crença de que a sugestão está de acordo com o uso mais comum do termo na linguagem cotidiana.

Nossa compreensão da noção de verdade parece concordar essencialmente com as várias explicações dadas para ela na literatura filosófica. Na *Metafísica* de Aristóteles está o que talvez seja a mais antiga explicação:

> Dizer do que é que não é, ou do que não é que é, é falso, enquanto que dizer do que é que é, ou do que não é que não é, é verdadeiro.

§1. A noção de verdade

Aqui, e na discussão subsequente, a palavra 'falso' significa o mesmo que a expressão 'não verdadeiro', e pode ser substituída por esta última.

O conteúdo intuitivo da formulação aristotélica parece bastante claro, embora essa mesma formulação deixe muito a desejar do ponto de vista da precisão e da correção formal. Uma das razões é que a formulação não é bastante geral: ela se refere apenas a sentenças que 'dizem' de alguma coisa que esta 'é' ou que 'não é'. Na maioria dos casos, seria quase impossível conformar uma sentença a esse molde sem acarretar um desvio em seu significado e forçar o espírito da linguagem. Essa é talvez uma das razões pelas quais, na filosofia moderna, tenham sido oferecidos vários substitutos para a formulação aristotélica. Como exemplos, podemos citar os seguintes:

Uma sentença é verdadeira se denota o estado de coisas existente.

A verdade de uma sentença consiste em sua conformidade (ou correspondência) com a realidade.

Devido ao uso de termos filosóficos técnicos, essas formulações assumem, sem dúvida, um tom bastante 'acadêmico'. Ainda assim, acredito que as novas formulações, quando mais detalhadamente analisadas, provam ser menos claras e inequívocas que a apresentada por Aristóteles.

A concepção de verdade que encontra sua expressão na formulação aristotélica (e em formulações afins de origem mais recente) é usualmente chamada *concepção clássica de verdade* ou *concepção semântica de verdade*. Por semântica, entendemos aquela parte da lógica que, informalmente falando, discute as relações entre os objetos linguísticos (tais como sentenças) e aquilo que é expresso por esses objetos. O caráter semântico do termo 'verdadeiro' está claramente evidenciado na formulação oferecida por Aristóteles e em outras formulações que serão dadas mais adiante neste artigo. Às vezes, fala-se em teoria da correspondência da verdade como a teoria baseada na concepção clássica.

(Algumas outras concepções e teorias da verdade, tais como a concepção pragmática e a teoria da coerência, são discutidas na literatura filosófica moderna. Estas concepções parecem ser de caráter exclusivamente normativo e têm pouca conexão com o uso real do termo 'verdadeiro'. Nenhuma delas foi até agora formulada com um bom grau de clareza e precisão. Neste artigo, essas concepções e teorias não serão discutidas.)

Tentaremos aqui obter uma explanação mais precisa da concepção clássica de verdade, uma explanação que possa superar a formulação aristotélica e que preserve, ao mesmo tempo, suas intenções básicas. Para tal fim, teremos de nos servir de algumas técnicas da lógica contemporânea. Precisaremos também especificar a linguagem em cujas sentenças estamos interessados — isso é necessário mesmo se, apenas, pelo motivo de que uma sequência de sons ou signos que constitua uma sentença verdadeira ou falsa (mas, de qualquer forma, uma sentença significativa) em uma linguagem, poderia ser uma expressão sem significado em uma outra linguagem. Assumamos, por ora, que a linguagem que nos interessa é o português comum.*

Comecemos com um problema simples. Considere uma sentença em português cujo significado não levante nenhuma dúvida: por exemplo, a sentença 'a neve é branca'. Para sermos breves, denotaremos essa sentença por 'S', de tal forma que 'S' passa a ser o nome da sentença. Façamo-nos a seguinte questão: o que queremos dizer quando falamos que S é verdadeira, ou que S é falsa? A resposta a essa questão é simples: no espírito da explanação aristotélica, ao falarmos que S é verdadeira, queremos simplesmente dizer que a neve é branca e, ao falarmos que S é falsa, queremos dizer que a neve não é branca. Eliminando o símbolo 'S', chegamos às seguintes formulações:

(1) 'a neve é branca' é verdadeira se e somente se a neve é branca.
(1') 'a neve é branca' é falsa se e somente se a neve não é branca.

Dessa forma, (1) e (1') fornecem explanações satisfatórias dos termos 'verdadeiro' e 'falso' quando estes se referem à sentença 'a neve é branca'. Podemos considerar (1) e (1') definições parciais dos termos

---

* No texto original, a linguagem em questão é o inglês comum. Entretanto, como não entrarão em questão maiores detalhes gramaticais, a substituição de 'inglês' por 'português' não afeta o espírito do texto. (N.T.)

§1. A noção de verdade

'verdadeiro' e 'falso'; na verdade, como definições desses termos com respeito a uma sentença particular. Note que tanto (1) quanto (1′) têm a forma prescrita pelas regras da lógica para definições, ou seja, a forma de equivalência lógica. Esta consiste de duas partes: os lados direito e esquerdo da equivalência combinados pelo conectivo 'se e somente se'. O lado esquerdo é o *definiendum*, a frase cujo significado é explicado pela definição; o lado direito é o *definiens*, a frase que fornece a explicação. No caso, o *definiendum* é a seguinte expressão:

'a neve é branca' é verdadeira;

o *definiens* tem a forma:

a neve é branca.

À primeira vista, pode parecer que (1), quando considerada como uma definição, exibe uma falha essencial bastante discutida na lógica tradicional com o nome de círculo vicioso. O motivo é que algumas palavras, 'neve' por exemplo, ocorrem tanto no *definiens* como no *definiendum*. Na realidade, entretanto, essas ocorrências têm caráter inteiramente distinto. A palavra 'neve' é uma parte sintática, ou orgânica, do *definiens*; na verdade, o *definiens* é uma sentença e a palavra 'neve' o seu sujeito. O *definiendum* é também uma sentença: expressa o fato de que o *definiens* é uma sentença verdadeira. Seu sujeito é o nome do *definiens*, o qual é formado colocando-se o *definiens* entre aspas. (Quando falamos alguma coisa acerca de um objeto, usamos sempre o nome desse objeto e não o próprio objeto, mesmo quando lidamos com objetos linguísticos.) Por uma série de motivos, uma expressão entre aspas deve ser tratada gramaticalmente como uma só palavra, sem nenhuma parte sintática. Assim, a palavra 'neve', que, sem dúvida, ocorre no *definiendum* como parte, não ocorre aí como parte sintática. Um lógico medieval diria que 'neve' ocorre, no *definiens, in suppositione formalis* e, no *definiendum, in suppositione materialis*. Contudo, palavras que não são partes sintáticas do *definiendum* não podem criar um círculo vicioso e o risco desaparece.

As observações precedentes tocam em algumas questões bastante sutis e nada simples do ponto de vista lógico. Em lugar de elaborar sobre elas, indicarei outra forma pela qual quaisquer temores de um círculo vicioso poderão ser dispersados. Ao formular (1), aplicamos um método comum de formar o nome de uma sentença, ou de qualquer outra expressão, e que consiste em colocar a expressão entre aspas. O método tem muitas virtudes, mas também é a fonte das dificuldades discutidas acima. A fim de removê-las, tentemos outro método para formar nomes de expressões, um método que pode, na verdade, ser caracterizado como uma descrição letra por letra de uma expressão. Usando esse método, obtemos, no lugar de (1), a longa formulação que segue:

(2) *A sequência de quatro palavras, sendo a primeira, uma sequência constando da letra A, a segunda, uma sequência constando das letras Ene, E, Vê e E, a terceira, uma sequência constando da letra E (com acento agudo) e a quarta, uma sequência constando das letras Bê, Erre, A, Ene, Cê e A é uma sentença verdadeira se e somente se a neve é branca.*

A formulação (2) não difere em significado da formulação (1); (1) pode ser considerada simplesmente uma forma abreviada de (2). A nova formulação é, certamente, menos clara que a antiga, mas tem a vantagem de não criar a aparência de um círculo vicioso.

Definições parciais de verdade análogas a (1) (ou a (2)) podem ser construídas para outras sentenças. Cada uma dessas definições tem a forma:

(3) '*p*' *é verdadeira se e somente se p*,

em que '*p*' deve ser substituído, em ambos os lados, pela sentença para a qual a definição é construída. Deve-se, entretanto, ter especial atenção para aquelas situações em que a sentença colocada no lugar de '*p*' por acaso tiver a palavra 'verdadeiro' como parte sintática. A equivalência (3) correspondente não pode, então, ser vista como uma definição parcial de verdade uma vez que, se assim o fosse, exibiria obviamente um círculo vicioso. Mesmo nesse caso, entretanto, (3) é uma sentença significativa (e mesmo verdadeira) do ponto de vista da concepção clássica de verdade. Para ilustrar, imagine que, na crítica a um livro, alguém encontrasse a seguinte sentença:

§1. A noção de verdade

(4)   Nem toda sentença neste livro é verdadeira.

Aplicando a (4) o critério aristotélico, vemos que a sentença (4) é verdadeira se, de fato, nem toda sentença do livro em questão for verdadeira e que (4) é falsa no caso contrário. Em outras palavras, podemos afirmar a equivalência obtida de (3) quando colocamos (4) no lugar de '*p*'. É claro que a equivalência apenas enuncia as condições sob as quais a sentença (4) é verdadeira ou não verdadeira mas, por si própria, a equivalência não permite decidir qual é realmente o caso. Para verificar o juízo expresso em (4), seria preciso ler atentamente o livro criticado e analisar a verdade das sentenças nele contidas.

À luz da discussão precedente, podemos agora reformular nosso problema principal. Estipularemos que o uso do termo 'verdadeiro' com referência a sentenças em português somente se conformará com a concepção clássica de verdade se ele permitir avaliar toda equivalência da forma (3) na qual '*p*' é substituído, em ambos os lados, por uma sentença qualquer em português. Satisfeita essa condição, diremos simplesmente que o uso do termo 'verdadeiro' é adequado. Dessa maneira, nosso problema principal é: podemos estabelecer um uso adequado do termo 'verdadeiro' para sentenças em português e, se isso for possível, por quais métodos? Podemos, é claro, levantar uma questão análoga para sentenças em qualquer outra língua.

O problema estará completamente resolvido se conseguirmos construir uma definição de verdade que seja adequada no sentido de trazer consigo, como consequências lógicas, todas as equivalências da forma (3). Se tal definição for aceita pelas pessoas de língua portuguesa, ela obviamente estabelecerá um uso adequado do termo 'verdadeiro'.

Sob certas pressuposições especiais, a construção de uma definição geral de verdade é fácil. Suponha que estejamos de fato interessados não em todo o português comum, mas apenas em um fragmento dele, e que é nosso desejo definir o termo 'verdadeiro' com referência exclusivamente a sentenças desse fragmento de linguagem. (Iremos nos referir a esse fragmento de linguagem como linguagem *L*.) Suponha, além disso, que *L* esteja provida de regras sintáticas precisas que permitam, em qualquer caso particular, distinguir uma sentença de uma expressão que não seja uma sentença, e que o número de todas as sentenças na linguagem L seja finito (ainda que, possivelmente, muito grande). Finalmente, suponha que a palavra 'verdadeiro' não ocorra em L e que o significado de todas as palavras em L seja suficientemente claro de maneira que não haja objeção em usá-las para definir verdade. Sob tais pressuposições, proceda como segue. Primeiro, prepare uma lista completa de todas as sentenças em L; considere, por exemplo, que existam em L exatamente 1.000 sentenças e admita usar os símbolos 's_1', 's_2', ..., 's_{1000}' como abreviações para sentenças consecutivas na lista. Em seguida, para cada uma das sentenças 's_1', 's_2', ..., 's_{1000}', construa uma definição parcial de verdade colocando-as sucessivamente no lugar de 'p' em ambos os lados do esquema (3). Por fim, forme a conjunção lógica de todas essas definições parciais; em outras palavras, combine-as em um só enunciado, colocando o conectivo 'e' entre quaisquer duas definições parciais consecutivas. A última coisa que resta a fazer é dar à conjunção resultante uma forma diferente, mas logicamente equivalente, de maneira que satisfaça os requisitos formais impostos pelas regras da lógica sobre definições:

(5) *Para toda sentença x (na linguagem L), x é verdadeira se e somente se ou*

s_1, e x é idêntica a 's_1',

ou

s_2, e x é idêntica a 's_2',

....
....

ou, finalmente,

s_{1000}, e x é idêntica a 's_{1000}'.

Chegamos, assim, a um enunciado que bem pode ser aceito como a desejada definição geral de verdade: é formalmente correto e é formalmente adequado, no sentido que implica todas as equivalências

§1. A noção de verdade   211

da forma (3) nas quais 'p' foi substituído por qualquer sentença da linguagem L. Notemos de passagem que (5) é uma sentença em português, mas, obviamente, não pertence à linguagem L, uma vez que (5) contém todas as sentenças de L como partes próprias e, assim, não pode coincidir com nenhuma delas. Discussões posteriores lançarão mais luz sobre esse ponto.

Por razões óbvias, o procedimento esboçado acima não pode ser adotado se nosso interesse for toda a língua portuguesa, e não apenas um seu fragmento. Ao tentar preparar uma lista completa das sentenças em português, deparamo-nos de início com a dificuldade de as regras da gramática portuguesa não determinarem com precisão a forma das expressões (sequências de palavras) que devam ser contadas como sentenças: uma dada expressão, uma exclamação, digamos, pode, em um dado contexto, funcionar como sentença, enquanto uma expressão da mesma forma não funcionará como sentença em outro contexto. Além disso, o conjunto de todas as sentenças em português é, ao menos potencialmente, infinito. Embora seja certamente verdadeiro que apenas um número finito de sentenças foi até hoje formulado em forma falada e escrita pelos seres humanos, provavelmente ninguém estaria disposto a concordar que a lista de todas elas constituiria todas as sentenças em português. Muito pelo contrário, parece razoável que, ao examinar a lista, cada um de nós possa facilmente produzir uma sentença em português que não estava presente nela. Finalmente, o fato de a palavra 'verdadeiro' ocorrer em português por si só impede a aplicação do procedimento acima descrito.

Dessas observações, não se deduz que a desejada definição de verdade para sentenças quaisquer em português não possa, por alguma outra via, ser obtida — quem sabe, talvez, usando outra ideia. Entretanto, existe uma razão mais séria e fundamental que parece eliminar tal possibilidade. Mais que isso, a mera suposição de que um uso adequado do termo 'verdadeiro' (com referência a sentenças quaisquer em português) foi assegurado por qualquer método parece levar a uma contradição. O argumento mais simples que fornece tal contradição, conhecido como *antinomia do mentiroso*, será desenvolvido nas próximas linhas.

Considere a seguinte sentença:

(6)   A sentença impressa em vermelho na página 65 do número de junho de 1969 do Scientific American é falsa.*

Concordemos em usar 's' como abreviação dessa sentença. Olhando para a data desta revista e para o número desta página, podemos facilmente verificar que 's' é justamente a única sentença impressa em vermelho à página 65 do número de junho de 1969 do Scientific American. Então segue, em particular, que:

(7)   's' é falsa se e somente se a sentença impressa em vermelho na página 65 do número de junho de 1969 do Scientific American é falsa.

Por outro lado, 's' é, indubitavelmente, uma sentença em português. Assim, supondo que nosso uso do termo 'verdadeiro' seja adequado, podemos asserir a equivalência (3) na qual 's' entra em substituição a 'p'. Podemos, assim, afirmar:

(8)   's' é verdadeira se e somente se s.

Lembremos agora que 's' representa a sentença (6). Dessa forma, podemos substituir 's' por (6) no lado direito de (8), obtendo:

(9)   's' é verdadeira se e somente se a sentença impressa em vermelho na página 65 do número de junho de 1969 do Scientific American é falsa.

Comparando agora (8) e (9), concluímos:

(10)   's' é falsa se e somente se 's' é verdadeira.

Isto leva a uma contradição óbvia: 's' mostra-se tanto verdadeira como falsa. Somos, então, confrontados com uma antinomia. A formulação da antinomia do mentiroso dada acima é devida ao lógico polonês Jan Łukasiewicz.

Também são conhecidas algumas formulações mais complexas dessa antinomia. Imagine, por exemplo, um livro de 100 páginas com apenas uma sentença impressa em cada página.

Na página 1 lemos:

---

* No texto original, da Scientific American, essa sentença refere-se a si mesma, pois ela está impressa em vermelho na p.65. Para o nosso caso, basta considerá-la como sendo: (6) A sentença (6) é falsa. (N.T.)

§1. A noção de verdade

> A sentença impressa na página 2 deste livro é verdadeira.

Na página 2 lemos:

> A sentença impressa na página 3 deste livro é verdadeira.

As coisas prosseguem assim até a página 99. Entretanto, na página 100, a última página do livro, encontramos:

> A sentença impressa na página 1 deste livro é falsa.

Assuma que a sentença impressa na página 1 seja realmente falsa. Através de um argumento que, embora não seja difícil, é bastante longo, requerendo que todo o livro seja folheado, concluímos que nossa suposição está errada. Consequentemente, assumimos agora que a sentença impressa à página 1 é verdadeira e, através de um argumento tão fácil e tão longo quanto o primeiro, convencemo-nos de que a nova suposição está também errada. Assim, de novo nos confrontamos com uma antinomia.

Na verdade, é bastante fácil compor uma série de outros 'livros antinômicos' os quais são variantes do descrito acima. Todos têm 100 páginas e toda página contém apenas uma sentença; na verdade, uma sentença da forma:

> A sentença impressa na página 00 deste livro é XX.

Em cada caso particular, 'XX' é substituído pelas palavras '*verdadeiro*' ou '*falso*' enquanto '00' é substituído por um dos numerais '1', '2', ..., '100', sendo que o mesmo numeral pode ocorrer em diversas páginas. Nem toda variante do livro original composta segundo essas regras fornece realmente uma antinomia. O leitor que aprecie problemas lógicos não achará difícil descrever todas as variantes que realizam o objetivo. Em relação a isso, a observação seguinte pode ser de ajuda. Imagine que em algum lugar do livro, à página 1, digamos, afirma-se que a sentença à página 3 é verdadeira e que em algum outro lugar, por exemplo à página 2, enuncie-se que a mesma sentença é falsa. Dessa informação não decorre que o livro seja 'antinômico'; podemos apenas derivar a conclusão de que ou a sentença à página 1 ou aquela à página 2 devem ser, uma delas, falsa. Contudo, uma antinomia aparece sempre que estejamos aptos a mostrar que uma das sentenças do livro é tanto verdadeira quanto falsa, independentemente de qualquer suposição acerca da verdade ou falsidade das sentenças restantes.

A antinomia do mentiroso tem origem bastante remota, sendo normalmente atribuída ao lógico grego Eubúlides. Ela atormentou muitos lógicos antigos, tendo causado a morte precoce de pelo menos um deles, Filetas de Cós. Várias outras antinomias e paradoxos foram encontrados na Antiguidade, na Idade Média e nos tempos modernos. Embora muitas delas estejam agora inteiramente esquecidas, a antinomia do mentiroso é ainda analisada e discutida nos escritos contemporâneos. Junto a outras antinomias recentes, descobertas na virada do século (a antinomia de Russell, em particular), ela tem tido um enorme impacto sobre o desenvolvimento da lógica moderna.

Duas maneiras diametralmente opostas de abordar as antinomias podem ser encontradas na literatura sobre o assunto. Uma consiste em desconsiderá-las, tratá-las como sofismas ou como jogos que, em lugar de sérios, são maliciosos e não pretendem mais que mostrar a esperteza de quem os formula. A abordagem oposta é característica de certos pensadores do século XIX, estando ainda representada, ou pelo menos estava até há pouco, em algumas partes do globo. De acordo com essa abordagem, as antinomias constituem elemento essencial do pensamento humano; devem aparecer intermitentemente nas atividades intelectuais, e sua presença é a fonte básica do progresso real. Como costuma acontecer, a verdade deve estar em algum ponto entre ambas. Pessoalmente, como um lógico, não posso reconciliar-me com as antinomias como um elemento permanente de nosso sistema de conhecimento; entretanto, não estou disposto a tratá-las de forma superficial. O aparecimento de uma antinomia é, para mim, sintoma de uma doença. Começando com premissas que parecem intuitivamente óbvias, recorrendo a formas de raciocínio que parecem intuitivamente certas, uma antinomia nos leva ao sem sentido, a uma contradição. Sempre que isso acontece, temos de submeter nossos modos de pensar a uma completa revisão: rejeitar algumas premissas nas quais acreditávamos ou melhorar al-

§1. A noção de verdade

gumas das formas de argumentação que vínhamos usando. Fazemos isso na esperança não apenas de que a antiga antinomia seja descartada, mas também de que nenhuma nova antinomia apareça. Para esse fim, testamos nosso reformulado sistema de raciocínio através de todos os meios disponíveis e, antes de mais nada, tentamos reconstruir a antiga antinomia no novo sistema. Esse teste é uma atividade particularmente importante no domínio do raciocínio especulativo, semelhante à realização de experimentos cruciais nas ciências empíricas.

Tomando esse ponto de vista, considere especificamente a antinomia do mentiroso, a qual envolve a noção de verdade com referência a sentenças quaisquer do português comum e pode facilmente ser reformulada de maneira que se aplique a outras linguagens naturais. Enfrentamos agora um sério problema: como podemos evitar as contradições induzidas por essa antinomia? Uma solução radical para o problema — que pode ocorrer de imediato a qualquer um — seria simplesmente remover a palavra 'verdadeiro' do vocabulário português ou, pelo menos, abster-se de usá-la em qualquer discussão séria.

Aqueles indivíduos para quem tal amputação do português pareceria altamente insatisfatória e ilegítima poderiam inclinar-se a aceitar uma solução de compromisso que consistiria em adotar a que poderia ser chamada (segundo o filósofo polonês contemporâneo Tadeusz Kotarbiński) a 'abordagem niilista da teoria da verdade'. De acordo com ela, a palavra 'verdadeiro' não tem um significado independente, mas pode ser usada como componente das duas expressões significativas 'é verdadeiro que' e 'não é verdadeiro que'. Tais expressões são assim tratadas como se fossem palavras, sem partes orgânicas. O significado atribuído a elas é tal que podem ser imediatamente eliminadas de quaisquer sentenças em que ocorram. Por exemplo, em lugar de dizer

é verdadeiro que todos os gatos são pretos

podemos simplesmente dizer

todos os gatos são pretos

e, no lugar de

> *não é verdadeiro que todos os gatos são pretos*

podemos dizer

> *nem todos os gatos são pretos.*

Em outros contextos, a palavra 'verdadeiro' não tem sentido. Em particular, ela não pode ser usada como um predicado real, qualificando nomes de sentenças. Empregando a terminologia da lógica medieval, podemos dizer que a palavra 'verdadeiro' pode ser usada sincategorematicamente em algumas situações especiais, mas não pode jamais ser usada categorematicamente.

A fim de perceber melhor as implicações dessa abordagem, considere a sentença que constitui o ponto de partida da antinomia do mentiroso — isto é, a sentença impressa em vermelho na página 65 do número de junho de 1969 do *Scientific American*.* Do ponto de vista 'niilista', ela não é uma sentença significativa, e a antinomia simplesmente desaparece. Infelizmente, muitos usos da palavra 'verdadeiro' que, de outra forma, parecem bem razoáveis e legítimos, são afetados por essa abordagem de maneira similar. Imagine, por exemplo, que um termo que repetidamente ocorre nos trabalhos de um matemático antigo admita várias interpretações. Um historiador da ciência estuda esses trabalhos e chega à conclusão de que, sob uma dessas interpretações, todos os teoremas enunciados pelo matemático mostram-se verdadeiros. Naturalmente, isso o leva à conjectura de que o mesmo se aplica a quaisquer trabalhos da autoria desse matemático, os quais, embora não sejam conhecidos no presente, venham a ser descobertos no futuro. Se, entretanto, o historiador da ciência partilhar da abordagem 'niilista' da noção de verdade, carecerá da possibilidade de expressar sua conjectura em palavras. Poder-se-ia dizer que o 'niilismo' teórico-veritativo presta um falso serviço a algumas formas de falar dos homens, enquanto realmente remove a noção de verdade do estoque conceitual da mente humana.

Procuraremos, portanto, outra maneira de escapar desse apuro; tentaremos encontrar uma solução que mantenha essencialmente intacto o conceito clássico de verdade. A aplicabilidade da noção de

---
* Confira a nota da p.212. (N.T.)

§1. A noção de verdade

verdade terá de sofrer algumas restrições, mas a noção permanecerá utilizável, pelo menos para os propósitos do discurso acadêmico.

Para esse fim, devemos analisar aquelas características da linguagem comum que constituem a real fonte da antinomia do mentiroso. Ao fazer a análise, percebemos uma destacada característica dessa linguagem — seu caráter oniabrangente, universal. A linguagem comum é universal, e pretende mesmo sê-lo. Supõe-se que forneça implementos adequados para expressar tudo o que possa ser expresso em qualquer linguagem que se queira, e segue expandindo-se a fim de satisfazer a esse requisito. Em particular, ela é semanticamente universal no seguinte sentido: além dos objetos linguísticos, tais como sentenças e termos, os quais são componentes dessa linguagem, também estão nela incluídos nomes desses objetos (como sabemos, nomes de expressões podem ser obtidos colocando-as entre aspas). Além disso, a linguagem contém termos semânticos tais como 'verdade', 'nome', 'designação', que se referem, direta ou indiretamente, à relação entre objetos linguísticos e aquilo que é expresso por eles. Consequentemente, para toda sentença formulada na linguagem comum, podemos formar outra sentença na mesma linguagem que afirma da primeira que ela é verdadeira ou falsa. Usando um 'estratagema' adicional, podemos mesmo chegar a construir na linguagem o que é algumas vezes chamado sentença autorreferente, isto é, uma sentença S que afirma o fato de que a própria S é verdadeira ou falsa. No caso de S afirmar sua própria falsidade, podemos mostrar, através de um argumento simples, que S é tanto verdadeira quanto falsa, e estaremos novamente diante da antinomia do mentiroso.

Entretanto, não existe necessidade de usar linguagens universais em todas as situações possíveis. Para os propósitos da ciência, em particular, raramente são elas necessárias (e por ciência entendo todo o domínio da investigação intelectual). Em um ramo específico da ciência, a química digamos, discutem-se certos objetos especiais tais como elementos, moléculas etc., mas não objetos linguísticos, tais como sentenças e termos. A linguagem que bem se adapta a essa discussão é uma linguagem restrita, com um vocabulário limitado. Deve conter nomes de objetos químicos, termos como 'elemento' e 'molécula', mas não nomes de objetos linguísticos. Logo, ela não precisa ser semanticamente universal. O mesmo se aplica à maioria dos outros ramos da ciência. Essa situação torna-se algo confusa quando nos voltamos para a linguística. Esta é a ciência na qual estudamos linguagens e, assim, a linguagem da linguística deve certamente ter nomes de objetos linguísticos. Entretanto, não temos de identificar a linguagem da linguística com a linguagem universal ou com qualquer das linguagens que são objeto da discussão linguística, e não estamos obrigados a assumir o uso na linguística de uma e mesma linguagem para todas as discussões. A linguagem da linguística deve conter os nomes dos componentes linguísticos das linguagens em discussão, mas não os nomes de seus próprios componentes e, assim, novamente, ela não precisa ser semanticamente universal. O mesmo se aplica à linguagem da lógica, ou melhor, daquela parte da lógica conhecida por metalógica ou metamatemática — nesse caso, novamente, estamos interessados em certas linguagens, primordialmente em linguagens de teorias lógicas e matemáticas (embora discutamos tais linguagens de um ponto de vista diferente do adotado no caso da linguística).

Surge agora a questão de se a noção de verdade pode ser precisamente definida e se pode ser estabelecido um uso consistente e adequado dessa noção, pelo menos para as linguagens semanticamente restritas do discurso científico. Sob certas condições, a resposta a essa questão mostra-se afirmativa. As principais condições impostas sobre a linguagem são que seu vocabulário completo deva estar explicitado e que suas regras sintáticas, que governam a formação de sentenças e de outras expressões significativas com base nas palavras listadas no vocabulário, estejam precisamente formuladas. Além disso, as regras sintáticas deverão ser puramente formais, isto é, deverão referir-se exclusivamente à forma (ou formato) das expressões, sendo que a função e o significado de uma expressão deverá depender exclusivamente de sua forma. Em particular, examinando uma expressão, qualquer um deverá ser capaz de, em cada caso, decidir se a expressão é ou não uma sentença. Nunca deverá acontecer de uma expressão funcionar como sentença em um lugar e não funcionar como tal em outro, ou de uma sentença ser, em um contexto, afirmada, enquanto uma sentença de mesma forma, em outro contexto,

§1. A noção de verdade

seja negada. (Daqui decorre, em particular, que pronomes demonstrativos e advérbios, como 'este' e 'aqui', não poderão ocorrer no vocabulário dessa linguagem.) As linguagens que satisfazem a essas condições são ditas linguagens formalizadas. Quando se discute uma linguagem formalizada, não existe necessidade de distinguir entre expressões de mesma forma que tenham sido escritas ou faladas em lugares diferentes; frequentemente, fala-se delas como se fossem uma e a mesma expressão. O leitor pode ter notado que, algumas vezes, usamos essa maneira de falar mesmo ao discutir uma linguagem natural, isto é, uma linguagem não formalizada; fazemos isso com fins de simplicidade e apenas naqueles casos em que não pareça haver risco de confusão.

Linguagens formalizadas são totalmente adequadas para a apresentação de teorias lógicas e matemáticas, e não vejo motivos essenciais para que elas não possam ser adaptadas para uso em outras disciplinas científicas e, em particular, no desenvolvimento das partes teóricas das ciências empíricas. Gostaria de enfatizar que, quando uso a expressão 'linguagens formalizadas', não me refiro exclusivamente a sistemas linguísticos formulados inteiramente em símbolos e não tenho em mente qualquer coisa essencialmente oposta às linguagens naturais. Pelo contrário, as únicas linguagens formalizadas que parecem ter real interesse são aquelas que constituem fragmentos de linguagens naturais (fragmentos providos de vocabulário completo e de regras sintáticas precisas) ou aquelas que podem ao menos ser traduzidas adequadamente em linguagens naturais.

Existem mais algumas condições das quais depende a realização de nosso programa. Devemos fazer uma rigorosa distinção entre a linguagem que é o objeto de nossa discussão (e para a qual, em particular, pretendemos construir a noção de verdade) e a linguagem na qual a definição deve ser formulada e suas implicações estudadas. Esta última é chamada metalinguagem e a primeira, linguagem-objeto. A metalinguagem deve ser suficientemente rica, devendo, em particular, incluir a linguagem-objeto como parte. De fato, de acordo com nossas estipulações, uma definição adequada de verdade implicará, como consequências, todas as definições parciais dessa noção, isto é, todas as equivalências da forma (3):

'p' é verdadeira se e somente se p,

em que 'p' deve ser substituído (em ambos os lados da equivalência) por uma sentença qualquer pertencente à linguagem-objeto. Desde que todas essas consequências são formuladas na metalinguagem, concluímos que toda sentença da linguagem-objeto deve ser também uma sentença da metalinguagem. Além disso, a metalinguagem deve conter nomes para as sentenças (e para outras expressões) da linguagem-objeto, já que tais nomes ocorrem nos lados esquerdos das equivalências da forma acima. Deve também conter outros termos necessários à discussão sobre a linguagem-objeto, termos que denotam certos conjuntos especiais de expressões, relações entre expressões e operações sobre expressões. Por exemplo, devemos estar aptos a falar do conjunto de todas as sentenças ou da operação de justaposição por intermédio da qual, colocando duas expressões, uma seguida da outra, formamos uma nova expressão. Finalmente, ao definir verdade, mostramos que termos semânticos (os quais expressam relações entre sentenças da linguagem-objeto e os objetos aos quais essas sentenças se referem) podem ser introduzidos na metalinguagem por meio de definições. Concluindo, a metalinguagem, que fornece meios suficientes para definir verdade, deve ser essencialmente mais rica que a linguagem-objeto; não pode coincidir com esta última, nem ser nela tradutível, já que, de outra forma, ambas as linguagens seriam semanticamente universais e a antinomia do mentiroso poderia ser reconstruída em ambas. Retornaremos a essa questão na última seção deste artigo.

Se todas as condições acima forem satisfeitas, a construção da desejada definição de verdade não apresentará dificuldades essenciais. Tecnicamente, entretanto, a definição é bastante complexa para ser aqui explicada em detalhe. Para qualquer sentença da linguagem--objeto, pode-se facilmente formular a correspondente definição parcial da forma (3). Mas, uma vez que o conjunto de todas as sentenças pertencentes à linguagem-objeto é, via de regra, infinito, enquanto toda sentença da metalinguagem é uma sequência finita de símbolos, não podemos chegar a uma definição geral simplesmente formulando a conjunção lógica de todas as definições parciais. Ainda assim, aquilo que obtemos é, de alguma forma intuitiva, equivalente a essa imaginária conjunção infinita. Falando bem superficialmente, procedemos do seguinte modo. Primeiro, consideramos as sentenças mais simples, as quais não incluem nenhuma outra sentença como parte. Para essas, conseguimos definir verdade diretamente (usando a mesma ideia que leva às definições parciais). A partir daí, fazendo uso das regras sintáticas que dizem respeito à formação de sentenças mais complicadas com base em sentenças mais simples, estendemos a definição para sentenças compostas quaisquer, aplicando o método que é conhecido em matemática como definição por recursão. (Isso é apenas uma aproximação grosseira do procedimento real. Por algumas razões técnicas, o método de recursão não é aplicado realmente para definir a noção de verdade, mas sim para definir uma noção semântica relacionada: a noção de satisfação. Verdade é, então, facilmente definida em termos de satisfação.)

Tendo por base a definição assim construída, podemos desenvolver toda a teoria da verdade. Em particular, podemos derivar desta, além de todas as equivalências da forma (3), algumas consequências de natureza geral, tais como as famosas leis da Contradição e do Terceiro Excluído. A primeira nos diz que não pode ocorrer que duas sentenças, das quais uma é a negação da outra, sejam ambas verdadeiras; pela segunda lei, duas sentenças desse tipo não podem ser ambas falsas.

§2. A NOÇÃO DE DEMONSTRAÇÃO

Seja o que for que consigamos ao construir uma definição adequada de verdade para uma linguagem científica, um fato parece certo: a definição não traz consigo um critério operativo que possa decidir quando sentenças particulares dessa linguagem são verdadeiras ou falsas (e, de fato, a definição não é projetada com esse propósito). Considere, por exemplo, uma sentença escrita na linguagem da geometria de nível médio, digamos: 'em todo triângulo, as três bissetrizes encontram-se em um único ponto'. Se nos interessarmos pela questão de se a sentença é verdadeira e nos voltarmos para a definição de verdade para procurar uma resposta, ficaremos desapontados. A única informação que obteremos será que a sentença é verdadeira se as três bissetrizes se encontrarem sempre em um ponto, e falsa se as bissetrizes nem sempre se encontrarem. Porém, apenas uma investigação geométrica permitirá decidir qual é realmente o caso. Observações análogas aplicam-se a sentenças pertencentes ao domínio de qualquer outra ciência específica: decidir em que casos determinada sentença é verdadeira é objeto da própria ciência e não da lógica ou da teoria da verdade.

Alguns filósofos e metodologistas da ciência estão inclinados a rejeitar toda definição que não forneça um critério para decidir quando um dado objeto se conforma à noção definida e quando não. Na metodologia das ciências empíricas, tal tendência é representada pelo operacionalismo; filósofos da matemática pertencentes à escola construtivista parecem exibir tendência similar. Em ambos os casos, entretanto, as pessoas que mantêm essa opinião parecem estar em minoria. Ainda não foi feita uma tentativa consistente de colocar em prática tal programa (isto é, desenvolver uma ciência sem usar definições indesejáveis). Parece evidente que, sob esse programa, muito da matemática contemporânea desapareceria e as partes teóricas da física, da química, da biologia e de outras ciências empíricas seriam severamente mutiladas. Definições de noções tais como átomo ou gene, bem como a maioria das definições em matemática, não trazem consigo quaisquer critérios para decidir se um objeto se conforma ou não ao termo definido.

Uma vez que a definição de verdade não proporciona nenhum critério desse gênero e, ao mesmo tempo, a procura pela verdade é tida acertadamente como a essência das atividades científicas, parece ser um problema importante encontrar pelo menos critérios parciais de verdade e desenvolver procedimentos que permitam determinar ou negar a verdade (ou, pelo menos, a probabilidade de verdade) de tantas sentenças quanto possível. Tais procedimentos são, de fato, bem conhecidos; alguns são usados exclusivamente nas ciências empíricas e alguns principalmente nas ciências dedutivas. A noção de demonstração — a segunda discutida neste artigo — refere-se justamente a um procedimento para determinar a verdade de sentenças empregado primordialmente nas ciências dedutivas. Tal procedi-

§2. A noção de demonstração

mento é elemento essencial do que é conhecido por método axiomático, atualmente o único método usado para desenvolver as disciplinas matemáticas.

O método axiomático e, dentro de sua estrutura, a noção de demonstração, são produtos de um longo desenvolvimento histórico. Um conhecimento básico desse desenvolvimento é essencial para a compreensão da noção contemporânea de demonstração.

Originalmente, uma disciplina matemática era um agregado de sentenças que diziam respeito a uma certa classe de objetos ou de fenômenos; eram formuladas por meio de um certo estoque de termos, e aceitas como verdadeiras. Esse agregado de sentenças carecia de qualquer ordem estrutural. Uma sentença era aceita como verdadeira ou porque parecia intuitivamente evidente ou porque fora demonstrada com base em algumas sentenças intuitivamente evidentes, ficando assim mostrado — por um argumento intuitivamente certo — ser uma consequência dessas outras sentenças. O critério de evidência intuitiva (e de certeza intuitiva acerca dos argumentos) era aplicado sem nenhuma restrição; toda sentença reconhecida como verdadeira por meio desse critério era automaticamente incluída na disciplina. Essa descrição parece ajustar-se, por exemplo, à ciência da geometria tal como era conhecida pelos antigos egípcios e pelos gregos em seu estágio pré-euclidiano.

Todavia, bem cedo percebeu-se que o critério de evidência intuitiva está longe de ser infalível, não possui um caráter objetivo e leva frequentemente a erros graves. Todo o desenvolvimento subsequente do método axiomático pode ser visto como uma expressão da tendência de restringir o recurso à evidência intuitiva.

Essa tendência revelou-se, em primeiro lugar, no esforço de demonstrar tantas sentenças quanto possível, restringindo, assim, tanto quanto fosse possível, o número de sentenças aceitas como verdadeiras meramente com base na evidência intuitiva. O objetivo ideal, desse ponto de vista, seria demonstrar toda sentença aceita como verdadeira. Por motivos óbvios, esse ideal não pode ser atingido. Na verdade, demonstramos cada sentença com base em outras sentenças, demonstrando essas outras sentenças com base em mais outras sentenças, e assim por diante. Se quisermos evitar tanto um círculo vicioso como uma regressão infinita, o processo deverá ser descontinuado em algum ponto. A título de compromisso entre o ideal inatingível e as possibilidades realizáveis, emergiram dois princípios, os quais foram subsequentemente aplicados na construção das disciplinas matemáticas. Pelo primeiro, toda disciplina começa com uma lista que consta de um pequeno número de sentenças chamadas axiomas ou sentenças primitivas, as quais parecem ser intuitivamente evidentes, sendo reconhecidas como verdadeiras sem justificação adicional. De acordo com o segundo, nenhuma outra sentença é aceita como verdadeira na disciplina a menos que estejamos aptos a demonstrá-la tendo como auxílio exclusivo os axiomas e as sentenças previamente demonstradas. Todas as sentenças que puderem ser reconhecidas como verdadeiras em virtude desses dois princípios serão chamadas teoremas ou sentenças demonstráveis da disciplina em questão. Dois princípios análogos dizem respeito ao uso de termos na construção da disciplina. Pelo primeiro deles, listamos no início uns poucos termos, chamados termos primitivos ou não definidos, que parecem ser diretamente compreensíveis e que decidimos usar (na formulação e demonstração de teoremas) sem explicar seus significados. Através do segundo princípio, concordamos em não usar quaisquer outros termos a menos que possamos explicar seus significados definindo-os com auxílio dos termos não definidos e dos termos previamente definidos. Esses quatro princípios constituem as pedras fundamentais do método axiomático, e as teorias desenvolvidas de acordo com eles são ditas teorias axiomáticas.

Como é bem sabido, o método axiomático foi aplicado no desenvolvimento da geometria nos *Elementos* de Euclides, cerca de 300 a.C. Depois disso, foi aplicado por mais de dois mil anos praticamente sem sofrer alterações, nem em seus princípios básicos (os quais, diga-se de passagem, não foram nem mesmo explicitamente formulados por um longo tempo), nem na abordagem geral com respeito ao assunto. Todavia, nos séculos XIX e XX, o conceito de método axiomático sofreu uma profunda evolução. As características dessa evolução que dizem respeito à noção de verdade são particularmente significativas para nossa discussão.

Até os últimos anos do século XIX, a noção de demonstração era,

§2. A noção de demonstração

primordialmente, de caráter psicológico. Uma demonstração era uma atividade intelectual que objetivava convencer o próprio indivíduo e outras pessoas da verdade da sentença em discussão. Mais especificamente, demonstrações eram usadas no desenvolvimento de uma teoria matemática para convencer o próprio indivíduo e outros de que a sentença em discussão deveria ser aceita como verdadeira, uma vez que certas outras sentenças haviam sido previamente aceitas como tal. Não havia restrições com respeito aos argumentos usados na demonstração, exceto que eles deveriam ser intuitivamente convincentes. Numa certa época, entretanto, começou-se a sentir a necessidade de submeter a noção de demonstração a uma análise mais profunda, a qual acarretaria uma restrição, nesse contexto, do recurso à evidência intuitiva. Isso provavelmente relacionou-se com alguns desenvolvimentos específicos na matemática; com a descoberta das geometrias não euclidianas, em particular. A análise foi feita por lógicos, a começar pelo lógico alemão Gottlob Frege, levando à introdução de uma nova noção — a de *demonstração formal* — que se mostrou um substituto adequado e uma melhoria essencial sobre a antiga noção psicológica.

O primeiro passo em direção a suplementar uma teoria matemática com a noção de demonstração formal é a formalização da linguagem da teoria, no sentido previamente discutido, quando abordamos a definição de verdade. Assim, são fornecidas regras sintáticas formais que permitem, em particular, distinguir uma sentença de uma expressão que não é uma sentença pelo simples exame da forma de expressão. O passo seguinte consiste em formular umas poucas regras de outra natureza, as chamadas regras de demonstração (ou inferência). Por meio delas, uma sentença é considerada diretamente derivável de sentenças dadas se, de modo geral, sua forma relaciona-se de uma maneira prescrita com as formas das sentenças dadas. O número de regras de demonstração é pequeno e seu conteúdo, simples. Assim como as regras sintáticas, todas elas têm caráter formal, isto é, referem-se exclusivamente às formas das sentenças envolvidas. Intuitivamente, todas as regras de derivação parecem ser infalíveis, no sentido de que uma sentença, sendo diretamente derivável de sentenças verdadeiras por qualquer uma dessas regras, deve ser, ela própria, verdadeira. De fato, a infalibilidade das regras de demonstração pode ser estabelecida com base em uma definição adequada de verdade. O mais conhecido e mais importante exemplo de regra de demonstração é a regra de destacamento, conhecida também por *modus ponens*. Por meio dela (que em algumas teorias serve como única regra de demonstração), uma sentença 'q' é diretamente derivável de duas sentenças se uma delas for a sentença condicional 'se p, então q' e a outra for 'p', sendo 'p' e 'q', aqui, abreviações de duas sentenças quaisquer de nossa linguagem formalizada. Podemos agora explicar em que consiste uma demonstração formal de uma sentença dada. Primeiro, aplicamos as regras de demonstração aos axiomas e obtemos novas sentenças, as quais são diretamente deriváveis dos axiomas; em seguida, aplicamos as mesmas regras a novas sentenças, ou a novas sentenças e axiomas conjuntamente, obtendo outras sentenças; depois, continuamos esse processo. Se, depois de um número finito de passos, tivermos chegado à sentença dada, diremos que a sentença foi formalmente demonstrada. Isso pode ser mais precisamente expresso da seguinte maneira: uma demonstração formal de uma sentença dada consiste em construir uma sequência finita de sentenças tal que (1) a primeira sentença na sequência é um axioma, (2) cada uma das sentenças seguintes ou é um axioma ou, então, é derivável diretamente de algumas sentenças que a precedem na sequência através de uma das regras de demonstração, e (3) a última sentença na sequência é aquela que deve ser demonstrada. Alterando um pouco o uso do termo 'demonstração', podemos mesmo dizer que uma demonstração formal de uma sentença é simplesmente qualquer sequência finita de sentenças que possua as três propriedades assinaladas.

Uma teoria axiomática cuja linguagem tenha sido formalizada e para a qual tenha sido fornecida a noção de demonstração formal é chamada teoria formalizada. Estipulamos que as únicas demonstrações que podem ser usadas em uma teoria formalizada são as demonstrações formais e que nenhuma sentença pode ser aceita como teorema a menos que apareça na lista dos axiomas ou, então, que se possa encontrar para ela uma demonstração formal. O método de apresentação de uma teoria formalizada em cada estágio de seu desenvolvimento é, em princípio, bastante elementar. Colocamos, em

§3. A relação entre verdade e demonstração 227

primeiro lugar, os axiomas e, então, todos os teoremas conhecidos em uma ordem tal que toda sentença na lista que não seja um axioma possa ser diretamente reconhecida como teorema pela simples comparação de sua forma com a forma das sentenças que a precedem na lista. Nenhum processo complexo de raciocínio e persuasão estão envolvidos. (Não me refiro aqui aos processos psicológicos por meio dos quais os teoremas foram realmente descobertos.) O recurso à evidência intuitiva ficou consideravelmente restrito; as dúvidas com respeito à verdade dos teoremas não foram inteiramente eliminadas, mas ficaram reduzidas às possíveis dúvidas com respeito à verdade das poucas sentenças listadas como axiomas e quanto à infalibilidade das poucas e simples regras de demonstração. Além disso, o processo de introduzir novos termos na linguagem de uma teoria pode também ser formalizado pelo fornecimento de regras formais específicas para definições.

Sabe-se agora que todas as disciplinas matemáticas existentes podem ser apresentadas como teorias formalizadas; podem-se fornecer demonstrações formais para os mais profundos e complicados teoremas matemáticos, os quais foram inicialmente estabelecidos por meio de argumentos intuitivos.

§3. A RELAÇÃO ENTRE VERDADE E DEMONSTRAÇÃO

Foi, sem dúvida, uma grande conquista da lógica moderna a substituição da antiga noção psicológica de demonstração, que dificilmente poderia vir a se tornar clara e precisa, por uma noção nova e simples de caráter puramente formal. Todavia, o triunfo do método formal trazia consigo a semente de um futuro revés. Como veremos, a própria simplicidade da nova noção mostrou ser seu calcanhar de aquiles.

Para avaliar a noção de demonstração formal, temos de aclarar sua relação com a noção de verdade. Afinal de contas, a demonstração formal, assim como a antiga demonstração intuitiva, é um procedimento que objetiva a obtenção de novas sentenças verdadeiras. Tal procedimento somente será adequado se todas as sentenças obtidas com seu auxílio mostrarem-se verdadeiras e se todas as sentenças verdadeiras puderem ser obtidas com seu auxílio. Daqui surge, naturalmente, um problema: é a demonstração formal realmente um procedimento adequado para a obtenção da verdade? Em outras palavras: o conjunto de todas as sentenças (formalmente) demonstráveis coincide com o conjunto de todas as sentenças verdadeiras?

Para sermos específicos, situaremos esse problema em uma disciplina matemática bastante elementar: a aritmética dos números naturais (a teoria elementar dos números). Suporemos que essa teoria tenha sido apresentada como uma teoria formalizada. O vocabulário da teoria é pobre: consiste, na verdade, em variáveis como 'm', 'n', 'p', ... representando números naturais quaisquer; nos numerais '0', '1', '2', ... denotando números particulares; em símbolos que denotam algumas relações familiares entre números e operações sobre números tais como '=', '<', '+', '−' e, finalmente, em alguns termos lógicos, a saber: conectivos sentenciais ('e', 'ou', 'se', 'não') e quantificadores (expressões da forma: 'para todo número m' e 'para algum número m'). As regras sintáticas e as regras de demonstração são simples. Quando, na discussão subsequente, falarmos de sentenças, teremos sempre em mente sentenças na linguagem formalizada da aritmética.

Da discussão sobre verdade feita na primeira seção, sabemos que, tomando essa linguagem como linguagem-objeto, podemos construir uma metalinguagem apropriada e nela formular uma definição adequada de verdade. Nesse contexto, mostra-se conveniente dizer que o que assim definimos é o conjunto das sentenças verdadeiras. De fato, a definição de verdade afirma que uma certa condição formulada na metalinguagem é satisfeita por todos os elementos desse conjunto (isto é, por todas as sentenças verdadeiras) e por apenas esses elementos. Mais facilmente ainda, podemos definir, na metalinguagem, o conjunto de sentenças demonstráveis; a definição está em total conformidade com a explicação da noção de demonstração formal dada na segunda seção. Estritamente falando, as definições tanto de verdade quanto de demonstrabilidade pertencem a uma nova teoria formulada na metalinguagem, a qual é especificamente projetada para o estudo de nossa aritmética formalizada e de sua linguagem. A nova teoria é chamada metateoria ou, mais especificamente, meta-

§3. A relação entre verdade e demonstração

-aritmética. Não entraremos aqui em maiores detalhes de como a metateoria é construída — seus axiomas, termos não definidos etc. Assinalemos apenas que é dentro da estrutura dessa metateoria que formulamos e resolvemos o problema de se o conjunto de sentenças demonstráveis coincide com aquele das sentenças verdadeiras. A resposta ao problema mostra-se negativa. Daremos aqui uma descrição apenas superficial do método pelo qual ela foi obtida. A ideia central está bastante próxima da utilizada pelo lógico norte-americano contemporâneo (de origem austríaca) Kurt Gödel em seu famoso artigo sobre a incompletude da aritmética.

Já foi dito, na primeira seção, que a metalinguagem que permite definir a noção de verdade deve ser rica. Ela contém toda a linguagem-objeto como parte e, portanto, nela podemos falar de números naturais, conjuntos de números, relações entre números, e assim por diante. Contém, além disso, termos necessários para a discussão da linguagem-objeto e de seus componentes e, consequentemente, podemos nos referir, na metalinguagem, a expressões e, em particular, a sentenças, a conjuntos de sentenças, a relações entre sentenças etc. Assim, podemos, na metateoria, estudar as propriedades desses vários tipos de objetos, e estabelecer conexões entre eles.

Em particular, usando a descrição de sentença fornecida pelas regras sintáticas da linguagem-objeto, é fácil arranjar todas as sentenças (das mais simples às cada vez mais complexas) em uma sequência infinita, numerando-as consecutivamente. Dessa forma, relacionamos toda sentença a um número natural de tal forma que dois números relacionados com duas sentenças diferentes sejam sempre diferentes. Em outras palavras, estabelecemos uma correspondência um para um entre sentenças e números. Esse procedimento, por seu turno, leva-nos a uma correspondência similar entre conjuntos de sentenças e conjuntos de números ou relações entre sentenças e relações entre números. Em particular, podemos considerar os números das sentenças demonstráveis e os números das sentenças verdadeiras, aos quais chamaremos, abreviadamente, números demonstráveis* e números verdadeiros*. Nosso problema principal fica, então, reduzido à seguinte questão: são idênticos os conjuntos dos números demonstráveis* e dos números verdadeiros*?

Para responder negativamente a essa questão, bastará, é claro, indicar uma só propriedade que se aplique a um conjunto mas não ao outro. A propriedade que iremos exibir poderá parecer um tanto inesperada, uma espécie de *deus ex machina*. A simplicidade intrínseca às noções de demonstração formal e de demonstrabilidade formal terá aqui um papel básico. Vimos, na segunda seção, que o significado dessas noções é explicado essencialmente em termos de certas relações simples entre sentenças prescritas por umas poucas regras de demonstração: o leitor pode lembrar-se aqui da regra de *modus ponens*. As relações correspondentes entre números e sentenças são igualmente simples; na verdade, elas podem ser caracterizadas pelas mais elementares operações e relações aritméticas como adição, multiplicação e igualdade — portanto, em termos que ocorrem em nossa teoria aritmética. Como consequência, o conjunto dos números demonstráveis* pode também ser caracterizado nesses termos. Pode-se descrever sucintamente o que foi conseguido dizendo-se que a definição de demonstrabilidade foi traduzida da metalinguagem para a linguagem-objeto.

Por outro lado, a discussão da noção de verdade em linguagens comuns sugere fortemente a conjectura de que, para a definição de verdade, tal tradução não pode ser obtida; caso contrário, a linguagem-objeto mostrar-se-ia, num certo sentido, semanticamente universal e o reaparecimento da antinomia do mentiroso seria iminente. Confirmamos essa conjectura mostrando que se o conjunto dos números verdadeiros* pudesse ser definido na linguagem da aritmética, a antinomia do mentiroso poderia ser realmente reconstruída nessa linguagem. Uma vez, entretanto, que estamos agora lidando com uma linguagem formalizada restrita, a antinomia assumiria uma forma mais complexa e sofisticada. Em particular, nenhuma expressão possuidora de conteúdo empírico, tal como 'a sentença impressa em tal lugar', que tomou parte essencial na formulação inicial da antinomia, apareceria na nova formulação. Não entraremos aqui em maiores detalhes.

Assim, o conjunto dos números demonstráveis* não coincide com o conjunto dos números verdadeiros*, já que o primeiro é definível na linguagem da aritmética, enquanto o segundo não o é. Consequentemente, também não coincidem o conjunto das sentenças demonstrá-

§3. A relação entre verdade e demonstração   231

veis e o das sentenças verdadeiras. Por outro lado, usando a definição de verdade, facilmente demonstramos que todos os axiomas da aritmética são verdadeiros e que todas as regras de demonstração são infalíveis. Logo, todas as sentenças demonstráveis são verdadeiras e, por conseguinte, a conversa não pode valer. Dessa forma, nossa conclusão final é: existem sentenças formuladas na linguagem da aritmética que são verdadeiras mas não podem ser demonstradas com base nos axiomas e nas regras de demonstração aceitos na aritmética.

Poder-se-ia pensar que a conclusão depende essencialmente dos axiomas e das regras de inferência específicos escolhidos para nossa teoria aritmética e que o resultado final da discussão poderia ser diferente se enriquecêssemos apropriadamente a teoria, juntando novos axiomas ou novas regras de inferência. Entretanto, uma análise mais detalhada mostra que o argumento depende muito pouco das propriedades específicas da teoria discutida e que, na verdade, ele se estende à maioria das outras teorias formalizadas. Supondo que uma teoria inclua como parte a aritmética dos números naturais (ou que, pelo menos, a aritmética possa ser nela construída), podemos repetir a porção essencial do argumento de forma praticamente inalterada e concluímos, novamente, que o conjunto das sentenças demonstráveis é diferente do conjunto das sentenças verdadeiras da teoria. Se, além disso, pudermos mostrar (como é frequentemente o caso) que todos os axiomas da teoria são verdadeiros e que todas as regras de inferência são infalíveis, concluiremos também que existem na teoria sentenças verdadeiras que não são demonstráveis. Com exceção de algumas teorias fragmentadas, com meios restritos de expressão, a suposição com respeito à relação entre a teoria e a aritmética dos números naturais é geralmente satisfeita, tendo nossas conclusões, portanto, um caráter quase universal. (Com respeito a essas teorias fragmentares que não incluem a aritmética dos números naturais, suas linguagens podem não estar providas de meios suficientes para definir a noção de demonstrabilidade. Suas sentenças demonstráveis, de fato, podem coincidir com suas sentenças verdadeiras. A geometria elementar e a álgebra elementar dos números reais são os exemplos mais conhecidos e talvez os mais importantes de teorias nas quais essas duas noções coincidem.)

O papel dominante desempenhado pela antinomia do mentiroso em todo nosso argumento lança interessantes luzes sobre nossas primeiras observações a respeito do papel das antinomias na história do pensamento humano. A antinomia do mentiroso apareceu inicialmente em nossa discussão como uma força maligna de grande poder destrutivo, tendo nos compelido a abandonar todas as tentativas de aclarar a noção de verdade para linguagens naturais. Tivemos de restringir nossos esforços a linguagens formalizadas do discurso científico. Como salvaguarda contra um possível reaparecimento da antinomia, tivemos de complicar consideravelmente a discussão, fazendo a distinção entre uma linguagem e sua metalinguagem. Em sequência, entretanto, no novo e restrito cenário, conseguimos subjugar essa energia destrutiva e utilizá-la para propósitos pacíficos e construtivos. A antinomia não reapareceu, mas sua ideia básica foi usada para estabelecer um resultado metalógico importante e de amplas implicações.

A importância desse resultado não fica em nada diminuída pelo fato de suas implicações filosóficas terem um caráter essencialmente negativo. O resultado mostra que, na verdade, em nenhum domínio da matemática a noção de demonstrabilidade é um substituto perfeito para a noção de verdade. A crença em que uma demonstração formal pode servir como instrumento adequado para estabelecer a verdade de todos os enunciados matemáticos mostrou-se desprovida de fundamento. O triunfo original dos métodos formais foi seguido de um sério recuo.

Qualquer coisa que se diga para concluir esta discussão leva a um anticlímax. A noção de verdade para teorias formalizadas pode agora ser introduzida por intermédio de uma definição precisa e adequada, podendo, portanto, ser usada sem restrições e reservas nas discussões metalógicas. Ela se tornou, de fato, uma noção metalógica básica envolvida em problemas e resultados importantes. Por outro lado, a noção de demonstração também não perdeu seu significado. Demonstrações são ainda o único método para garantir a verdade de sentenças dentro de qualquer teoria matemática específica. Entretanto, estamos cientes agora do fato de existirem sentenças formuladas na linguagem da teoria que são verdadeiras mas não de-

§3. A relação entre verdade e demonstração

monstráveis, e não podemos deixar de considerar a possibilidade de algumas dessas sentenças figurarem entre aquelas que nos interessam e que estamos empenhados em demonstrar. Logo, em algumas situações, podemos querer explorar a possibilidade de ampliar o conjunto das sentenças demonstráveis. Para esse fim, enriqueceremos a teoria dada, incluindo novas sentenças em seu sistema de axiomas ou suplementando-a com novas regras de inferência. Ao fazê-lo, usaremos a noção de verdade como guia, pois, afinal, não iremos querer anexar um novo axioma ou uma nova regra de demonstração se tivermos razões para acreditar que o novo axioma não é uma sentença verdadeira ou que a nova regra de demonstração, quando aplicada a sentenças verdadeiras, pode produzir uma sentença falsa. O processo de estender uma teoria pode, é claro, ser repetido um número arbitrário de vezes. A noção de sentença verdadeira atua, assim, como um limite ideal que nunca pode ser atingido, mas do qual tentamos nos aproximar através da ampliação gradual do conjunto de sentenças demonstráveis. (Parece provável, embora por diferentes motivos, que a noção de verdade exerce um papel semelhante no domínio do conhecimento empírico.) Não existe conflito entre as noções de verdade e de demonstração no desenvolvimento da matemática: as duas não estão em guerra e, sim, coexistem pacificamente.

V

SOBRE O CONCEITO DE CONSEQUÊNCIA LÓGICA[†,*]

O conceito de *consequência lógica* é um daqueles cuja introdução no campo da estrita investigação formal não foi uma questão de decisão arbitrária da parte desse ou daquele investigador; na definição deste conceito, envidaram-se esforços para aderir ao uso comum da linguagem da vida cotidiana. Contudo, tais esforços confrontaram-se com as dificuldades que comumente se apresentam nesses casos. Com respeito à clareza de seu conteúdo, o conceito comum de consequência de modo algum é superior a outros conceitos da linguagem cotidiana. Sua extensão não é precisamente delimitada, e seu uso varia. Qualquer tentativa de harmonizar todas as possíveis tendências vagas, às vezes contraditórias, que estão associadas com o uso desse conceito, certamente está condenada ao fracasso. Devemos reconciliar-nos, de saída, com o fato que toda definição que precisa desse conceito exibirá aspectos arbitrários, em grau maior ou menor.

Mesmo até pouco tempo, muitos lógicos acreditavam ter conseguido, por meio de um estoque relativamente pobre de conceitos, apreender quase com exatidão o conteúdo do conceito comum de consequência ou, então, definir um novo conceito que coincidia em

---

[†] NOTA BIBLIOGRÁFICA. Este é um resumo de uma conferência proferida no *International Congress of Scientific Philosophy*, em Paris, 1935. O artigo foi publicado primeiro em polonês, sob o título "O pojciu wynikania logicz-nego", em *Przeglad Filozoficzny*, v. 39 (1936), p.58–68, e depois em alemão, sob o título "Über den Begriff der logischen Folgerung", *Actes du Congrès International de Philosophie Scientifique*, v. 7 (Actualités Scientifiques et Industrielles, v. 394), Paris, 1936, p.1–11.

[*] [Tradução: Celso R. Braida; revisão da tradução: Cezar A. Mortari.] A presente tradução brasileira é baseada no texto considerado definitivo do artigo, a tradução inglesa publicada no volume *Logic, Semantics, Metamathematics*, que apareceu pela primeira vez em 1956, e foi revisada em 1983. (N.T.)

extensão com o comum. Tal crença poderia facilmente surgir entre os novos resultados da metodologia das ciências dedutivas. Graças ao progresso da lógica matemática, aprendemos, durante o curso de décadas recentes, como apresentar disciplinas matemáticas nos moldes de teorias dedutivas formalizadas. Nessas teorias, como é bem conhecido, a prova de cada teorema se reduz à aplicação, única ou repetida, de algumas regras simples de inferência, tais como as regras de substituição e separação. Essas regras nos dizem que transformações de um tipo puramente estrutural (isto é, transformações nas quais apenas a estrutura externa de sentenças está envolvida) devem ser feitas sobre os axiomas ou teoremas já provados na teoria, para que as sentenças obtidas como resultado de tais transformações possam ser vistas como provadas. Os lógicos pensaram que essas poucas regras de inferência esgotavam o conteúdo do conceito de consequência. Sempre que uma sentença se segue de outras, ela pode ser delas obtida — assim se pensava — de um modo mais ou menos complicado por meio das transformações prescritas pelas regras. Para defender essa opinião contra os céticos que duvidavam de o conceito de consequência, quando formalizado desse modo, realmente coincidir em extensão com o comum, os lógicos foram capazes de fornecer um argumento de peso: o fato de realmente terem conseguido reproduzir, nos moldes das provas formalizadas, todos os raciocínios exatos que alguma vez foram levados a cabo nas matemáticas.

Apesar disso, sabemos hoje que o ceticismo era bem justificado e que o ponto de vista acima delineado não pode ser mantido. Alguns anos atrás, forneci um exemplo bem elementar de uma teoria que tinha a seguinte peculiaridade: entre seus teoremas, ocorriam sentenças tais como:

A_0. *0 possui a dada propriedade P*,
A_1. *1 possui a dada propriedade P*,

e, em geral, toda sentença particular da forma

A_n. *n possui a dada propriedade P*,

em que '*n*' indica qualquer símbolo que denote um número natural em um dado sistema numérico (por exemplo, decimal). Por outro lado, a sentença universal:

A. *Todo número natural possui a dada propriedade P,*

não pode ser provada com base na teoria em questão por meio das regras normais de inferência.[1] Esse fato parece falar por si mesmo; ele mostra que o conceito formalizado de consequência, tal como geralmente usado por lógicos matemáticos, de modo algum coincide com o conceito comum. Ainda assim, intuitivamente parece certo que a sentença universal A se segue, no sentido usual, da totalidade das sentenças particulares $A_0, A_1, \ldots, A_n, \ldots$ Desde que todas essas sentenças sejam verdadeiras, a sentença A também tem de ser verdadeira.

Com relação a situações desse tipo, foi provado ser possível formular novas regras de inferência que não diferem das antigas em sua estrutura lógica, que são, intuitivamente, igualmente infalíveis, isto é, sempre levam de sentenças verdadeiras a sentenças verdadeiras, mas que não podem ser reduzidas às antigas regras. Um exemplo de uma dessas regras é a chamada regra de indução infinita, de acordo com a qual a sentença A pode ser considerada provada uma vez que todas as sentenças $A_0, A_1, \ldots, A_n, \ldots$ tenham sido provadas (os símbolos 'A_0', 'A_1' etc. sendo usados no mesmo sentido que antes). Essa regra, porém, em virtude de sua natureza infinitista, é no essencial diferente das antigas regras: apenas pode ser aplicada na construção de uma teoria se antes tivermos conseguido provar infinitamente muitas sentenças dessa teoria — um estado de coisas que jamais é realizado na prática. Mas esse defeito pode ser facilmente superado por meio de certa modificação da nova regra. Para tal propósito, vamos considerar a sentença B que afirma que todas as sentenças $A_0, A_1, \ldots, A_n, \ldots$ são *demonstráveis* com base nas regras de inferência até então usadas (não que elas tenham sido efetivamente provadas). Depois, estabelecemos a seguinte regra: se a sentença B for provada, a sentença A correspondente pode ser aceita como provada. Aqui, contudo, ainda pode ser objetado que a sentença B de modo algum é uma sentença

---
[1] Para uma descrição detalhada de uma teoria com essa peculiaridade cf. [76]; para a discussão relacionada da regra de indução infinita, cf. [75], p.258ss.

da teoria em construção, mas pertence à chamada metateoria (isto é, a teoria *da* teoria discutida) e que, em consequência, uma aplicação prática da regra em questão irá requerer sempre uma transição da teoria para a metateoria. Para evitar essa objeção, restringiremos a consideração àquelas teorias dedutivas nas quais a aritmética dos números naturais pode ser desenvolvida, observando que, em qualquer dessas teorias, todos os conceitos e sentenças da correspondente metateoria podem ser interpretados (uma vez que uma correspondência um a um pode ser estabelecida entre as expressões de uma linguagem e os números naturais).[2] Podemos substituir, na regra discutida, a sentença *B* pela sentença *B'* que é a interpretação aritmética de *B*. Desse modo, chegamos a uma regra que não se desvia no essencial das regras de inferência, seja nas condições de sua aplicabilidade, seja na natureza dos conceitos envolvidos em sua formulação ou, finalmente, em sua infalibilidade intuitiva (embora ela seja consideravelmente mais complicada).

Ora, é possível estabelecer outras regras de natureza semelhante e, mesmo, tantas delas quanto queiramos. Com efeito, é suficiente notar que a regra formulada por último é essencialmente dependente da extensão do conceito 'sentença provável com base nas regras até então usadas'. No entanto, quando adotamos esta regra, ampliamos a extensão desse conceito; então, para a extensão ampliada podemos estabelecer uma nova regra, análoga, e assim por diante *ad infinitum*. Seria interessante investigar se há alguma razão objetiva para atribuir uma posição especial às regras usadas ordinariamente.

Impõe-se a conjectura de que finalmente podemos conseguir apreender o conteúdo intuitivo completo do conceito de consequência pelo método esboçado acima, isto é, suplementando as regras de inferência usadas na construção de teorias dedutivas. Fazendo uso dos resultados de Gödel[3] podemos mostrar que essa conjectura é insustentável. Em toda teoria dedutiva (com exceção de certas teorias de natureza particularmente elementar), por mais que se suplemen-

---
[2] Para o conceito de metateoria e o problema da interpretação de uma metateoria na teoria correspondente, cf. [75], p.167ss, 184, e 247ss.
[3] Cf. GÖDEL, K. [21], especialmente p.190ss.

tem as regras de inferência ordinárias com novas regras puramente estruturais, é possível construir sentenças que se seguem, no sentido usual, dos teoremas dessa teoria, mas que, apesar disso, não podem ser provadas nessa teoria com base nas regras de inferência aceitas.[4] Para se obter o conceito apropriado de consequência, que é em essência próximo do conceito comum, devemos recorrer a métodos bem diferentes e aplicar um aparato conceitual bem diverso na sua definição. Talvez não seja supérfluo indicar de saída que, em comparação com o novo, o conceito antigo de consequência, tal como usado comumente por lógicos matemáticos, de modo algum perde sua importância. Esse conceito provavelmente sempre terá uma significação decisiva para a construção prática de teorias dedutivas, como um instrumento que permite provar ou refutar sentenças particulares dessas teorias. Parece contudo que, em considerações de natureza teórica geral, o conceito apropriado de consequência deva ser posto em evidência.[5]

---

[4] Para evitar possíveis objeções, o domínio de aplicação desse resultado deve ser determinado mais exatamente e a natureza lógica das regras de inferência exibida mais claramente; em particular deve-se explicar com precisão o que se quer dizer com o caráter estrutural destas regras.

[5] Uma oposição entre os dois conceitos em questão foi indicada claramente no artigo [76], p.293ss. Não obstante, em contraste com o meu presente ponto de vista, expressei-me lá de uma maneira decididamente negativa sobre a possibilidade de estabelecer uma definição formal exata do conceito apropriado de consequência. Minha posição naquela época explica-se pelo fato de que, quando eu estava redigindo o artigo mencionado, desejava evitar qualquer meio de construção que fosse além da teoria dos tipos lógicos em qualquer de suas formas clássicas; mas pode ser mostrado que é impossível definir de maneira adequada o conceito apropriado de consequência enquanto se usam exclusivamente os meios admissíveis na teoria clássica dos tipos, a menos que limitássemos nossas considerações a linguagens formalizadas de um caráter elementar e fragmentário (para ser exato, as chamadas linguagens de ordem finita; cf. o artigo [75], especialmente p.268ss.) No livro extremamente interessante de Carnap, [8], o termo *derivação* ou *derivabilidade (lógica)* é aplicado ao antigo conceito de consequência, como comumente usado na construção de teorias dedutivas, para distingui-lo do conceito de *consequência* como o conceito apropriado. A oposição entre os dois conceitos é estendida por Carnap para os mais diversos conceitos derivados ('conceitos-f' e 'conceitos-a', cf. p.88ss, e 124ss.); ele também enfatiza — a meu ver corretamente — a importância do conceito apropriado de consequência e dos conceitos dele derivados para discussões teóricas gerais (cf. p.128).

A primeira tentativa de formular uma definição precisa do conceito apropriado de consequência foi a empreendida por Carnap.[6] Tal tentativa, contudo, estava intimamente conectada com as propriedades particulares da linguagem formalizada que foi escolhida como objeto de investigação. A definição proposta por Carnap pode ser assim formulada:

A sentença X *segue-se logicamente das sentenças da classe* K *se e somente se a classe constituída de todas as sentenças de* K *e da negação de* X *seja contraditória.*

O elemento decisivo da definição acima obviamente é o conceito 'contraditória'. A definição de Carnap desse conceito é por demais complicada e especial para ser reproduzida aqui sem longas e problemáticas explicações.[7]

Eu gostaria de esboçar aqui um método geral que, em meu parecer, permite construir uma definição adequada do conceito de consequência para uma classe abrangente de linguagens formalizadas. Enfatizo, contudo, que o tratamento proposto do conceito de consequência não apresenta nenhuma alegação de completa originalidade. As ideias envolvidas nesse tratamento certamente parecerão bem conhecidas, ou mesmo algo de própria autoria, para muitos dos lógicos que conferiram atenção especial ao conceito de consequência e tentaram caracterizá-lo com maior precisão. Não obstante, parece-me que apenas os métodos que foram desenvolvidos nos anos recentes para o estabelecimento de semânticas científicas, e os conceitos definidos com sua ajuda, permitem apresentar essas ideias em uma forma exata.[8]

---

[6] Cf. CARNAP, R. [8], p.88s, e [11], especialmente p.181. Na primeira dessas obras, há ainda uma outra definição de consequência, adaptada para uma linguagem formalizada de caráter elementar. Esta definição não é considerada aqui, porque não pode ser aplicada a linguagens com uma estrutura lógica mais complicada. Carnap tenta definir o conceito de consequência lógica não apenas para linguagens especiais mas também dentro da estrutura do que ele chama *'sintaxe geral'*. Nós teremos mais a dizer sobre isso na p.242, nota 10.

[7] Cf. nota 6, na p.240.

[8] Os métodos e conceitos semânticos, especialmente os conceitos de verdade e satisfação, são discutidos em detalhe no artigo [75]; veja também o artigo [79].

Certas considerações de natureza intuitiva formarão nosso ponto de partida. Considere qualquer classe K de sentenças e uma sentença X que se siga das sentenças dessa classe. Do ponto de vista intuitivo, não pode jamais acontecer que a classe K consista somente de sentenças verdadeiras e que a sentença X seja falsa. Mais ainda, desde que nos concerne aqui o conceito lógico de consequência, isto é, *formal* e, portanto, uma relação que deve ser determinada unicamente pela forma das sentenças entre as quais ela se dá, essa relação não pode ser influenciada de modo algum pelo conhecimento empírico e, em particular, pelo conhecimento dos objetos aos quais a sentença X ou as sentenças da classe K se referem. A relação de consequência não pode ser afetada pela substituição de designações dos objetos referidos nessas sentenças por designações de quaisquer outros objetos. Essas duas circunstâncias, que parecem bem características e essenciais para o conceito apropriado de consequência, podem ser expressas conjuntamente no seguinte enunciado:

(F) *Se, nas sentenças da classe K e na sentença X, as constantes — com exceção de constantes puramente lógicas — são substituídas por quaisquer outras constantes (como sinais substituídos em todas as ocorrências por sinais iguais), e se nós denotamos a classe de sentenças assim obtidas de K por 'K'', e a sentença obtida de X por 'X'', então, a sentença X' tem de ser verdadeira sob a condição apenas de que todas as sentenças da classe K' sejam verdadeiras.*

(Para efeitos de simplificação da discussão, certas complicações incidentais foram desconsideradas, tanto aqui como a seguir. Elas estão associadas, em parte, com a teoria dos tipos lógicos e, em parte, com a necessidade de eliminação de qualquer sinal definido que possa possivelmente ocorrer nas sentenças consideradas, ou seja, da substituição deles por sinais primitivos.)

No enunciado (F), obtivemos uma condição necessária para que a sentença X seja uma consequência da classe K. Agora surge a questão de se essa condição é também suficiente. Se a resposta fosse afirmativa, o problema de formular uma definição adequada do conceito de consequência seria resolvido positivamente. A única dificuldade estaria associada com o termo 'verdadeira' que ocorre na condição (F), mas esse termo pode ser definido exata e adequadamente na semântica.[9] Infelizmente, a situação não é tão favorável. Pode acontecer, e acontece — não é difícil mostrar isso pela consideração de linguagens formalizadas especiais —, que a sentença X não se siga, no sentido ordinário, das sentenças da classe K, embora a condição (F) seja satisfeita. Essa condição pode, de fato, ser satisfeita apenas porque a linguagem considerada não possui um estoque suficiente de constantes extralógicas. A condição (F) pode ser vista como suficiente para a sentença X seguir-se da classe K apenas se as designações de todos os possíveis objetos ocorressem na linguagem em questão. Tal suposição, contudo, é fictícia e nunca pode ser realizada.[10] Devemos, por conseguinte, procurar meios de expressar as intenções da condição (F) que sejam completamente independentes dessa suposição fictícia.

Tal meio é fornecido pela semântica. Entre os conceitos fundamentais da semântica, temos o de *satisfação de uma função sentencial* por objetos singulares ou por uma sequência de objetos. Seria supérfluo dar aqui uma explicação precisa do conteúdo desse conceito. O significado intuitivo de frases como: *João e Pedro satisfazem a condição 'X e Y são irmãos'*, ou *a tripla de números 2, 3 e 5 satisfaz a equação 'x + y = z'*, não pode dar lugar a nenhuma dúvida. O conceito de satisfação — como outros conceitos semânticos — deve ser sempre relativizado a alguma linguagem particular. Os detalhes de sua definição precisa dependem da estrutura dessa linguagem. Não obstante, pode ser desenvolvido um método geral que permita construir tais definições para uma classe abrangente de linguagens formalizadas.

---
[9] Veja nota 8 na p.240.
[10] Estas últimas observações constituem uma crítica de algumas tentativas anteriores de definir o conceito de consequência formal. Elas concernem, em particular, à definição de Carnap de consequência lógica e de uma série de conceitos derivados (consequência-L e conceitos-L, cf. CARNAP, R. [8], p.137ss.). Essas definições, na medida em que são estabelecidas com base na 'sintaxe geral', parecem-me materialmente inadequadas, justamente porque os conceitos definidos dependem essencialmente, em sua extensão, da riqueza da linguagem investigada.

Infelizmente, por razões técnicas, seria impossível esboçar um tal método aqui, mesmo em seus traços gerais.[11]

Um dos conceitos que podem ser definidos em termos do conceito de satisfação é o conceito de *modelo*. Assumamos que, na linguagem sob consideração, certas variáveis correspondem a toda constante extralógica e de um modo que toda sentença torna-se uma função sentencial se nela as constantes são substituídas pelas correspondentes variáveis. Seja *L* qualquer classe de sentenças. Substituímos todas as constantes extralógicas que ocorrem nas sentenças pertencentes a *L* por variáveis correspondentes — constantes iguais sendo substituídas por variáveis iguais, e diferentes por diferentes. Desse modo, obtemos uma classe *L'* de funções sentenciais. Uma sequência arbitrária de objetos que satisfaça todas as funções sentenciais da classe *L'* será chamada *um modelo* ou *realização da classe L de sentenças* (e apenas nesse sentido se fala usualmente de modelos de um sistema axiomático de uma teoria dedutiva). Se, em particular, a classe *L* consiste em uma única sentença *X*, deveremos também nos referir a um modelo da classe *L* como um *modelo da sentença X*.

Em termos desses conceitos, podemos assim definir o conceito de consequência lógica:

> *A sentença X segue-se logicamente das sentenças da classe K se e somente se todo modelo da classe K é também um modelo da sentença X.*[†]

Parece-me que qualquer um que compreenda o conteúdo da definição acima deve admitir que ela concorda muito bem com o uso comum, o que se torna ainda mais claro diante de suas várias consequências. Em particular, pode ser provado, com base nessa definição, que toda consequência de sentenças verdadeiras tem de ser verdadeira e, também, que a relação de consequência que se veri-

---
[11] Veja nota 8 na p.240.
[†] Depois que o original deste texto foi publicado, H. Scholz, em seu artigo "Die Wissenschaftslehre Bolzanos, Eine Jahrhundert-Betrachtung", em *Abhandlungen der Fries'schen Schule*, nova série, v. 6, p.399-472 (veja, em particular, p.472, nota 58), observou uma extensa analogia entre esta definição de consequência e uma sugerida por B. Bolzano cerca de cem anos antes.

fica entre sentenças dadas é completamente independente do sentido das constantes extralógicas que ocorrem nessas sentenças. Em suma, pode ser mostrado que a condição (F) acima formulada é necessária se a sentença X deve se seguir das sentenças da classe K. Por outro lado, esta condição em geral não é suficiente, uma vez que o conceito de consequência aqui definido (em concordância com o ponto de partida adotado) é independente da riqueza em conceitos da linguagem sob investigação.

Finalmente, não é difícil reconciliar a definição proposta com aquela de Carnap, pois podemos concordar em chamar uma classe de sentenças *contraditória* se ela não possui modelo. Por analogia, uma classe de sentenças pode ser chamada *analítica* se toda sequência de objetos é um modelo para ela. Ambos os conceitos podem ser relacionados não apenas com classes de sentenças mas também com sentenças singulares. Assumamos ainda que, na linguagem com a qual estamos lidando, para cada sentença X existe uma negação dessa sentença, ou seja, uma sentença Y que tem como modelo aquelas, e somente aquelas, sequências de objetos que não são modelos da sentença X (essa suposição é essencial para a construção de Carnap). Com base em todas essas convenções e suposições, é fácil provar a *equivalência das duas definições*. Podemos também mostrar — precisamente como o faz Carnap — que são analíticas aquelas, e apenas aquelas, sentenças que se seguem de qualquer classe de sentenças (em particular da classe vazia) e que são contraditórias aquelas, e somente aquelas, das quais se segue qualquer sentença.[12]

Eu absolutamente não sou da opinião de que, no resultado dessa

---

[12] Cf. CARNAP, R. [8], p.135ss., especialmente Teoremas 52.7 e 52.8; [11], p.182, Teoremas 10 e 11. Incidentalmente, gostaria de observar que a definição do conceito de consequência aqui proposto não excede os limites da sintaxe na concepção de Carnap (cf. CARNAP, R. [8], p.6ss). Obviamente, o conceito geral de satisfação (ou de modelo) não pertence à sintaxe; mas nós usamos apenas um caso especial desse conceito — a satisfação de funções sentenciais que não contêm nenhuma constante extralógica, e esse caso especial pode ser caracterizado usando-se apenas conceitos lógicos gerais e conceitos sintáticos específicos. Entre o conceito geral de satisfação e o caso especial desse conceito usado aqui se dá aproximadamente a mesma relação como entre o conceito semântico de sentença verdadeira e o conceito sintático de sentença analítica.

discussão, o problema de uma definição materialmente adequada do conceito de consequência tenha sido completamente resolvido. Pelo contrário, vejo ainda muitas questões em aberto, das quais apenas uma — talvez a mais importante — vou expor aqui.

Subjazendo a toda a nossa construção, está a divisão de todos os termos da linguagem discutida em lógicos e extralógicos — divisão que certamente não é arbitrária. Se, por exemplo, fôssemos incluir entre os sinais extralógicos o sinal de implicação, ou o quantificador universal, então, nossa definição do conceito de consequência conduziria a resultados que obviamente contradizem o uso comum. Por outro lado, não é de meu conhecimento nenhum fundamento objetivo que permita traçar uma fronteira precisa entre os dois grupos de termos. Parece ser possível incluir entre os termos lógicos alguns que são usualmente vistos pelos lógicos como termos extralógicos sem chegar a consequências que estejam em franco contraste com o uso comum. No caso extremo, poderíamos considerar todos os termos da linguagem como lógicos — o conceito de consequência *formal* iria então coincidir com o de consequência *material*, e a sentença X seguir-se-ia, neste caso, da classe K se ou X fosse verdadeira ou ao menos uma sentença da classe K fosse falsa.[13]

---

[13] Talvez seja instrutivo justapor os três conceitos — 'derivabilidade' (cf. p.239, nota 5), 'consequência formal' e 'consequência material' — para o caso especial em que a classe K, da qual a sentença X se segue, consiste apenas em um número finito de sentenças: $Y_1, Y_2, \ldots, Y_n$. Denotemos pelo símbolo 'Z' a sentença condicional (a implicação) cujo antecedente é a conjunção das sentenças $Y_1, Y_2, \ldots, Y_n$ e cujo consequente é a sentença X. As seguintes equivalências podem então ser estabelecidas:

a sentença X é (logicamente) derivável das sentenças da classe K se e somente se a sentença Z é logicamente demonstrável (isto é, derivável dos axiomas da lógica);
a sentença X segue-se formalmente das sentenças da classe K se e somente se a sentença Z é analítica;
a sentença X segue-se materialmente das sentenças da classe K se e somente se a sentença Z é verdadeira.

Das três equivalências, apenas a primeira pode provocar certas objeções; cf. o artigo [77], p.342-64, especialmente 346. Em conexão com essas equivalências, cf. também AJDUKIEWICZ, K. [2], p.19, e [4], p.14 e 42.

Em função da analogia indicada entre as várias variantes do conceito de consequência, a questão que se apresenta é se não seria útil introduzir, em adição aos

Para perceber a importância desse problema para certas concepções filosóficas gerais, é suficiente notar que a divisão dos termos em lógicos e extralógicos também desempenha um papel essencial no esclarecimento do conceito 'analítico'. De acordo com muitos lógicos, contudo, este último conceito deve ser visto como o correlato formal do conceito de *tautologia* (isto é, de um enunciado que 'não diz nada sobre a realidade'), um conceito que pessoalmente me parece muito vago, mas que tem sido de fundamental importância para as discussões filosóficas de Wittgenstein e de todo o círculo de Viena.[14]

Pesquisas ulteriores irão, sem dúvida, clarificar em muito o problema que nos interessa. Talvez seja possível encontrar importantes argumentos objetivos que permitam justificar a fronteira tradicional entre expressões lógicas e extralógicas. Mas também considero bem possível que as investigações não tragam nenhum resultado positivo nessa direção, de modo que sejamos compelidos a ver conceitos como 'consequência lógica', 'enunciado analítico' e 'tautologia' como conceitos relativos que precisam, em cada ocasião, ser relacionados com uma divisão definida, embora em maior ou menor grau arbitrário, dos termos em lógicos e extralógicos. A flutuação no uso comum do conceito de consequência seria — ao menos em parte — naturalmente refletida em tal situação compulsória.

---

conceitos especiais, um conceito geral de caráter relativo, o conceito de *consequência com respeito a uma classe L de sentenças*. Se fizermos outra vez uso da notação anterior (limitando-nos ao caso em que a classe K é finita), poderemos definir esse conceito como segue:

a sentença X segue-se das sentenças da classe K com respeito à classe L de sentenças se e somente se a sentença Z pertence à classe L.

Com base nessa definição, derivabilidade deveria coincidir com consequência com respeito à classe de todas as sentenças logicamente demonstráveis, consequências formais seriam consequências com respeito à classe de todas as sentenças analíticas, consequências materiais aquelas com respeito à classe de todas as sentenças verdadeiras.

[14] Cf. WITTGENSTEIN, L. [86], CARNAP, R. [8], p.37–40.

BIBLIOGRAFIA

[1] ACKERMANN, W. Über die Erfüllbarkeit gewisser Zählausdrücke. *Mathematische Annalen* **100**: 638–49, 1928.
[2] AJDUKIEWICZ, K. *Z metodologji nauk dedukcyjnych.* (Da metodologia das ciências dedutivas.) Lwów: 1921.
[3] ——. *Główne zasady metodologji nauk i logiki formalnej.* (Princípios centrais da metologia das ciências e da lógica formal.) Varsóvia: 1928.
[4] ——. *Logiczne podstawy nauczania.* (Os fundamentos lógicos do ensinar.) *Encylopedja Wychowania*, v.II. Varsóvia: 1934, 1–75.
[5] ARISTÓTELES. *Metaphysica.* (*Works*, v. VIII.) Tradução inglesa de W. D. Ross. Oxford: 1908.
[6] BERNAYS, P. & SCHÖNFINKEL, M. Zum Entscheidungsproblem der mathematischen Logik. *Mathematische Annalen* **99**: 342–72, 1928.
[7] CARNAP, R. *Abriß der Logistik.* Viena: 1929.
[8] ——. *Logische Syntax der Sprache.* Viena: 1934.
[9] ——. *Logical Syntax of Language.* Tradução de Carnap [8] por A. Smeaton, incorporando Carnap [10] e Carnap [11]. Londres: 1937.
[10] ——. Die Antinomien und die Unvollständigkeit der Mathematik. *Monatshefte für Mathematik und Physik* **41**: 263–84, 1934.
[11] ——. Ein Gültigkeitskriterium für die Sätze der klassischen Mathematik. *Monatshefte für Mathematik und Physik* **42**: 163–90, 1935.
[12] ——. *Introduction to Semantics.* Cambridge: 1935.
[13] CHURCH, A. Special cases of the decision problem. *Revue Philosophique de Louvain* **49**: 203–21, 1951.
[14] CHWISTEK, L. The theory of constructive types (Principles of logic and mathematics), parte I. *Annales de la Société Polonaise de Mathématique* **2**: 9–48, 1924.
[15] ——. Neue Grundlagen der Logik und Mathematik. *Mathematische Zeitschrift* **30**: 702–24, 1929.
[16] CORCORAN, J., Frank, W., Maloney, M. String theory. *Journal of Symbolic Logic* **39**: 625–37, 1974.
[17] DEDEKIND, R. *Was sind und was sollen die Zahlen?* 5.ed. Braunschweig: 1923.
[18] FRAENKEL, A. *Einleitung in die Mengenlehre.* 3.ed. Berlin: 1928.
[19] GÖDEL, K. Die Vollständigkeit der Axiome des logischen Funktionenkalküls. *Monatshefte für Mathematik und Physik* **37**: 349–60, 1930.

[20] ——. Einige metamathematische Resultate über Entscheidungsdefinitheit und Widerspruchsfreiheit. *Akademie der Wissenschaften in Wien, Mathematisch-naturwissenschaftlichen Klasse, Akademischer Anzeiger* **67**: 214–5, 1930.

[21] ——. Über formal unentscheidbare Sätze der *Principia Mathematica* und verwandter Systeme I. *Monatshefte für Mathematik und Physik* **38**: 173–98, 1931.

[22] ——. Über die Länge von Beweisen. *Ergebnisse eines mathematischen Kolloquiums* **7**: 23–4, 1936.

[23] GONSETH, F. Le Congrès Descartes. Questions de Philosophie scientifique. *Revue thomiste* **XLIV**: 183–93, 1938.

[24] GRELLING, K.; NELSON, L. Bemerkungen zu den Paradoxien von Russell und Burali-Forti. *Abhandlungen der Fries'schen Schule neue Folge* **2**: 301–34, 1908.

[25] HERBRAND, J. Recherches sur la théorie de la démonstration. *Travaux de la Société des Sciences et des Lettres de Varsovie, Classe III* **33**, 1930.

[26] HILBERT, D. Die Grundlegung der elementaren Zahlenlehre. *Mathematische Annalen* **104**: 485–94, 1931.

[27] HILBERT, D.; ACKERMANN, W. *Grundzüge der theoretischen Logik*. Berlin: 1928.

[28] HILBERT, D.; BERNAYS, P. *Grundlagen der Mathematik*. 2 v. Berlin: 1934–1939.

[29] HOFSTADTER, A. On semantic problems. *The Journal of Philosophy* **35**: 225–32, 1938.

[30] HUNTINGTON, E. V. Sets of independent postulates for the algebra of logic. *Transactions of the American Mathematical Society* **5**: 288–309, 1904.

[31] KOKOSZYŃSKA, M. Über den absoluten Wahrheitsbegriff und einige andere semantische Begriffe. *Erkenntnis* **6**: 143–65, 1936.

[32] ——. Syntax, Semantik und Wissenschaftslogik. *Actes du Congrès International de Philosophie Scientifique*, v. III, Paris, 1936, pp. 9–14.

[33] KOTARBIŃSKI, T. *Elementy teorji poznania, logiki formalnej i metodologji nauk*. (Elementos da teoria do conhecimento, da lógica formal e da metodologia das ciências.) Lwów: 1929.

[34] ——. W sprawie pojęcia prawdy. (A respeito do conceito de verdade.) *Przeglad filozoficzny* **37**: 85–91.

[35] KURATOWSKI, C. Sur la notion de l'ordre dans la théorie des ensembles. *Fundamenta Mathematicae* **2**: 161–71, 1921.

Bibliografia

[36] LEŚNIEWSKI, S. Grundzüge eines neuen Systems der Grundlagen der Mathematik. §§1–11. *Fundamenta Mathematicae* **14**: 1–81, 1929.
[37] ——. Über die Grundlagen der Ontologie. *Comtes Rendus des Séances de la Société des Sciences et des Lettres de Varsovie*, Classe III **23**: 111–32, 1930.
[38] LINDENBAUM, A. & TARSKI, A. Über die Beschränkheit der Ausdrucksmittel deduktiver Theorien. *Ergebnisse eines mathematischen Kolloquiums* **7**: 15–23, 1936.
[39] LÖWENHEIM, L. Über Möglichkeiten im Relativkalkül. *Mathematische Annalen* **76**: 447–70, 1915.
[40] ŁUKASIEWICZ, J. *Elementy logiki matematycznej*. (Elementos de lógica matemática.) 1929.
[41] MCKINSEY, J. C. C. A new definition of truth. *Synthèse* **7**: 428–33, 1948–9.
[42] MOSTOWSKI, A. Some impredicative definitions in the axiomatic set-theory. *Fundamenta Mathematicae* **37**: 111–24, 1950; **38**: 238, 1951.
[43] ——. *Sentences undecidable in formalized arithmetic*. Amsterdam: 1952.
[44] NAGEL, E. Review of Hofstadter [29]. *The Journal of Symbolic Logic* **3**: 90, 1938.
[45] ——. Review of Carnap [12]. *The Journal of Symbolic Logic* **39**: 468–73, 1942.
[46] NESS, A. 'Truth' as conceived by those who are not professional philosophers. *Skrifter utgitt av Det Norske Videnskaps-Akademi i Oslo*, II. Hist.-Filos. Klasse, v. IV. Oslo, 1938.
[47] NEURATH, O. Erster Internationaler Kongress für Einheit der Wissenschaft in Paris 1936. *Erkenntnis* **5**: 377–406, 1935.
[48] PRESBURGER, M. Über die Vollständigkeit eines gewissen Systems der Arithmetik ganzer Zahlen, in welchem die Addition als einzige Operation hervortritt. *Comptes Rendus du Premier Congrès des Mathématiciens des Pays Slaves, Warszawa 1929*, 92–101, 1930.
[49] RUSSELL, B. *An inquiry into meaning and truth*. Nova Iorque: 1940.
[50] SCHOLZ, H. Review of *Studia Philosophica*, v. I. *Deutsche Literaturzeitung* **58**: 1914–7, 1937.
[51] SCHRÖDER, E. *Vorlesungen über die Algebra der Logik (exakte Logik)*. Leipzig: I, 1890; II, parte 1, 1891; II, parte 2, 1905; III, parte 1, 1895.
[52] SKOLEM, Th. Untersuchungen über die Axiome des Klassenkalküls und über Produktations- und Summationsprobleme, welche gewisse Klassen von Aussagen betreffen. *Skrift Videnskapsselskapet*, I. Matematisk-naturvidenskapelig klasse 1919 nº 3, 1919.

[53] ——. Logisch-kombinatorische Untersuchungen über die Erfüllbarkeit oder Beweisbarkeit mathematischer Sätze nebst einem Theorem über dichte Mengen. *Skrift Videnskapsselskapet*, I. *Matematisknaturvidenskapelig klasse 1920* nº 4, 1920.
[54] ——. Über einige Grundlagenfragen der Mathematik. *Skrifter utgitt av Det Norske Videnskaps-Akademi i Oslo*, I. *Matematisk-naturvidenskapelig klasse 1929* nº 4, 1929.
[55] TARSKI, A. O pojęciu prawdy w odniesieniu do sformalizowanych nauk dedukcyjnych. (Sobre a noção de verdade em referência a ciências dedutivas formalizadas). *Ruch filozoficzny* **12**: 210–11, 1930–1.
[56] ——. Über definierbare Mengen reeller Zahlen. *Annales de la Societé Polonaise de Mathématique* **9**: 206–7, 1931.
[57] ——. Sur les ensembles définissables des nombres réels I. *Fundamenta mathematicae* **17**: 210–39, 1931.
[58] ——. Der Wahrheitsbegriff in den Sprachen der deduktiven Disziplinen. *Akademie der Wissenschaften in Wien, Mathematisch-naturwissenschaftlichen Klasse, Akademischer Anzeiger* **69**: 23–5, 1932.
[59] ——. Pojęcie prawdy w językach nauk dedukcyjnych. (Sobre o conceito de verdade em linguagens das ciências dedutivas). Varsóvia: 1933.
[60] ——. Der Wahrheitsbegriff in den formalisierten Sprachen. *Studia Philosophica* **1**: 261–405, 1935. [tradução brasileira no presente volume]
[61] ——. Grundelegung der wissenschaftlichen Semantik. *Actes du Congrès International de Philosophie Scientifique*, v. III, Paris, 1936, pp. 1–8. [tradução brasileira no presente volume]
[62] ——. Über den Begriff der logischen Folgerung. *Actes du Congrès International de Philosophie Scientifique*, v. VII, Paris, 1937, pp. 1–11. [tradução brasileira no presente volume]
[63] ——. On Undecidable Statements in Enlarged Systems of Logic and the Concept of Truth. *The Journal of Symbolic Logic* **4**: 105–12, 1939.
[64] ——. *Introduction to Logic*. Nova Iorque: 1941.
[65] ——. The semantic conception of truth and the foundations of semantics. *Philosophy and Phenomenological Research* **4**: 341–76, 1944. [Artigo III neste volume.]
[66] ——. *A decision method for elementary algebra and geometry*. 2.ed. Berkeley: 1951.
[67] ——. Some notions and methos on the borderline of algebra and metamathematics. *Proceedings of the International Congress of Mathematicians, Cambridge, Mass., 1950*, I. Providence, Rhode Island: 1952, pp. 705–20.

[68] ——. Il concetto di verità nei linguaggi formalizzati. Tradução italiana de [60] por Francesca Rivetti Barbò, publicado como parte de Francesca Rivetti Barbò, *L'antinomia del mentitore nel pensiero contemporaneo, Da Peirce a Tarski*. Milano: Società Editrice Vita e Pensiero, 1961, pp. 391–677.

[69] ——. *Logique, Sémantique, Métamathématique*. Paris: Librairie Armand Colin, 1972.

[70] ——. Truth and Proof. *Scientific American* **220**(6): 63–77, 1969. [Artigo IV neste volume.]

[71] ——. *Logic, Semantic, Metamathematics*. 2.ed. Indianapolis: Hackett Publishing Co., 1983.

[72] ——. Investigations into the sentential calculus. In: Tarski [71], pp. 38–59.

[73] ——. Fundamental concepts of the methodology of the deductive sciences. In: Tarski [71], pp. 60–109.

[74] ——. On definable sets of real numbers. In: Tarski [71], pp. 110–42.

[75] ——. The concept of truth in formalized languages. In: Tarski [71], pp. 152–278. [Artigo I neste volume.]

[76] ——. Some observations on the concepts of ω-consistency and ω-completeness. In: Tarski [71], pp. 279–95.

[77] ——. Foundations of the calculus of systems. In: Tarski [71], pp. 342–83.

[78] ——. On the limitations of the means of expression of deductive theories. In: Tarski [71], pp. 384–92.

[79] ——. The establishment of scientific semantics. In: Tarski [71], pp. 401–8. [Artigo II neste volume.]

[80] VEBLEN, O. A system of axioms for geometry. *Transactions of the American Mathematical Society* **5**: 343–81, 1904.

[81] VON JUHOS, B. The truth of empirical statements. *Analysis* **4**: 65–70, 1937.

[82] VON NEUMANN, J. Zur Hilbertschen Beweistheorie. *Mathematische Zeitschrift* **26**: 1–46, 1927.

[83] WANG, H. Remarks on the comparison of axiom systems. *Proceedings of the National Academy of Sciences, Washington* **36**: 448–53, 1950.

[84] WEINBERG, J. Review of *Studia philosophica*, v. I. *The Philosophical Review* **47**: 70–7.

[85] WHITEHEAD, A. N. & RUSSELL, B. A. W. *Principia Mathematica*, 2.ed., vols. I–III. Cambridge: 1925–7.

[86] WITTGENSTEIN, L. *Tractatus logico-philosophicus*. London: 1922.

SOBRE O LIVRO
Formato: 14 × 21 cm
Mancha: 25 × 41 paicas
Tipologia: Goudy Old Style 11/13,6
Papel: Offset 75 g/m² (miolo)
Cartão Supremo 250 g/m² (capa)
1ª edição: 2007

EQUIPE DE REALIZAÇÃO

Edição de Texto
Maria Teresa Galluzzi (Copidesque e Preparação de Original)
Adriana de Oliveira (Revisão)

Editoração Eletrônica:
Cezar Augusto Mortari

Impressão e acabamento
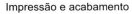